THE COLLECTED TRANSLATIONS OF WESTERN CLASSICS ON LEGAL LOGIC

西方法律逻辑经典译丛
熊明辉 丁利 主编

〔德〕托马斯·F. 戈登 著 *Thomas F. Gordon*
周志荣 译

The Pleadings Game:
An Artificial Intelligence Model
of Procedural Justice

诉答博弈
——程序性公正的人工智能模型

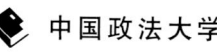

中国政法大学出版社

2018·北京

诉答博弈
——程序性公正的人工智能模型

Translation from the English language edition:

The Pleadings Game

An Artificial Intelligence Model of Procedural Justice

by Thomas F. Gordon

Copyright © 1995 by Springer Science+Business Media Dordrecht

Originally published by Kluwer Academic Publishers

Springer is part of Springer Nature

All Rights Reserved

版权登记号：图字01-2017-3675号

出版说明

"西方法律逻辑经典译丛"由教育部普通高校人文社会科学重点研究基地中山大学逻辑与认知研究所、中山大学法学院以及广东省普通高校人文社会科学重点研究基地中山大学法学理论与法律实践研究中心共同策划,由中国政法大学出版社出版的系列图书翻译项目。"译丛"所选书目均为能够体现西方法律逻辑的经典著作,并以最高水平为标准,计划书目为开放式,既包括当代西方经典法律逻辑教科书,又包括经典法律逻辑专著。第一批由广东省"法治化进程中的制度设计与冲突解决理论:理论、实践与广东经验"项目资助出版,到目前为止已出版有:《法律与逻辑:法律论证的批判性说明》《法律逻辑研究》《法律推理方法》《论法律与理性》《前提与结论:法律分析的符号逻辑》《建模法律论证的逻辑工具》《虚拟论证:论律师及其他论证者的论证设计助手》《对话法律:法律证成和论证的对话模

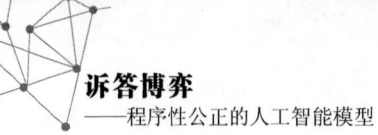

型》《平等的逻辑：非歧视法律的形式分析》等。他山之石，可以攻玉，相信本译丛之出版不仅有助于推动我国法律逻辑教学和研究与国际接轨，而且为法治中国建设提供一种通达法律理性和实现公正司法的逻辑理性工具。

熊明辉　丁　利
2014 年 5 月 31 日第一版
2017 年 7 月 19 日修订

总　序

　　法律逻辑有时指称一组用来评价法律论证的原则或规则，其目的是为法律理性和法律公正提供一种分析与评价工具；有时意指一门研究法律逻辑原则或规则的学科，即一门研究如何把好的法律论证与不好的法律论证相区别开来的学科。

　　自古希腊开始，法律与逻辑就有着密不可分的联系，甚至可以说，逻辑学实际上就是应法庭辩论的需要而产生的，因为亚里士多德（Aristotle）《前分析篇》中的"分析方法"后来演变成"逻辑方法"，它实际上是针对当时的智者们的论证技巧而提出来的，这些智者视教人打官司为基本使命之一。亚里士多德把逻辑学推向了对普遍有效性的追求，这导致了这样的结果：论证的好坏与内容无关，而只与形式有关。19世纪末，亦即在弗雷格（Frege）发展出了数理逻辑之后，"形式逻辑"一度成为"逻辑"的代名词。法律与逻辑的关系似乎渐行渐远。因此，有人说逻辑

就是形式逻辑，根本不存在特殊的法律逻辑，故法律逻辑至多是形式逻辑在法律领域中的应用。事实上，法律推理确实有自己的逻辑，并且这种逻辑指向的是与内容相关的实践推理。正因如此，如佩雷尔曼（Perelman）所说，在处理传统上什么是法律逻辑的问题时，有人宁愿在其著作中使用"法律推理"或"法律论证"之类的术语，而避免使用"逻辑"一词。

20世纪50年代，以图尔敏（Toulmin）和佩雷尔曼为代表的逻辑学家们开始把注意力转向实践推理，特别是法律推理领域，开辟了法律逻辑研究的新领域。特别是非形式逻辑学家与论证理论家们把语境因素引入到日常生活中真实论证的分析与评价上来，这为法律逻辑研究找到了一个很好的路径。如今，法律逻辑研究需要面对"两个大脑"：一是"人脑"，即法官、律师、检察官等法律人是如何进行法律论证的；二是"电脑"，即为计算机法律专家系统中法律论证的人工智能逻辑建模。前者的逻辑基础是非形式逻辑，而后者的逻辑基础是形式逻辑。如果说形式逻辑对论证的分析与评价仅仅是建立在语义和句法维度之上的话，那么，非形式逻辑显然在形式逻辑框架基础之上引入了一个语用维度，因此，我们不再需要回避"法律逻辑"这一术语了。

熊明辉　丁　利

2014年5月31日

译者序

我于2010年进入中南财经政法大学工作，此前的研究集中于逻辑哲学和分析哲学这两个领域，对法律逻辑并不了解。参加工作之后，由于教学和科研的需要，以及在张继成和张斌峰这两位教授兼同事的影响下才阅读了一些法律逻辑的著作和教材，逐渐接近并进入这个领域。虽然这些年我也参加过全国法律逻辑学会的一些活动并且也写了些论文，但严格来说，那些还算不上真正的研究，顶多是从一个外行的视角对法律逻辑领域的一些问题进行了浅薄的思考，仅此而已。坦率地讲，一开始，我对法律逻辑并不太感兴趣，主要原因是在阅读了国内学界的一些研究文献（包括教材）之后，我发现值得探讨并且已经引起学界关注的问题更像是法学的问题，而非逻辑的问题。而在逻辑这个方面，似乎再没有什么有意思的问题值得我们进行更为深入的探讨。法律逻辑学界的研究似乎还没有跳出应用传统形式

逻辑的知识分析法律推理问题的框架,相对其他逻辑领域而言,这就显得有些落伍了。

不过,很快我就发现这是一种误解。当然,导致我观点转变的原因并不是我在传统逻辑的框架本身那里发掘出了什么重要的现代价值,而是我发现有学者正在突破原有的传统逻辑框架,比如非形式逻辑的角度去研究法律推理问题。基于非形式逻辑的研究显然要比基于传统形式逻辑的研究更有新意,更能讨论出新的东西,比如阿列克西的商谈理论、佩雷尔曼的新修辞学、图尔敏的论证模式以及沃尔顿的谬误理论等,这些对法律逻辑研究都具有重要的启发意义。不过,由于我对非形式逻辑本身不太感兴趣,故而除了读了些文献外,没有再作更进一步地探究。

2012年在合肥召开了一次全国法律逻辑学会研讨会,会议期间我见到熊明辉教授,他向我提起法律与人工智能相结合是目前法律逻辑研究的前沿。很可惜,当时我并没有在意,直到2015年,我看到了他翻译的《建模法律论证的逻辑工具》,情况就发生了改变。我自己仔细阅读了一遍这部译著,而且还在研究生课上带着学生研读了一遍,收获很大。之后,我自己还找了国外一些法律逻辑的著作,比如哈赫的《法律逻辑研究》、洛德的《对话逻辑》等,在熊教授的推动之下,这些著作现在也都有了中译本。这些译著彻底改变了我对法律逻辑的看法:法律逻辑不应该是局限于传统形式逻辑在法律领域中应用的一门学问,它与其他逻辑一样有着自己的研究主题。逻辑是研究推理的,每一种逻辑都以相应领域中的一类特殊的推理问题作为它的研究主题。法律逻辑也不外如此。

法律领域中存在什么样的特殊推理问题呢?通常,学界大概会将司法三段论、案件侦查、事实认定所涉及的命题逻辑推理以及溯因推理等等作为研究的对象,然而这些推理本身并不需要作为法律推理而得到处理。以司法三段论而言，表面上看，大前提和结论都是规范命题，所以这样的三段论推理应该是法律推理了，但只要稍一分析就可以发现，这种类型的推理并没有实质地使用到相应的规范算子，换言之，它的有效性并不依赖于我们对于规范概念（算子）的理解。现在看来，确实存在具有特殊意义的法律推理，即基于冲突性规则的推理。在其他领域中，这种类型的推理并不具有典型性；但在法律领域中，冲突性的规则是普遍存在的，不仅规则之间会产生冲突，作为证据的理由之间、新旧法律裁决之间都会产生冲突，因为法律规定总是存在各种各样的例外。法律推理（比如司法三段论）恰恰是建立在这种冲突之上的，这导致法律推理本质上是非单调的、可废止的，即一个法律推理的结论会因为冲突规则的适用或新证据的采纳而被拒绝。这意味着，必须要有一种特殊的逻辑来处理这类特殊的法律推理。非单调逻辑，具体而言，可废止逻辑（比如缺省逻辑）大概是建模法律推理的恰当工具。这些逻辑当然也可以用于刻画动态认知推理，不过这并不妨碍它们在稍加扩张之后成为一种独特的"法律逻辑"。

严格来说，法律逻辑并不是一种逻辑，而是一类逻辑，因为如前所述，法律推理包含了诸多类型，既有规范命题推理，又有实然命题推理，因此规范逻辑或道义逻辑有时候也被看作是准法律逻辑，而命题逻辑、谓词逻辑则常常在处理一些涉及事实的法律推理时得到应用。不过，我认为，可废止逻辑大概是最有资格成为"法律逻辑"的，尽管它本身也是一类逻辑，它为研究真正意义上的"法律的"推理开辟路径、提供了方法。

毫无疑问，以上述这种路径或方法去研究法律逻辑显然要有趣得多，它展示了法律逻辑研究的独特性，带出了一系列法律推理所特有的问题，尤为令人瞩目的是，它开辟了人工智能与法（**AI &**

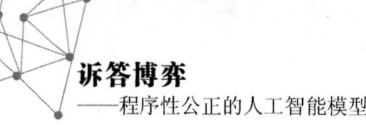

诉答博弈
——程序性公正的人工智能模型

Law）这个新兴的、富有活力的研究领域。这些无不体现了我的这部译著即《诉答博弈》的价值所在，原作者托马斯·F.戈登所进行的正是这样一种前沿研究。这部著作引人入胜的地方不仅仅在于它在技术层面的精细工作，还在于它很好地将法哲学的问题与法律推理的逻辑问题结合起来。证明责任的划分、法官自由裁量权的限度都是典型的法哲学或法理学问题，看似与法律推理或法律逻辑没有什么关系。然而，戈登认为这恰恰体现了基于论辩的对话博弈逻辑的优势，这种逻辑通过给定法律论辩的话语规则在博弈者之间划分了陈述主张与证明主张的责任、并明确了博弈的动态程序，并且借助用于对争议点进行裁决的程序性规则划定了自由裁量权的限度。

在诉答博弈中，法官并不参与博弈，控辩双方根据程序性的话语规则分别提出论证和相反论证来证明自己的主张，并在有限的资源内确定最终的争议点。在审判博弈中，法官是其中一个博弈者。法官只能在遵循程序性规则的前提下处理控辩双方提交的论证，而不可以主动地提出自己的论证。在过去，法律文本的模糊性以及规则的冲突性往往被看成是法官自由裁量权的根据，但基于论辩的审判博弈逻辑通过论辩规则的设定以及借助可废止逻辑的后承关系就可使这些问题得到处理。在审判博弈中，规则将引导博弈者最终得到博弈结果，留给法官的自由裁量的余地很小，大概只有当出现"平局"的结果时或者当程序性规则无法"条件地推衍"出法官支持某一方的裁决时，才需要法官发挥自由裁量的权力。

正如戈登自己总结的那样，《诉答博弈》不仅对法哲学问题的研究具有重要意义，还对人工智能领域做出了贡献，这部著作的初始目的就是要将人工智能应用于处理法律推理的问题。作者在书中讨论了各种可用于处理法律推理问题的人工智能模型和系统，他自己基于条件推衍逻辑提出了诉答博弈模型及其实现系统,这些工作对于法律的人工智能化而言的确是一种贡献。因此,《诉答博弈》不仅适合于研究法哲学的人研读,研究人工智能的人也值得一读。这部著作提供了法律逻辑研究的一种模式,依照这种模式,法哲学、法律逻辑与人工智能这三种领域可以实现一些很有价值的交叉研究。

此外,《诉答博弈》对于我们国内法律逻辑学界还有着特别的意义。它所代表的这种法律逻辑研究模式与传统的研究模式完全不同,它并不是在单纯地应用某种逻辑,而是试图提出一种或一类独特的"法律逻辑"。这种逻辑是以现代逻辑(即可废止逻辑,确切地说是条件推衍逻辑)的技术为基础的,它与《建模法律论证的逻辑工具》一样,向我们表明了一种潮流,即法律逻辑的现代化潮流。在我看来,这些著作的翻译无疑顺应了这种潮流,对推动国内的法律逻辑研究意义重大。

不得不承认,由于这是一部涉及法哲学、法律逻辑与人工智能三个领域的专业著作,在翻译的时候,难免会遇到不好把握的术语,为避免造成误解,我尽可能在重要的术语后面保留了其英文表达。但这并不是说,其他术语的翻译都是准确无疑的。熊明辉教授曾和我讨论过"argumentation"的翻译,这个词在法律推理中是一个重要的概念,人们一般会将它翻译为"论证",不过这样一来就无法将它与"argument"区分开来。事实上,这两个概念的确是有区别的,而且我认为区别就在于:①"argument"仅限于一个主体,而"argumentation"则通常针对多主体;②前者是静态的,而后者是动态的,具有程序性的特征。例如,控辩双方中的一方针对自己的主张提出的是"argument",而双方分别提出自己的"argument"并针对对方的主张提出"counterargument",这种过程就是

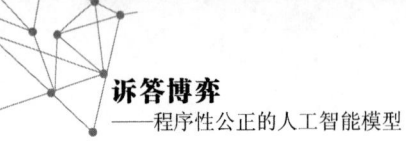

"argumentation"。基于这些考量,我还是倾向于将"argumentation"这个词翻译为"论辩"而把"论证"这翻译单独保留给"argument"这个词。

好在,作为丛书的主编,熊明辉教授是比较包容的,他给予了我充分的决定权。实际上,我必须感谢熊教授,一方面是因为他邀请我加入了这个翻译团队,为我提供了深入了解法律逻辑的机会;另一方面则是因为在翻译过程中,他还给了我不少很好的建议,从而令这部译著得以更加完善。当然,翻译从来不是一件易事,理解上的不确定性总是存在的。尽管我努力避免错误,但未必能够如我所愿。倘若存在错漏,其责任皆归于本人,肯请读者见谅。

最后,再次感谢熊明辉教授对本译著的出版所给予的大力支持!中国政法大学出版社彭江、冯琰老师以及其他编辑同志为本译著的出版付出了艰辛劳动,再次一并表示感谢!

周志荣
2018 年 4 月

中文版序

当周志荣教授与我取得联系并告知我,他正在将我已出版的博士论文《诉答博弈》翻译为中文而且该译本还被纳入"西方法律逻辑经典译丛"时,我感到非常吃惊,这完全出乎我的意料。坦率地讲,我起初有些怀疑,直到我收到这本书的出版社即斯普林格的确认信息。我不敢相信,我的拙作是否可以被纳入到"经典"系列之中,甚至在我有生之年都不敢奢求。无论如何,这都令我感到万分荣幸,即便这种荣幸的代价是令我觉得自己变成辈分很高的长者。

我的博士论文完成于 24 年前,两年之后即作为著作出版。彼时,人工智能与法的领域还是一片有待开发之地。我虽然倾向于把自己称作为开荒者,不过更准确地讲,我属于人工智能与法的第二代研究者,而第一代研究者中有加德纳(Gardner)、哈夫纳(Hafner)以及我的偶像麦卡蒂(McCarty)。不过,我确实参与发起了国际

诉答博弈
——程序性公正的人工智能模型

人工智能与法大会（ICAIL）和与之相关的国际人工智能与法协会（IAAIL）。让我永世难忘的是，当时在意大利的佛罗伦萨（Firenze），于马蒂诺（Martino）教授主办的关于逻辑、信息与法律的一次会议期间，哈夫纳找到我并和我讨论了组织这个大会的想法。那个时候，这种讨论颇有几分密谋的味道。可惜，哈夫纳在大会于圣迭戈（San Diego）召开之前两年就撒手人寰。在人工智能与法的圈子里，她将永远备受怀念。

首届国际人工智能与法大会于 1987 年在波士顿的东北大学（Northeastern University）召开。30 年后的今天，我刚刚参加完第 15 届国际人工智能与法大会，这届大会在伦敦的国王学院（King's College London）召开，期间正值这座城市的危难时节。这是国际人工智能与法大会历史以来最盛大的一次会议。人工智能仍旧是热门话题，其中涉及的企业数量与日俱增，投资高达数十亿美元。我还听闻，其中有相当大数量的企业将目标瞄向了法律服务市场。但愿这种由工业界重新燃起的兴趣也能对人工智能与法领域的学术研究与发展起到积极作用。到目前为止，并没有多少研究领域的成果已经在商业生产和服务方面产生影响，但是现在，企业、学者和从事实务的法律人彼此之间业已建立了联系，因此我们有充分的理由希望将来会出现不少富有成效的合作研究，届时我们可以互相学习。

诉答博弈是法律论证的第一批形式计算模型之一，它采用了程序论辩视角，将法律推理看作是对关于事实与法律之理论的支持和反对以此进行构造、评估和比较的程序，这些理论是由相互冲突的证据以及关于法律文本相互冲突的解释构成。诉答博弈模型涵盖了这样一些程序性规则以及多重证明标准，前者支配着证明责任的分配，而后者则用于解决特殊类型的争议。这部著作得到合法引用的最常见的理由在于它对理解和建模法律论辩的这些程序性方面做出了贡献。此外，我的博士论文迫使我想要思考的东西就是在以下方面做出重要的贡献：可废止的法律规范（即带有例外的或者与其他法律规范相冲突的法律规范）的建模问题，还有用于研究包含这些规范推理和解决规范之间的冲突问题的基于论辩的方法问题。用于建模法律规范的规则语言是以索恩·麦卡蒂（Thorne McCarty）的子句型直觉主义逻辑为基础的，这种规则语言的一个推理工具被用于构造论证。使用一种基于盖夫勒与珀尔提出的条件推衍的论辩逻辑，这些论证之间的冲突将得到解决。

　　自从研究诉答博弈以来，我的很多工作都是围绕（法律）论证的计算性模型问题而展开的。如果你觉得《诉答博弈》这部著作很有趣的话，我会鼓励你去看看于2006年首次召开且两年一次的论证计算性模型大会（COMMA）会议纪要，以及论证与计算学报，它是开放使用的，现在由IOS出版社出版。此外，我还要提醒一句，开放使用的形式论辩手册正在筹备之中，可能会在2017年由高校出版社（College Publications）出版。

　　《诉答博弈》完成之后，我自己在论证的计算性模型方面的工作主要集中于开发实用性的工具，用以支持基于万维网的论辩，即在网络参与（e-Participation）的背景下研究可使民主更加理性、自由和包容的方式。大约从2006年开始，我重新回到论证的形式化与计算性模型这个研究主题上，主要是与道格拉斯·沃尔顿合作研究。我们两个共同发展了一种结构性论证的计算性模型的系列版本，这种模型被称为卡涅阿德斯模型（Carneades），这是为了追忆这位古希腊哲学家，正是他创造了论辩学。这种模型是建立在自我研究诉答博弈以来的工作基础之上，后者致力于将可废止推理建模为论证的构造和评估程序。最终版的卡涅阿德斯模型被提交到2016年召开的论证计算模型大会上，它为平衡相互冲突的论证以及建立

论辩型式的模型提供了支持,其中论辩型式包括带有二阶模式变元的型式,比如借助专家证人的证供所做的论证和借助类比所做的论证,从而使得这些型式被作为"可执行的规范",可借助一个推理工具自动构造各种论证。

假如我能够回到20世纪90年代早期并且对《诉答博弈》做出修改的话,我可能会倾向于省略第六章,该章为第五章提出的形式化模型提供了一个实现系统。其实将这种实现系统的说明书作为一份技术性报告可能会更好一些。我担心将这一章放在著作中也许会让一些读者觉得它与著作的主体部分,即与法律理论和论辩的形式化模型相疏离。即便如此,开发该实现系统对我而言也是至关重要的,它是对该形式化模型的各种版本进行"快速成型"和检测的工具,该模型的这些版本经历了从初级到高级,一直到在本博士论文中发表的这个版本。今天为了达到这个目的,我大概会使用一种证明辅助工具,比如Coq或者Isabelle。这样的工具在20世纪90年代初还处于萌芽状态,但现在要成熟得多了。

我希望中国的学者将会发现《诉答博弈》对于他们的研究是有帮助的。再次声明,拙著能够被纳入到"西文法律逻辑经典译丛"这套丛书中,我感到十分荣幸!

托马斯·戈登
2017年6月

前　言

英国哲学家斯蒂芬·图尔敏（Stephan Toulmin）在他的《论证的使用》（*The Uses of Argument*）一书中提出了极富煽动性的论断："逻辑就是广义的法学。"对图尔敏来说，逻辑是研究实践论辩与决策之规范的一门学问。按照他的观点，数理逻辑学家致力于研究逻辑必然性、逻辑后承和逻辑矛盾这些概念，却罔顾了其他同样重要的问题，比如如何分配证明责任和如何在给定的有限资源下做出决策。他还认为，寄希望于心理学、语言学或认知科学来解答这些基本的规范性问题乃是错误的。

图尔敏在20世纪50年代的文章中流露出的对于逻辑的忧虑同样适用于今时今日的人工智能领域。人工智能领域的主流学者都把注意力集中于人工智能的分析性和经验性的方面，对知识表征、问题解答和决策形成的规范性、规定性功能却没有予以充分关注。当人工智能由个体智能方

诉答博弈
——程序性公正的人工智能模型

面转变为集体智能方面时，比如在多智能体（multi-agent）系统、合作设计、分布式人工智能和计算机支持协同工作等这些领域规中，范性问题现在应该能够引起更大的兴趣。网络化的人类"虚拟社会"和软件智能体也会需要"虚拟的法律系统"来公正地平衡利益、解决冲突和促进安全。

本书立足于法学和道德哲学，为论辩研发了一种形式模型，被称为"诉答博弈"。从技术性角度来看，诉答博弈可被视为当前基于论辩研究非单调逻辑的方法的一种扩展：①该博弈是对话性的，而非独白性的；②可废止规则的有效性和优先性是争论的主题；以及③资源的限制（resource limitations）借助规则得到确认，以便在博弈者之间公正地划分陈述和证明的责任。

这里所采用的方法并不是先从关于论辩的抽象成见开始，而是先评估一些重要的法学论辩和推理理论，而这些理论都以关于担保交易的美国民商法这个特殊的法律论域作为背景。这使得我们能够更好地评估规则之间的优先性关系的类型和种类，过去我们只能将此寄望于研究论辩或非单调逻辑的相关文献。更重要的是，这还有助于我们确认政府的立法与司法机构之间的真正的权力划分，这可是法哲学中的主要论题，它引发了关于推理和论辩的恰当模型的研究。（理解本书不需要任何特殊的法律知识。理解上述这些论题和范例所需要的一切法律和法律理论这里都涵盖了。）

权力划分的论题通常是借助"司法自由裁量权的限度"这个短语来表达的。法官使用法律裁决案件的权力与法官造法的权力之间的界限在哪里？如何能够确定法官是否超出了他自由裁量权的限度？基于这些限度，什么样的方法可以用于构造正确的或得到证成的裁决？诉答博弈将有助于阐明这样一些论题，因此它可能会引起法律理论家们的兴趣。

前　言

　　人工智能与法方面的早期主要工作乃是建基于 H. L. A. 哈特（H. L. A. Hart）的著名的法哲学。在基础版的哈特理论中，司法自由裁量权开始于像法律法规和案例手册权威这样的法律文本的字面意义终结之处。举个标准的例子，如果一条法律禁止车辆进入公园，法官就没有自由裁量权允许一辆坦克进入公园，即便它是被用于作为战争纪念物的。人工智能与法的模型一般会试图使用某些形式语言，通常是一阶谓词逻辑的变体，来表述法律法规和案例的意义。按照这种方法，建立自由裁量权的模型之任务就被归结为寻找一种推理关系，它使得法官能够达成的裁决可以由关于法律以及当前案件之事实的表述清晰地推导出来。

　　这里要论证的是，这种关系模型不可能抓住司法自由裁量权的本质，因为它们没能认真对待像法律这样的本质上属于政治性的和动态的论域中的知识的表述问题，在这样的论域中，不同的观点和价值之间存在很大的区别，而共识并不总是能够被确定地建立起来。这些模型也不会承认它们难以处理表达力强到足以表述法律知识的那些语言中的推理关系。如果对于一个关系模型而言不可能存在一个有效用的推理程序时，这样的模型如何可以用于对自由裁量权进行实际检查？

　　诉答博弈采用了其他办法，它的基础是由当代德国法哲学家罗伯特·阿列克西（Robert Alexy）发展起来的关于法律论辩的话语理论。在阿列克西的理论中，构成司法自由裁量权之限度的不仅仅是法律的意义，还有理性论辩的话语规范。这些规范支配着提出和比较论证的过程。关系性的或描述性的模型被程序性的模型所替换：一个司法裁决被假定是正确的，前提是没有理由相信达到该裁决的程序是不公正的话。

　　由诉答博弈来建立模型的特殊法律活动就是民事诉讼，其中当

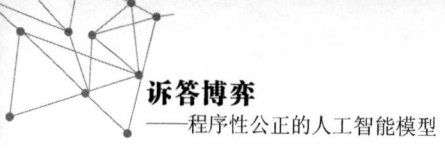

诉答博弈
——程序性公正的人工智能模型

事双方通过交互提出论证和相反论证来确认争议点，以便让法庭进行裁决。在该模型中，法官在裁决案件时可以做出的论证受到了来自当事双方在诉答过程中所做之论证的约束。该博弈的规则被设计出来，是为了提升效用以及确保没有一个博弈者可以阻止博弈终结。争议点概念和相干性概念被用来使诉答程序集中化和避免不必要的论证。一种容易处理的推理关系被用于确保博弈者承认由他们的主张所推导出来的一些结果。借助论证的对话结构，争议点概念将得到形式化的表达，而做出这些论证则是为了支持和反对案件的主要主张。本书将表明，确认争议点的任务其实是一个溯因推理的问题。

针对诉答博弈的一个原型调解系统已经被实现了，调解人是中立的第三方，其工作是管理诉讼程序的记录并且通过为诉讼双方提供与他们的权利和义务相关的建议来帮助确保程序的规则不遭到破坏。本书包含了对于诉答博弈调解系统的高层级描述，足可以使之在你所选择的编程语言中重新得到实现。

诉答博弈已经通过了测试，使用的案例来自美国的《统一商法典》(*Uniform Commercial Code*) 中的第九条，该条款涵盖了担保交易。这种类型的交易通常就是从银行贷款购置汽车，其中贷款的偿还是通过银行保留对汽车的担保物权而得到担保的。第九条充满了不同种类的例外以及冲突规则之间的优先性关系。在附录中，通过对第九条的重要部分做出表述，诉答博弈的规则语言被证明是适合于建立这种成文法的模型的。

在临近前言的尾声之际，让我们回到图尔敏和他的逻辑观上。为了避免与目前人工智能领域中的主流逻辑观念发生混淆，我们最好将图尔敏的宽泛的逻辑观称为"论辩学(dialectics)"。在人工智能领域中，对于理论以及对于系统之设计与实现的研究应该被称为

"计算性的论辩学（Computational Dialectics）"，这些系统将对智能体（agents）、人造物和人之间的商谈和论证做出调解。这个领域与德国计算机科学家卡尔·亚当·佩特里（Carl Adam Petri）称之为"形式语用学（formal pragmatics）"的东西将会有密切的联系。诉答博弈对于计算性的论辩法而言是一种贡献。

致 谢

我首先想要衷地感谢主要论文导师沃夫冈·拜贝尔（Wolfgang Bibel），他为我提供了进行论文研究的机会，进而才有了这本书，他还鼓励我、支持我，并对本书进行了仔细的校订。我还要感谢我论文答辩委员会的其他成员，L. 索恩·麦卡蒂（L. Thorne McCarty）和阿德尔伯特·波德莱希（Adalbert Podlech）。

本书始作于1981年加州大学戴维斯分校法学院（Law of the University of California, Davis）。我要对以前教过我的一些法学教授约翰·艾耶尔（John Ayer）、弗洛里安·巴尔托西克（Florian Bartosic）、盖里·古德帕斯特（Gary Goodpaster）、约翰·波勒斯（John Poulos）以及最后一个但同样重要的托马斯·尤伦（Thomas Ulen）致以谢意，我对法哲学的兴趣得到了他们支持。尤其要感谢约翰·艾耶尔，他积极倡导我开展人工智能与法的独立研究项目，尽管他本人是一个彻底的怀疑论者，他还教会很多我有生以来从未学过的写作技巧。

我1982年到了德国之后，本哈德·施林克（Bernard Schlink）马上就将我引荐给了哈伯特·菲德勒（Herbert Fiedler）。菲德勒教授为我提供了在德国国家计算机科学研究中心（GMD）工作的机会，对此我深表感谢。我还要感谢他，我在GMD他的信息法学和法律信息小组工作的那些年里，他允许我拥有自主性。

一些同事和朋友对这本书的不同版本提供了评论意见：芭芭拉·贝克尔（Barbara Becker）、特维尔·本奇－卡朋（Trevor Bench–Capon）、杰哈德·布鲁卡（Gerhard Brewka）、乔基姆·赫茨伯格（Joachim Hertzberg）、克里斯多夫·里士卡（Christoph Lischka）、罗纳德·路易（Ron Loui）、洛塔尔·菲利普斯（Lothar Philipps）以及亨利·帕肯（Henry Prakken），我由衷地感谢他们，尤其要谢谢我的朋友，吉哈德（Gerhard）和乔基姆（Joachim），他们不厌其烦，仔细地阅读了整个手稿。当然，所有错误和缺漏都只归咎于我个人。

GMD人工智能部门的主任，托马斯·克里斯塔勒（Thomas Christaller）给了我时间来进行论文的写作以及之后进行修改以便出版，在此对他表示感谢。

最后，我要谢谢匿名评审的专家对本书做出评价并给出建设性的批评意见。

目　录

出版说明	1
总　序	3
译者序	5
中文版序	11
前　言	15
致　谢	20

第1章　导　论　　1

第2章　法律论域：第九条　　17
　2.1　对第九条的介绍　　21
　2.2　第九条中的优先性规则　　23
　2.3　规则间的高阶冲突　　25

第3章　关于法律推理的哲学　　31
　3.1　哈特的分析法学　　32
　3.2　罗迪格的法律逻辑　　48

1

3.2.1　公理化 ……………………………………… 52
　　　3.2.2　形式化 ……………………………………… 67
　　　3.2.3　对罗迪格理论的评价 ……………………… 79
　3.3　阿列克西的法律论辩理论 ………………………… 80
　　　3.3.1　规范性的实践话语理论 …………………… 89
　　　3.3.2　哈贝马斯的话语逻辑 ……………………… 97
　　　3.3.3　埃尔朗根学派 ……………………………… 104
　　　3.3.4　佩雷尔曼的新修辞学 ……………………… 108
　　　3.3.5　对阿列克西理论的评价 …………………… 110
　3.4　话语博弈的维度 …………………………………… 114

第4章　论辩的形式化模型 ………………………………… 117
　4.1　洛伦岑的对话逻辑 ………………………………… 118
　4.2　普洛克的奥斯卡尔系统的可废止推理模型 ……… 128
　4.3　西马里与路易的系统 ……………………………… 136
　4.4　条件推衍 …………………………………………… 146
　4.5　相关的工作 ………………………………………… 167

第5章　诉答博弈 …………………………………………… 171
　5.1　民事诉答 …………………………………………… 173
　5.2　表达显性例外的语言 ……………………………… 180
　5.3　诉答博弈 …………………………………………… 197
　5.4　细节性的案例 ……………………………………… 217
　5.5　审判博弈 …………………………………………… 234
　5.6　论辩图 ……………………………………………… 238
　5.7　争议点概念 ………………………………………… 248

第6章 标准 ML 语言中的实现系统 ······ 256
- 6.1 标准 ML 语言的模块系统 ······ 257
- 6.2 模块概览 ······ 261
- 6.3 Cil——子句型直觉主义逻辑的定理证明器 ······ 264
- 6.4 Rules——规则语言翻译器 ······ 271
- 6.5 Mrms——最小理由维护系统 ······ 275
- 6.6 Record——诉答博弈的博弈盘 ······ 281
- 6.7 Ce——条件推衍的定理证明器 ······ 285
- 6.8 Clerk——诉答博弈的调解人 ······ 298

第7章 结 论 ······ 305

附录 A 第九条世界 ······ 312
- A.1 A9W 第1条：总则 ······ 314
- A.2 A9W 第2条：销售 ······ 315
- A.3 A9W 第9条：担保交易 ······ 315
- A.4 法律原则 ······ 330
- A.5 常识知识 ······ 331
- A.6 谓词符号的字典 ······ 334

附录 B 法律术语词汇表 ······ 342

参考文献 ······ 348

索 引 ······ 359

第 1 章 导 论

在当代民主国家，政府机构的政治权力被划分为行政、立法和司法三个部分。当解决具体的法律争议时，当事双方和法庭审判人员之间也存在权力的划分。司法自由裁量权的限度是什么？应该如何判定这些限度是否已经遭到逾越？是否存在某些方法来确保在这些限度之内形成判决？

本书提出了对抗性法律论证的一种形式化的算术性模型，被称为诉答博弈，借此试图对这些问题做出阐释。之前，法律推理的大部分人工智能模型都基于英美分析法学派，尤其是哈特的工作[52]，而诉答博弈主要建立在罗伯特·阿列克西（Robert Alexy）的法律论辩话语理论的基础之上[3；4]。借助简单案件和疑难案件之间的区分，哈特（Hart）划定了司法自由裁量权的界限。按照其理论的最简单形式，只要凭借可适用之法律的独立于语境的、约定俗成的意义，就能确认一个案件的事实，那么这个案件就是简单的。借用他的标准案例，如果一个规则禁止车辆进入公园，法官就没有自由裁量权来裁定汽车被允许进入公园。在阿列克西的理论中，对司法自由裁量权进行划界的不是法律的意义，而是理性论辩的话语规范，这些规范支配着提出与比较论证的程序。

为了比较诉答博弈和法律推理的其他人工智能模型，首要的是强调模型通常具有的一些方面。模型可以在这几个维度上进行分类：①它的目的；②建模的对象；③它的分析性的、经验性的以及规范性的断言。

一个模型的目的可以是理论性的，也可以是实践性的。建立一个理论性的模型，是要帮助澄清某个理论之性质。人们没有去证明该理论的定理，而是使用这样的模型并观察它是如何运作的。建立一个实践性的模型，目的则在于在诸如制定计划、完成设计或进行诊断这样的某些应用中可以充分使用它。

就实践性的方面而言，无论是抽象的还是具体的，从伦理道德系统的结构到汽车的气体动力学特征，任何对象或系统都可以被建立模型。重要的是要记住，模型只能分享它们想要建模的那些对象的一些性质。风管中的塑料模型可不是一辆汽车。

一个模型的分析性断言就是它关于建模对象的结构及其构成部分之间的关系所做的承诺。汽车的塑料模型对于汽车的发动机或传动系统的结构并没有做出任何承诺。一个模型所做的断言是经验性的还是规范性的，取决于用以评估该模型的标准。如果是经验性的模型，该标准就是由建模对象的实际行为来设定的。如果是规范性的模型，恰恰相反，该标准将设定建模对象的实际行为。通过将之与模型所表述的理想化情形相比较，对象的行为将得到评判。要注意，按照规范性模型的要求，证成必须独立于建模对象的实际行为。

经验性的模型有几种类型。如果目的是要模拟对象的行为，那么该模型只展现与该对象相同的功能，那是不够的。它必须以一种可比较的方式来展现这种功能。（在心理行为的人工智能模型中，这被称为模型的"认知适当性"。）飞机无法模拟飞行的小鸟。换言之，一个仿真模型是经验性的模型，它也可以对于建模对象的内在结构做出较强的分析性断言。如果目的仅仅是实现功能，那么奥卡姆剃刀（Occam's razor）原则就可以被用于对更简单的模型做出偏好选择。在计算机和法律的发展史中，早期的计量法学（jurimetrics）建立的模型全部与行为相关；它们在分析性的和规范性的断言方面都没有任何抱负。在刑事审判中，被告人的种族可能足以令人有效地预见到判决。

讨论模型的目的、对象和断言是有点误导人的，因为这些东西并不是模型的内在性质，而最好被理解为智能体和模型之间的关系。故而，当我谈到模型的目的时，实际上指的是模型建立者所要想达到的目的。

我们来看看一些人工智能与法的模型是如何符合这种分类模式的。安妮·加德纳（Anne Gardner）的模型能够识别法学院考试问题的要点，很明显它具有一个理论性的目的［40，p.1］："创立法律推理程序的一个模型，使得这个模型无论从法学还是从人工智能的视角来看都是有意义的。"我们完全能够假定这个系统并不是要去协助法学院的学生完成他们的考试。对该程序的评估需要通过将它的功能表现与学生的学习辅导书中所写的正确答案相比较，而非与学生的答案相比较，所以它是一个规范性的模型。加德纳还做出了很强的分析性断言［40，p.2］："设计这个程序是为了反映法律人自己对于法律材料的性质及使用的理解——换言之，是为了合乎对于该论域（domain）的在法律上看似有效的概念化。结果是形成对法律推理的概念分析，而不是一种心理学。"在结论中［40，p.189］，加德纳写道："这本书已经为法律推理呈现了一个计算性的框架。"试图推广一个实验或模型的结果，这肯定是合理正当的，但人们必须谨记这种推广需得到该模型的支持。

凯文·阿什利（Kevin Ashley）的海波（HYPO）程序使用对一个案件集合的表述构造了商业秘密法这个论域中的论证。"通过比较输出信息与法律人和法官在实际的法律案件所做的论证（其中，这些案件为例子中的事实情境提供了基础）"，阿什利对海波系统进行了评估［12, p. 8］。因此，该模型是经验性的。阿什利明确肯定该模型不是为了模拟法律人解决问题的行为［12, p. 1］："目的并不必然在于设计一个程序，令它以与人相同的方式进行推理，而是要求它的输出信息在特定的限制条件下要能够与人类推理者的那些输出信息一样是智能的。"该模型被宣称既是实践性模型的"分支"也是理论性模型的"分支"。

这里我想提到的最后一个模型就是亨利·帕肯（Henry prakken）在最近的博士论文《建模法律论证的逻辑工具》（*Logical Fools for Modelling Legal Argument*）［97］中所研究的。他开发了一个可废止推理的框架，在这个框架中，可以通过联合使用诸如特殊性、权威性和时间等因素对它们进行排序来解决规则之间的冲突。给定一个缺省规则集、一个非可废止的一阶语句集以及缺省之间的优先性关系，该系统定义了一种非单调的推理关系。这个工作大部分是分析性的：它对可废止规则的结构和它们之间的关系做了断言，但并没有做出较强的经验性或规范性的承诺。这并不是说，在这个工作中不存在经验性和规范性的方面。可废止规则的结构的模型是否有用，要通过检验实际的法律规则和原则来确定。它所提出的可废止的推衍关系借助规范性的论证得到了证成，该证成使用了一些标准范例，而这些范例被宣称是展示了直观上正确的结果。不管怎样，该系统的规范性论断是较弱的，因为帕肯没有再进一步论证这一点，即为了完成某一类任务，法律规则和论证应该以这种方式被构造出来。相反，他的这本书的目的在于表明使用他的逻辑能够进行可废止的推理，以及在于解释可废止推理的数学性质。这很有价值，因为其他人可能想要论证该系统应该被用于完成某种任

第 1 章 导 论

务,而它为这些人提供了对于证成其规范性断言而言可能必要的信息。

这三个模型都可以被看作是抽象结构的实例,我将它们称为法律推理的关系模型,如图 1.1 中所示。

图 1.1　法律推理的关系模型

这个图需要做些解释。人们必须要注意,千万不要忽略我在这里选择这些符号的理由。在箭头的左边有两个方框,一个是对法律的某种表述,另一个是对特殊案件的事实的某种表述。至于这些东西是如何得到表述的,这里没有做任何约定。比如,法律可以借助一个案件集来表述,其中这些案件就像在海波系统中一样是借助不同的维度来进行建模的;或者法律可以被表述为一个由可废止规则与一种优先性排序构成的集合,该集合之构造可以使用帕肯的方法,或者其他任意可能的方式,包括神经网络的方式。这一点也适用于选择针对案件事实的表述。

箭头右边的方框内写着"论证(argument)"。同样地,在模型中如何表述论证这一点其实并不重要。我选择使用"论证"而非"裁决(decision)"这个词,是为了除案件的裁决之外,还能够允许对争议点的识别或者其他似有道理的论证的构造进行建模。(前者可被视为一种特殊情形,其中论证包含了对于裁决的证成。)

加号和箭头符号是为了表示法律表述和事实表述共同与论证集具有某种关系。也就是说,这个箭头并不是用来表示输入/输出方向的。人们也许会想到很多使用这种类型的模型的途径,例如,用于表述论证和事实以及要求系统生成关于法律的恰当表述。

5

诉答博弈
——程序性公正的人工智能模型

对于这种关系的数学性质,这里没有做任何承诺。我故意要避免称其为推论关系,就更别说是后承关系了,因为这种关系的性质与我们当前的目的完全不相关。该关系可以是经典的推衍、可证性、似真性(plausibility)、模糊逻辑、可废止推理等关系中的一种,乃至是一种简单联想,或任意其他关系中的一种。

最后,这种关系在计算性的模型中是如何被实现的?继而例如,该模型是否在普通的单道处理器电脑上有用?或者它是否使用联结主义的方法在超并行结构上起作用?诸如这些问题也都无关紧要。该实现系统(implementation)是否正确,是否完备或近乎精确?这同样不重要。

在完成了这些预备工作之后,我想要指出两个问题,法律推理的所有关系性模型都会面临这两个问题,然后我会推测一下这些模型是否适合于建模司法自由裁量权。

我将这两个问题分别称为"表述责任(burden of representation)"和"证明责任(burden of proof)"。在人工智能领域中,第一个问题也被称为知识获取(knowledge acquisition)问题。对所有相关的法律和事实(或论证)进行表述,这大概是最主要的一项工作。除了实在法本身之外,至少还需要对所有常识做出表述,至于具体需要表述什么则取决于模型的目的和任务。一些知识表述模式可能比起另外一些不那么麻烦,但即使是机器学习或基于案例的推理方法,也需要比如设计出一套相关的维度或概念,而且所有用于培训案例都需要进行编码。

不过,鉴于所要表述的知识之数量,表述的责任并不是首要问题。更重要的是,就模型想要达到的目的而言一种表述是否恰当,在这个问题上明事理的人会产生分歧。出于这个理由,用"表述权"这个词或许更恰当一些,因为那些在知识库的编程上占据主动权的人可以拥有他们自己的世界观和趣味,而这些人中则可能会流行这个说法。

尽管允许多样性、竞争性的表述对于某些种类的应用而言是必要的,但这只会增加这项表述任务的难度。

在计算机科学领域中,证明的责任可以更清晰地划分为可判定性问题和计算的复杂性问题。可问题是,当给定一个模型而它是这个体系中的一个实例时,要生成那些作为关系之要素的元组(tuples)或者检测给定元组是否是一个关系的要素,这有多困难?

然而,这里的问题同样并不仅仅是在追问这些任务可以有多困难,还要追问谁应该承担这种计算的责任。在计算机科学中,不用说,答案当然是计算机。但当问题不可判定或难以处理时,这个答案就不公平了。当答案近乎准确或可能出错时,受裁决影响的那个人的利益就应该被纳入考虑范围,以便决定要冒什么样的风险。当不止一个主体(agent)受到裁决的影响时,他们的利益就可能是竞争性的,这导致要对风险做出不同的评估。

这些问题是否重要,取决于模型的目的和任务。比如,我们可以假设,有待表述的知识之数量和证明的责任在加德纳的模型和阿什利的模型中都是重要的问题。可是我怀疑,在这两个情形中,对论域做出表述是否需要承担更重要的责任。另外,这些问题对于帕肯来说都不重要,因为他的目的并不是要将他的框架用于处理某个特殊的法律任务。不过,所有使用其框架的人都有可能会面对这些问题。

理性的人可能会有不同的观点和利益,这个事实在这些模型中都没有发挥作用。加德纳的系统建立了单个学生解决问题之行为的模型;阿什利的系统则建立了单个法律人借助案例构造论证之行为的模型。还有,他们的模型主要是出于理论目的构造而成的,而这些模型只有他们自己在使用。

在人工智能与法的技术所提供的某些应用中,诸如在法律分析系统、规划系统和判例法的概念检索系统中[79],这些问题则更为严重,因为系统开发者的利益和观点可能与其使用者的利益和观点是相冲突的。因而,特维尔·本奇-卡朋(Trevor Bench-Capon)提议说,知识库可以借助带有使用者的对话博弈来进行增量构造[17;18]。

最后,当任务是构造一个正确的或公正的法律裁决时,或者是对这样的一个裁决进行评论时,相关的各个当事人的利益和观点必须作为模型的一部分。下面就是所我做的推测:

法律推理的所有关系模型都不能用于恰当地建立司法自由裁量权的模型。

显然,这也是一个不能得到确切证明的猜想,这是因为它包含了"恰当地"这个巧妙的小限定语,还因为一个构造性的证明可能需要某种方式来遍历所有可能的关系模型,以便检测它们是否是恰当的。

尽管如此,还是存在很好的论证来支持这个推测。其中有的论证已经被人工智能与法领域内的其他研究者指出来了,比如伯曼(Berman)与哈夫纳(Hafner)的论证[19]和本奇-卡朋与塞科特(Sergot)的论证[14]。在这本书的主体部分,我将会详细阐述这些论证。不过,这么做的主要原因却是:所有关系模型都不能公平地分配表述和证明的责任(与权力)。

追随阿列克西的脚步,我要借助建立程序性规范的模型而非法律论域的模型来处理这些问题,而这些规范则支配着表述责任与证明责任的分配。这种类型的模型都是有一个或多个博弈者的形式博弈,其中博弈的规则支配着法律与事实之表述的接受和修正,并负责对由这些表述进行推理的权利和义务做出分配。博弈者的数量和角色、在博弈时所构造的知识库的分析性结构以及所使用的推理关系的类型将随着博弈的改变而明显发生变化,这种变化取决于要被建模的程序之类型。

人工智能与法领域中的其他人也有类似的洞见。比如,菲德勒(Fiedler)就表达过这样的观点,即法律推理是一个理论构建的程序[37],但他并没有提议要为支配这个程序的那些规范建立模型。类似地,当麦卡蒂(McCarty)近来反思其基于案例的法律论辩的原型与变形理论时,他的想法非常接近我的立场,他是这么说的[83]:

> 由于法律人更有可能就合理的论证而非就恰当的结论达成一致,我们的判定是,比起发展一种关于正确的法律判决的理论,发展一种法律论证理论将会更有大的收获。
>
> ……
>
> 什么决定了对于原型的选择?变形的构造标准是什么?很明显,我们必须要对变形的集合进行严格限定,否则所有东西都能被"变形"为其他任意东西。但是,这些限定的来源是什么?

这些限定的来源就是关于程序公正的那些规范。

阿列克西提出了一个相当抽象的规范集,他认为该集合中的这些规范应该支配所有的法律话语。这个观点我不赞成。规范应该依赖于特殊类型之法律程序的本质和目的,而各个参与者的权利和责任应该取决于他们的角色,比如原告方、被告方或法官。需要注意的是,这些程序性的规范不仅限制了法官的自由裁量权,而且也支配着该程序中其他参与者的行为。

出于这个原因,我的模型并非针对抽象意义上的法律论辩,而是针对特殊类型的法律程序,即民事诉答程序。(为了证实司法自由裁量权是如何受到约束的,我还会提出一个简单的审判模型。)

与之前给出的法律推理的关系模型的图表相比，画出一个能够抽象地刻画所有博弈的示意图大概是很困难的。不过，图1.2倒是可以用来说明在本书中所开发的这种特殊博弈的一般结构的。

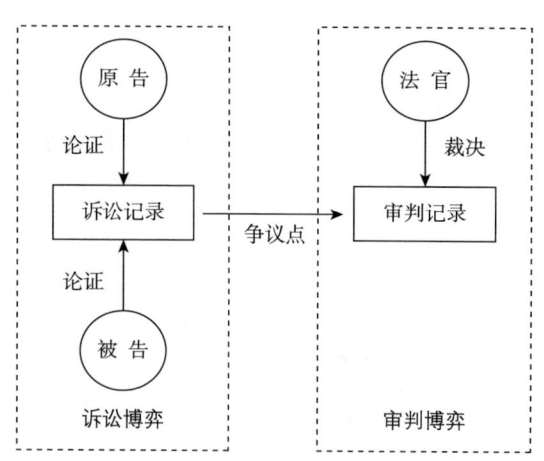

图1.2 诉讼与审判博弈的一般结构

诉答的目的在于确认争议点（issues）以便法庭对之进行判决。我的诉答模型更接近于普通法的实践，而非美国"现代"的民事诉讼程序法。在普通法中，诉答的目的在于尽可能将争议点最小化。在现代民事诉讼程序法中，诉讼双方在诉答过程中并不明确地进行法律论证，而仅仅是断定或否定"本质性的"事实，他们相信这些事实能够使得他们有权获得法律救济，比如对损失进行货币赔偿，或者他们相信这些事实可以构成辩护。

为了得到关于诉答之目的的最原始的理解，我们可以考虑下面的这个假设性的交互陈词的案例。该案例不那么严格地基于美国《统一商法典》（Uniform Commercial Code，也简称为UCC）的第九条，其中包括了担保交易条款。[1] 理解这个案例也不需要特别熟悉商法。

原告方史密斯和被告方琼斯都贷款给密尔用于购买油轮，该油轮同时是两笔借款的抵押物。这两笔借款的还款密尔都没有支付，而现实的问题是，这两个出借人中哪一个将优先从该油轮的销售收益中获得还款。这些事实都毫无争议。一个附属性的争议点是史密斯是否完善了（perfected）他对该油轮的担保物权。（大体上讲，如果已经采取充分的步骤来使得一个权益产生效力，那么该权益就是完善的。）这里就需要进入诉讼程序了。

原告方：我对于密尔的油轮的担保物权是完善的。

被告方：我不赞同。

原告方：只要占有抵押物，对于货物的担保物权就应该是完善的[《统一商法典》第9条第305款（UCC§9-305）]。我实际占有了密尔的油轮。

被告方：就第9条的目的而言，你何以认为油轮是货物？还有，请证明你实际占有了该油轮。

原告方：根据《统一商法典》第9条第105h款（UCC§9-105h），除了货币和文书（instruments），所有能移动的东西都是货物。

被告方：尽管油轮肯定是可移动的，可根据《统一商法典》，我还是不同意这是成为货物的充分条件。进一步讲，按照《船舶抵押法》（*Ship Mortgage Act*），对于油轮的担保物权仅当提交了财务报表才能得到完善。

---

〔1〕《统一商法典》不是联邦法律，而是州立法律，不过美国50个州中大部分已经以几乎相同的形式制定了这部法典。商法管辖商业和贸易。附录中还有一个法律术语的汇编。

诉答博弈
——程序性公正的人工智能模型

原告方：我已经提交了财务报表。但我不赞同你的观点，这并不是《船舶抵押法》要求满足的条件。此外，即使你是对的，《统一商法典》也会具有优先性，因为它比《船舶抵押法》颁布得晚一些。

被告方：但是《船舶抵押法》是联邦法律，它要优先于像《统一商法典》这样的州立法律，即使州立法律是后颁布的。

在这场交互陈词的最后，一些争议点得到了确认。控辩双方关于史密斯是否实际占有油轮以及他是否提交了财务报表产生了分歧。这些都是事实性的争议点。他们还在"按照第九条船舶是否是物品"以及"《船舶抵押法》是否要求提交财务报表以便完善对船舶的担保物权"这两个问题上没有达成一致。这些都是法律性的争议点。还有一个争议点是关于"《船舶抵押法》是否优先于《统一商法典》"这个问题的。原告方论证说《船舶抵押法》不具有优先性，他所使用的原则是"新法优先（Lex Posterior）"，该原则赋予较新的规则以优先权。被告方则用"上位法优先（Lex Superior）"原则来进行回应，该原则赋予具有较高权威支持的规则以优先权。最终可能存在的争议点就是这两个原则中哪一个具有优先权。

注意，在这场交互陈词中，控辩双方都在就相互冲突的法律规则的有效性和优先性进行论证。为了处理这一点，诉答博弈使用了非单调逻辑，即盖夫勒（Geffner）与珀尔（Pearl）的条件推衍逻辑（logic of conditional entailment）[41]。因此，这本书还会进一步为逻辑（特别是非单调逻辑）对于法律推理和论辩的重要性之论断提供支持。

尽管诉答博弈主要是关于法律推理的规范性模型，但它还具有分析性和经验性的方面。有些学者提出了论证，来反对使用非单调

第1章 导 论

逻辑来处理法律推理。例如，阿尔罗诺（Alchourrón）和布雷金（Bulygin）这样写道 [2, p.25]：

……我们同意麦考密克的观点，即原则上除了通常的（经典）演绎逻辑，不需要任何逻辑来处理法律证成性推理的问题。正如很多人工智能领域的专家所建议的那样，超出演绎逻辑的范围不仅没有必要而且也非常不方便。……然而［就像 D. 麦金森（D. Makinson）所确切证实的那样］通过阐明潜在的、未被言明的前提，［可废止推理］能够借助通常的演绎逻辑得到妥善处理。……

断言使用通常的演绎逻辑法律判决就能够得到证成，这是一回事，而断言判决事实上都是借这种方式得到证成的则是另外一回事，论证它们应该如此得到证成则又是一回事。沙托尔（Sartor）提出了值得考虑的经验证据，其表明法律实际上是借助可废止规则组织起来的［107］。我在别处也论证过，法律确实应该是这样的［45］。（这些论证在本书后文中还将被重复提到。）不过，由于阿尔罗诺和布雷金更关注司法裁决是如何被证成的，而不怎么关注成文法是如何被组织的，以前的那些支持用非单调逻辑来处理法律推理的结果只具有间接的相关性。本书要弥补这种不足；我要提出经验性的和规范性的论证来支持如下论断：非单调逻辑被而且应该被用于构造和评论对于司法判决的证成。

本书剩余部分将作如下安排。第二章是对《统一商法典》第九条有关担保交易方面的概述。法律的例子将全部来自这部法律相关的论域。这一章要完成两项工作：①它要提供足够多的关于担保交易法的信息，以便非法律人士和不熟悉这个特殊主题的法律人举出可以理解本书讨论的案例；②它还要进一步提供经验性的证据来表明，在法律中，可废止规则是具有多样性和广泛性的。第三章是要

诉答博弈
——程序性公正的人工智能模型

从与司法自由裁量权的限度相关的法哲学角度对一些理论进行一种批判性的研究。该章主要集中于哈特和罗迪格（Rödig）的理论，当然还有阿列克西的理论。尽管哈特的理论在人工智能与法的领域中众所周知，但这里还要提到它，这是为了拿它与阿列克西的对话理论进行比较。罗迪格是一位德国法律逻辑学家，他在70年代早期提出了非常有思想和有力度的论证表明，为使用形式逻辑对法律进行公理化的目标进行辩护的做法已经过时了。早在非单调逻辑成为人工智能领域中的一个有趣的主题之前，他已经是这种逻辑的一个强硬的反对者。我对罗迪格在公理化和非单调逻辑上的立场提出了批评，但我赞成他对形式化之价值所做的评估。这一章在哲学上要达到的目的是要为我的对抗性法律论辩模型提供合理说明和辩护。它为建立该模型的"语义学"或"基本原则"奠定了基础。在第四章中，我将讨论以前的一些关于论辩的形式模型，包括洛伦岑（Lorenzen）的对话逻辑、普洛克（Pollock）的奥斯卡模型（OSCAR model）、西马里（Simari）与路易（Loui）以及盖夫勒和珀尔的非单调逻辑。这些系统是我自己关于论辩的形式模型的技术和方法的主要来源。为了理解诉答博弈，人们至少必须要熟悉盖夫勒和珀尔的条件推衍逻辑，对细节的了解程度要达到本文所阐述的水平。第五章要给出诉答博弈的形式化描述，其中还包括关于第九条的一些案例的讨论。第六章描述了我的计算性模型的实现系统。该系统本身并不在进行诉答博弈，相反，它是执行该博弈之规则的媒介。描述的详细程度将足以令任何人工智能程序员都能够重新实现该系统。第七章将得出结论。我将对该模型进行批评性的评估，并就将来的工作方向给出建议。本书有两个附录。第一个附录是简化版的《统一商法典》第九条，被称为A9W，其中还包括了对法典章节的示例性表述，所使用的语言则是在第五章中开发的形式语言。另外一个附录就是法律术语词汇表。

再重申一句,这本书提出了一个关于对抗性法律论辩的形式化的、计算性的模型,即诉答博弈,其目的在于支持、阐释和澄清关于法律推理和论辩之本质的一个基本的理论断言。这些断言有三种类型:

分析性断言:

法律推理的关系模型独自无法说明司法自由裁量权的限度。相反,要理解司法自由裁量权,必须用语言博弈来建立法律程序的模型,其中每个博弈的规则都要被涉及出来,以进一步服务于实现诉讼程序之目的。诉讼程序中的每一方在该程序中的权利和义务取决于他或她的角色。

像民事诉答这样的一个诉讼程序可以借助非单调的对话逻辑来建立模型,其中控辩双方交互提出不同种类的论证以便确认案件的争议点。这些论证可以通过对可废止的法律规则进行公式化地表达和应用来进行构造。通过对论证中所使用的规则按照诸如特殊性、权威性和立法时间这样一些原则来进行排序,相冲突的论证就可以得到解决。在法律原则和其他规则之间,不需要做出形式区分。通过将规则具体化,原则可以借助关于其他规则的规则来建立模型,不管这些原则处于何种层级。规则的有效性和优先性同样是诉答过程中需要讨论的争议点。

经验性断言:

《统一商法典》第九条是由不同种类的可废止的法律规则组成的,它们都带有显性的或隐性的例外。第九条的很多规则是高阶的:它们明显指涉到其他法律规则。

规范性断言:

演绎性的证成理论是错误的:一个演绎论证对于司法裁决

的证成来说既不是充分的也不是必要的。相反，在对法官为证成裁决而构造的论证之充分性进行评估的时候，经由控辩双方在诉答程序中实际所做的论证而提出的争议点应该被纳入考虑范围。

应该使用非单调逻辑的可废止的规则对法律法规进行公式化表达，因为这是在为进一步地研究法律的规范性和解决法律冲突做好准备。

最后，司法自由裁量权不应该由关于法律文本之意义的客观性的理论来做出限定，它的限度应该由用于裁决争议点的公正的程序性规则来划定，而这些争议点都是控辩双方在诉答程序中提出来的。

第 2 章 法律论域：第九条

这本书中所发展的论辩理论涉及的范例主要来源于涵盖"担保交易"条款在内的美国《统一商法典》（UCC）的第九条。尽管从整体上看，第九条相当复杂，但它相对而言是自足的，以至于我希望只用寥寥数页就能对该法典做出足够深度地解释，从而可以服务于我们在这里要实现的目的。本章的目标是要提供关于第九条的足够多的信息，以便使得非法律人士能够理解和评价我们将来作为范例而使用的这些法律论证[1]。

当然，对第九条的简略描述完全不适合于分析实际的担保交易问题。大部分范例都与假设性的案例有关，它们都是从《统一商法典》的标准教科书中摘录出来的，除了这里所提供的知识之外，不需要更多的法律知识来理解它们。我们想要这些范例是"具有现实意义的（realistic）"案例，而非真实（real）的案例。也就是说，它们将揭示真实的法律推理的某些方面，而同时将那些让人分散注意力的细节都抽象掉。以这种方式，它们将会相似于法学院的考试问题，而这些试题都是加德纳在她的人工智能和法律推理的研究中使用过的。

---

[1] 附录 A 包含了简化版的第九条，被称为 A9W，该版本足以提供这些范例，只需要借助第五章中开发的规则语言对其进行部分的形式化即可。

诉答博弈
——程序性公正的人工智能模型

选择第九条的另外一个理由是《统一商法典》确实是一部法典,即它是成文法。尽管案例依然是非常重要的,正如斯派达尔(Speidel)、萨默斯(Summers)和怀特(White)在他们的案例汇编中所指出的那样 [118, p.34],该法典是可适用性法律的首要来源:

> 在商业与/或消费者法领域做得很差的法律人可以开始研究"相关的"案例法中的法律问题。因此,他会满足于普通法的假设,即"法律尽在案例中"。这个假设是一种谬误。……在这个领域中,成文法是首要的、原则性的,且通常是优先的法律来源。

为何我要选择一个原则上是成文法的法律论域来建立人工智能的模型?原因有以下几个:首先,尽管根据传统,案例在普通法国家备受重视,在法学院的教育阶段尤其如此,但是成文法在德国这样的大陆法国家却具有核心的重要性。正如《统一商法典》所表明的那样,成文法在普通法的司法审判活动中的重要性也在逐渐增加。使用成文法的法律论辩理论将有望在这两种类型的司法审判活动中具有同等的重要性。

其次,因为成文法和案例都存在很多比较困难的表述问题 [78;103;11],试图处理所有这些问题未免野心太大了。在成文法的表述中,有这样一个开放式的问题,那就是:如何在保持法典的原有结构不变的同时对带有例外的规则做出表述。这正是我想要在这本书中致力研究的一个主题[2]。

最后,这本书中开发出来的形式化系统主要是想让它成为民法诉答程序的模型。在这种背景下,在成文法和案例法之间进行选择

---

[2] 尽管加德纳宣称:"只研究成文法而排除案例法是不现实的。"[40, p.6] 但我的目的不可能是按照现实性观点可能提出的要求,为法律推理的所有方面建立模型。

第 2 章　法律论域：第九条

就没有多大意义。在诉答过程中，控辩双方断定了一些普遍性的规则，而这些规则可以通过援引案例或者成文法的规定而得到支持。我们可以用统一的方式来为这些引证建立模型，即使对所援引的案例和成文法规定进行统一表述大概是不可能的。

虽然选择了第九条作为我们的论域，但无论如何，这并不会阻止我们将研究扩展到基于案例之推理的诸方面。《统一商法典》像所有法律文本一样，并不是自适用的（self-applying）。尽管起草者竭尽全力确保文本是清晰的、严格的，正如卡尔·卢埃林（Karl Llewellyn）作为首席报告人指出的那样，该部法典充满了成文法解释的常见问题。[3]然而，案例在数量上却很丰富。

既然已经决定了将成文法作为研究的重点，那么第九条就是很好的选择。《统一商法典》并不是由立法委员会而是由一群不同的法学学者（包括前面提到的卡尔·卢埃林）起草的，就这一点而言，该法典就不同寻常。[阿里森·邓纳姆（Allison Dunham）和格兰特·吉尔莫（Grant Gilmore）也是第九条的主要起草人。]该法典的制定项目肇始于 1944 年，是由美国统一法律委员会全国会议和美国法律学会联合发起的[4]。完整的初稿花了 6 年才得以完成。根据怀特和萨默斯的说法［129，p. 4］，在 1953—1955 年之间，纽约州立法律修订委员会花费了"数十万美元"用于研究该法典以及提出修改建议，其中很多建议最终出现在官方正式的文本中。

因此，《统一商法典》是或者至少应该是一部编撰得相当好的法典。至少这一点已经成为一个具有指导意义的假设，正式基于此我才尝试在人工智能的程序中建立该法典的模型。我所做的假设

---

　　［3］　卡尔·卢埃林写了好几本书来讨论实在论传统下的法理学，包括［67］。
　　［4］　美国法律协会还发起了"重述合同法"的运动，加德纳将之作为其用以研究提供与接受问题的"标准"法的主要来源。

诉答博弈
——程序性公正的人工智能模型

是,即使该法典的条理是混乱的,但仍然存在一种办法,试图去寻找一种能够保持其原有结构的表述,而非大胆尝试对该法典进行"理性地重构"。后面将会讨论到,一种结构保持性的表述在任何情况下都是重要的,本奇-卡朋称这样的表述为"同构"建模[15,16],只有这样才能为模型中的陈述追溯到它们在该法典中的权威性。如果在陈述与法典的章节之间不存在一一对应,那么追溯起来就会非常困难。

在人工智能和法律推理方面的研究中使用《统一商法典》的另外一个原因是,美国几乎所有州都以某种形式颁布了这部法典。由于分散在世界各地的法律人和人工智能科学家中了解这项工作的还不是很多,这样做可以让更多的人了解这方面的研究。由于实体法从一个州到另一个州会有很大的变化,当然从一个国家到另一个国家的变化更大,要找到所有法律人都能理解的一个法律之集合是很困难的,也许根本就是不可能的。与数学或自然学科这样的领域相比,这是法律的缺点,因为这些领域中的知识是普遍可适用的。故而,尽管我们不能指望欧洲的法律人熟悉《统一商法典》,但相对而言,毕竟它还是有知名度的。

此外,尽管第九条已经大大简化了以前关于担保交易的法律,但是按照奎恩(Quinn)的说法,它"仍然是可应用的、最难且最复杂的条款之一……"[98, p.9-2] 这种复杂性可以使得第九条成为很好的候选,用来构造法律专家系统,或谦虚点说,至少可用来构造某种裁决支持系统,比如超文件(hypertext)信息检索系统。

最后,第九条是"计划人的法律"[118, p.57]:

……担保是一个计划人的概念并且担保法主要是计划人的法律——这样的法律不仅仅是为了在未来遵循的,还是为了构造未来的。

第 2 章　法律论域：第九条

我希望以后能够证明，当我们借助诸如［48］中所描述的那些方法，将一种受人工智能支持的系统应用于起草担保协议时，第九条作为知识库是有用的。

2.1　对第九条的介绍

让我们从一个故事开始，这个故事是从斯派达尔、萨默斯和怀特的教科书中借用而来，稍微做了改变。

> 乔治·波茨是一个中年建筑工人，已经有两个月没有工作。他需要 800 美元用来分期支付一些工具费用和他与太太所买的电视机的费用。他拥有一辆二手车，价值 1200 美元，但除了衣服、家具和其他一些私人财物之外，再也没有什么东西。他从自己的单位那里得到保证，他将于 1978 年 6 月 1 日有工作可做。当时已经是 5 月 15 日。
>
> 波茨在 5 月 16 日与当地的金融公司即亚当斯财物公司的本·亚当斯谈过话。在面谈以及对波茨在当地百货公司的信用进行了一般性的调查之后，亚当斯同意并且已经出借给波茨 800 美元。波茨签了一张日期为 1978 年 7 月 15 日的期票，数目为用于支付还款的 800 美元再加上 12% 的利息。
>
> 此外，我们假设在同一天（即 5 月 16 日），波茨和亚当斯签署了一份文件，该文件包含以下内容［118, p. 64］：
>
> > 乔治·波茨（即"借款人"）同意将其住宅……因此抵押给亚当斯财务公司（即"出借人"），后者对以下描述的机动车及其现有的或之后附属其上的或者与之有关而被使用的所有配件、附属品和装备（即"抵押物"）提出担保物权：
> >
> > 福特四门小轿车一辆，牌照 No. 7J3336，序列号 No. L8694371。

14

诉答博弈
——程序性公正的人工智能模型

这项担保物权是为借款人向出借人执行和交付的总数为 800 美元的期票之偿还行为提供担保，其中包含应付的本金以及利息。

在偿还借款给出借人的过程中，如果借款人未能履行还款义务，则出借人将拥有依据《统一商法典》以及其他可用法律所规定之担保债权人的所有权利和赔偿，包括出借人占有该抵押物的权利。

在这个故事中，波茨是借款人，亚当斯是债权人和受担保方，福特小轿车是抵押物，而5月16日签署的文件则是担保协议。如果一切顺利，波茨将会偿还亚当斯7月15日那张期票的欠款。可是，如果波茨未能履行还款义务，比如没有在规定时间内还款，那么该担保协议将会依据第九条给予亚当斯一定的赔偿。例如，根据§9-503，亚当斯可以去拿走车，只要"这么做不扰乱治安"就行，且根据§9-504，在告知波茨之后，他可以以公开拍卖的方式卖了这辆车。

按照斯派达尔、萨默斯和怀特［118, p. 83］的观点，在担保交易的领域中，存在着这么五种基本的问题：①裁决第九条是否可适用；②在债权人与借款人之间订立一项有效的担保协议；③完善由协议产生的担保物权；④解决对于抵押物的多项物权之间的优先性冲突问题；以及⑤当还款义务未被履行时裁决债权人可以得到哪些赔偿。我们将会把主要的注意力集中在①和④这两点上，而非试图解决该部法律所有这些方面的问题，因为斯派达尔、萨默斯和怀特为了完成这个任务已经花了 368 页纸！只有当我们需要解释将来要用到的例子时，才会讨论其他方面。我们首先要处理的就是优先性冲突问题，而且到目前为止，关于亚当斯诉波茨案的案例事实还有待进一步分析。

在下面的两节中，我们将分别在"对象"层面和"元"层面讨论一些规则，它们可用于解决两个不同种类的冲突。接下来要讨论的对象层面的规则都是第九条中的优先性规则，这些规则用于对针对抵押物的冲突物权进行排序。元层面的或二阶的规则是为了解决对象层面的规则之间的冲突，例如第九条的章节之间的冲突，或者第九条与其他法律来源（比如联邦法律）之间的冲突。

2.2　第九条中的优先性规则

让我们继续讨论波茨和亚当斯的故事，不过，它的情节会有一些新的发展。

情形一：

假设乔治·波茨在 5 月 30 日把福特车卖给了乔基姆·施特劳斯。如果波茨未履行还款义务，谁对福特车拥有优先的物权，是施特劳斯还是亚当斯财务公司？

情形二：

假设除了亚当斯那笔债务之外，波茨还欠诺伯特·伏格尔 1000 美元，6 月 1 日到期。由于波茨未能还款，伏格尔向高院提出控诉，波茨败诉。伏格尔获得了赔偿判决并且从法庭书记员那里拿到了执行令状。依据该令状，县级治安官接管了福特车并借拍卖的方式以 450 美元将该车卖给伏格尔。谁对该福特车的物权拥有优先性，伏格尔还是亚当斯财务公司？

情形三：

假设赫尔穆特·布鲁姆也在 6 月 15 日借钱给了波茨，同样由这辆福特车进行担保，并且布鲁姆正好在 6 月 16 日提交了财务报表。如果亚当斯财务公司没有提交财务报表，布鲁姆的担保物权是否具有优先性？

诉答博弈
——程序性公正的人工智能模型

这三个不同版本的故事解释了能够产生的冲突的某种优先性问题。在第一种情形中，在作为财产索赔人（property claimant）的施特劳斯与亚当斯之间存在冲突，后者并不主张拥有福特车而仅仅是主张拥有担保物权。在第二种情形中，伏格尔是一个判决留置权的债权人（judgment lien creditor）。在第三种情形中，布鲁姆的完善的（perfected）担保物权与亚当斯的不完善的（unperfected）担保物权之间存在争议。（布鲁姆的物权是完善的，是因为他提交了财务报表。）

对于解决第九条中的优先性问题而言，有三个因素尤为重要：

每个当事方的角色：

在产生物权的交易中，每个当事方的角色是什么？比如，他是抵押物的购置人（purchaser）、受抵押物担保的财产出借人、破产管理人（trustee in bankruptcy）、判决留置权的债权人（judgment lien creditor）、还是抵押物的出售人（其中购置价格由被出售的财产作担保的）？

抵押物的类型：

抵押物是何种财产？它是股票（stocks）、债权（bonds）、设备（equipment）、货物（goods）、账款（accounts）、存货（inventory）、销售收益（proceeds from a sale），或者甚至是农产品（farm products）？这里有一个复杂的因素，即抵押物的类型取决于它在产生物权的交易中所发挥的作用。这辆汽车如果是作为从银行到汽车经销商手中的商业贷款的抵押物，那它就是存货，但同样这辆汽车在销售给经销商的顾客时则是一个消费品。

附属与完善：

担保物权的优先性通常还依赖于特定事件发生的时间，尤其是担保物权的附属和完善的时间。简单地说，物权在担保协议签订时并不必然得到附属，只有在借款人对抵押物拥有权利并且受担保方已经按价值付款之后，才能附属物权。一项担保物权可以通过提交财务报表而得到完善，因为财务报表的提交使得全世界都注意到对于该抵押物是存在担保物权的，或者可以通过占有抵押物而得到完善。在一些情形中，只有占有抵押物才是完善物权的有效方式，而在另外一些情形中则不需要提交报表或者占有抵押物，物权的完善是自动的。

2.3　规则间的高阶冲突

在分析担保交易问题时，首先要提出的一个问题就是明确第九条是否是可适用的。这个问题与第九条的适用范围有关。我认为，适用范围的问题恰好就是法律规则之间更为一般性的冲突之解决问题的一个具体实例。通过讨论适用范围的问题，本节将提出该类型的各种冲突以及解决它们的一些途径。

第九条限制了其自身的适用范围。§9-102 是对适用范围的基本规定之条款。其部分条款是这么说的：

（1）除非在第9-104节中关于豁免交易另有规定，本条款适用于（a）任意想要针对个人财产产生担保物权的交易（不计形式）……这些个人财产包括货物、文件、文书、一般的无形资产、动产文据或账款；还适用于（b）任意账款或者动产文据的出售……

§9-104 列举了十二个例外，其中包括：

（c）由……判决书所表述的权力

（j）……对不动产的物权的产生与转让，包括法律规定的租约或租金……

诉答博弈
——程序性公正的人工智能模型

但所有法律对自身的可适用性做出限定的能力都很一般。法律就像一个线团：如果你从一头开始拽，整个线团终究会到你手里，其余只不过是时间的问题。第九条也是如此。在分析担保交易的案例时，要彻底考虑所有可能性，仅仅考察第九条乃至整个《统一商法典》都是不够的。冲突的规则可能会推翻第九条的规定，它们可以来自于上位法，即来自于联邦法律，也可能来自于被所有当事方所认同的下位法，或者来自同位法，即来自其他州立法律。

由于《统一商法典》是州立法律，任意可适用的联邦法律都可以自上而下成为第九条的上位法。[这条原则有一个传统的叫法，即"上位法优先于下位法（lex superior derogate inferior）"或简称"上位法优先"原则，它的意思是，来自上级权威的规则优先于来自下级权威的规则。]例如，《船舶抵押法》作为联邦法规管辖针对船舶产生的担保物权。在《统一商法典》与《联邦破产法》之间也可能会存在冲突。

《统一商法典》赋予了交易的当事双方以足够的自由来从根本上推翻该法典，也就是说 [118, p. 22]：

> 恰如一位权威所言，"……商人有为自己制定法律的自由。他们做到这一点，或明确地通过订立契约，或隐含地通过确定交易程序，或共同地通过遵从风俗习惯以及相应的对于商业的理解。"然后，借助他们自己达成的一致协议，商业交易的当事双方可以改变该法典的大部分规定。

当事双方自己达成协议的这种权力在《统一商法典》中的一些地方得到了明确地表达。第1-102(3)节中有一段文字，它是这样说的：

> 这部法令之规定的后果可以由协议更改，除非本法令另有规

第 2 章 法律论域：第九条

定以及除非该协议依然遵循本法令所规定之诚实、勤奋、合理与审慎原则……

另外，第九条的§9-501(3)还说：

> ……下述这些规则赋予借款人以权力并施加受担保方以责任，就此而言，这些规则不能被放弃或者改变……但是，当事双方可以通过协议来确定标准，以用来衡量这些权力和责任是否得到履行，只要这些标准并非明显地不合理：……

来自于同位法的潜在冲突包括《统一商法典》中其他条款之规定以及《统一商法典》之外的其他州立法律。前者比如，该法典的第二条是关于销售的，它使得购买人有权拒绝交易以及拒绝依据法典所产生的特定的其他非自愿的担保物权；后者例如，有的州立法律可能会对完善针对机动车的担保物权提出特殊要求，或者可能会存在特殊的消费者保护法来管辖商家与顾客之间的交易。

其他需要注意的州立法律的来源就是诸如禁止反言和禁止弃权这样的公平原则。《统一商法典》§1-103 明确陈述说，公平原则（equity principles）应该作为该法典之"补充"：

> 除非被本法典之特殊规定所取代，法律和公平之原则应当将以下情形作为其规定之补充，其中包括……禁止反言（estoppel）、欺诈（fraud）、虚假陈述（misrepresentation）、胁迫（duress）、强制（coercion）、过失（mistake）、破产（bankruptcy）或者其他有效或无效之缘由。

在涉及多个州的商业贸易的情形中，可能会存在狭义上的法律冲突问题，即究竟适用哪个州的法律，这一点可能并不是很清楚。第九条的§9-103 本身可以解决其中的一些问题，但只有当两个州都接受《统一商法典》并且都没有独自对这一条款进行某种重要的

修改或解释时,它才能是可适用的。

我还想提到另外两种规则间的冲突,即在第九条本身的不同版本和不同章节之间存在的冲突。

在相同版本的第九条的章节之间存在的冲突问题是带例外的规则的问题。沙托尔对例外可能具有的不同形式进行了编目 [107]。但为何以如此方式来构造法律而非简单地概括某种一元法律谓词的所有充分的、或许也必要的条件?我曾推想过个中的原因 [45]。有理论对法律推理所具有的非单调性特征的重要性做出了论证,我将在本书第 3.2.1 节中重述这种理论。目前,我们只是简单地描述一下计算性模型要处理的例外之类型,并从第九条中给出几个例子。

例外可以是显性的,也可以是隐性的。在显性例外的情形下,存在三种可能性:普遍规则(general rule)提到例外,或者例外提到普遍规则,或者它们彼此指涉。否则,例外就是隐性的。

举一个普遍规则提到例外的例子。考虑§9-102,前面曾引述过其中的一部分:"①除第 9-104 节关于豁免交易另作规定外……"。另一个例子是§9-301,它包含这样的部分,即"除第 2 小节另有规定外,未被完善的担保物权附属于(a)根据第 9-312 节被赋予优先性权利之个人;……"这种类型的例外在第九条中随处可见。

隐性例外也有几种。例如,前面也引述过《统一商法典》§1-103,它被看作是总括性例外(blanket exception)。回忆一下前面,该条款说的是像禁止欺诈这样的公平原则可用于推翻《统一商法典》的规定。它开头是这么说的:"除非被本法典之特殊规定所取代……",但接下来就是要可怜的法律人去寻找对于其案件的特殊规定了。

当一个规则比某个与之相冲突的规则更为特殊时,另一种形式的隐性例外就出现了。被称为"特别法优先(Lex Specialis)"的原则说的是,当一个普遍规则与一个较为特殊的规则相冲突时,该特

第 2 章 法律论域：第九条

殊规则就具有优先性。例如，在第九条中，存在一些适用于所有担保物权的普遍规则，它们与较为特殊的规则相冲突，而后者适用的则是诸如消费品这样的特殊类型的抵押物。

最后，在上面这个例子中，就提交财务报表对于完善担保物权的必要性而言，§9-113 陈述的内容对 §9-302 构成了隐性例外。§9-302 也没有提到 §9-113。换言之，无论例外还是普遍规则都没有提到彼此：

> 单独依据买卖条款［即第 2 条（Article 2）］而产生的担保物权服从于本条之规定，除非就借款人并非持有或并非合法地持有该货物而言，且只要在这种情形下……（b）无需提交财务报表来完善担保物权；并且……

由《统一商法典》的不同版本造成的冲突问题包含两个方面：一个方面涉及司法管辖权而另一个方面则涉及颁布时间。尽管已经有 49 个州颁布了《统一商法典》，但该法典在每个州所颁布的版本严格来说并不完全相同。颁布该法典的州通常会在颁布之前会稍微做些修正。这就是前面讨论过的另外一个方面的法律冲突问题。

这里所谓的时间方面涉及 1972 年对《统一商法典》尤其是第九条所做的重大修订。并非所有州都颁布了这些修正案。当然，这些修订就相冲突的部分而言推翻了 1962 年版的《统一商法典》。这个原则也有一个拉丁文的名字："新法优先"。

我们已经明确了大量的造成法律冲突的根源，而且甚至还提到了案例法。不同的法院对该法典做出的竞争性解释导致了常见的不确定性，这对于担保交易法而言是无可争辩的事实。如果像在美国一样，坚持"遵循先例（stare decisis）"的原则，那么高等法院的观点只要不是意见（dicta）就会对下级法院具有约束力，并因而具有优先权。这是"上位法优先"原则的再一次应用。在同等级别的法院之间，比如

诉答博弈
——程序性公正的人工智能模型

在加利福尼亚州的不同的上诉法院之间，或者在不同州（比如内华达州与加利福尼亚州）的最高法院之间，一个司法管辖权威的观点可以为另外一个司法管辖权威提供指导，但并不具有约束力。

我们已经提到了几个广为接受的法律原则，可用于对冲突的规则进行排序："特别法优先""上位法优先"和"新法优先"。这些原则可被看作是关于某个法律领域中的规则的二阶规则，而该法律领域中的这些规则是一阶的。这两个层级对于法律推理而言还不够充分，因为在二阶规则之间也可能存在冲突，需要得到解决。例如，如果在较早的联邦法律与较晚的州立法律之间出现冲突，哪一个应该具有优先性？我们可以将之视为"上位法优先"与"新法优先"这两个原则之间的冲突。通常，权威等级优先于时间次序。不过，这里也可能会有例外。用于为相冲突的可废止之规则进行排序的规则其自身也可能是可废止的。尽管区分出三个层级似乎对于我们实现大部分目的而言是足够了，但关于法律推理的一个完全一般性的系统对能够得到处理的层级之数量没有做出任何限定。

综上所述：

1. 法律规则是可废止的；它们在某些情形下可能会与其他有效的法律规则相互冲突。
2. 诸如"特别法优先""新法优先"和"上位法优先"这样的二阶规则或原则制约着一阶规则之间的冲突之解决。
3. 这些二阶规则本身也是可废止的；它们也可能会彼此冲突。这些冲突则需要借助更高层级的原则来解决。

第 3 章　关于法律推理的哲学

实践性的法律推理和论辩就像所有行为一样，要受到资源局限性（resource limitations）的影响。比如，裁决（decisions）和判决（judgments）通常是在时间的压力下做出的。不过在这里，我们特别感兴趣的是对有关法律以及案件事实之信息和知识的局限性，以及更一般地是对我们获取经验、理解世界和进行理性推理之能力的局限性。本书将要发展的法律推理理论和计算性模型试图考察这些实践性的理性之局限性。在本章以及下一章中，我将分别讨论法哲学和人工智能的特定理论与模型，以便看出它们能够对我们理解这些局限性之下的法律推理有些什么贡献。在对以前的这项工作进行批判性检查之后，我自己的法律论辩理论将试图把已经学到教训纳入到考虑范围之内。

作为理性的行为，本书的写作也要受到实践的局限性的约束。在这里，我不可能对相关的法哲学文献做特别深刻的讨论。我的计划是以几个议题为核心，然后对挑选出来的几个理论家关于这些议题所表达的观点做出评论。因此，在本章中，对法哲学的比较研究不可能面面俱到。本章的目的仅仅在于提供足够的法理学基础，以便支持构成本书之核心的形式理论与计算性模型。

下列都是本书所选择的议题：

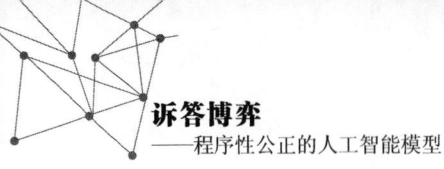

- 法律论证理论确认或认定了何种实践的局限性？
- 如果该理论接受了理性的局限性，那么它会将什么看作是一个正确的或被证成的法律裁决或判决？
- 该理论提出了哪一种方法（如果有的话）来确认或构造满足这些正确性或证成之标准的法律裁决？

关于人工智能和法律推理的最著名的英文著作 [77；40；119] 之法理学基础都局限在英美法哲学学派，尤其是哈特式的分析法学上。为了进行比较，我将在这一章讨论哈特的哲学，但我关注的重点肯定是当代德国法理学的思想，特别是罗迪格关于法律逻辑学的工作以及阿列克西的法律论辩的对话理论。其他的一些主要在学术史上有趣的理论，比如概念论［概念法学（Begriffsjurisprudenz）］，将会顺带得到简要地讨论。

这种选择看起来可能有点随意。考夫曼（Kanfmann）列举了法哲学的 15 条"新动向"，每个动向都是由某种哲学根基发源而来，比如现象学、马克思主义、存在主义哲学、解释学、系统论或"批评理性"［58］。但是，在这里，我们的目的不可能是对所有主题作百科全书式地介绍。如我们将要看到的那样，本书所选的理论直接与我们感兴趣的议题相关，即与实践理性的局限性有关。

3.1 哈特的分析法学

分析法学有时候被等同为法律实证主义，并与法律实在论形成对照。然而，按照玛祖瑞克（Mazurek）[58, pp. 164 – 173] 的观点，实在论与分析法学都可以被看作是实证主义一种形式。对哈特来说，实证主义的核心特征是断言法律与道德相分离 [51, p. 181]："我们应该认为法律实证主义意味着这样的简单观点，即法律复制或者满足了特定的道德要求这一点无论如何都不是一个必然的真理……"实在论与分析法学之间的区别涉及它们想要称之为"法律"的事情与对象之本质。

以奥利弗·文德尔·霍姆斯（Oliver Wendell Holmes）和卡尔·卢埃林为领袖人物的美国实在论者接受的是社会学视角。法律就是由法庭和其他权威实际所裁决的东西。在 [40, p. 21] 中，我们可以看到，霍姆斯说："我所谓的法律，不过是指对法庭实际上将会做的事情的预言，除此之外再无其他狂言妄语。"在同一页中，卢埃林有这样一段话："在我看来，官方关于争议所做的事情就是法律本身。"我觉得我们应当小心，以避免对这句只言片语作过度解释。不管怎样，对于实在论的表面分析都将会引导我们得出结论说，实在论者所偏好的法律理论都是这样一些理论，它们对法律裁决做出了最好的预言。研究法律的恰当方法似乎就是经验性的社会科学方法，比如调查、实验以及统计模型。

即便对司法裁决的预言是合情合理的，并且社会科学方法也肯定适合于这一目的，但实在论的作用也相当有限。它提供的方法既不能用以裁决法律案件，也不能用以批判性地评估法律裁决。法律人在法庭上不能通过公开地预测法官的裁决来为他们的案件提供论证。法官在裁决案件或证成他们的裁决时也不会对他们自己的行为进行预测。因此，就完成裁决的任务而言，实在论对于律师没有任何帮助，甚至对法官也没有什么用。况且，实在论还无法识别裁决的对错。它无法提供一套用于检测判决之"正确性"的标准。总而言之，实在论将自己的关注点限定在描述性的和预言性的法律理论上，从而忽略了法律的规范性的和综合性的方面。

分析法学者把法律看作是规则的系统，借此提出了实在论的这些局限性。哈特是分析法学的主要支持者 [52]。根据德沃金（Dworkin）的观点［30, p. 38］，哈特式的实证主义的核心论断包含：

1. 法律是一个规则集，其中的规则可借助一个基本的、二级的承认规则（rule of recognition）来进行确认。这个二级规则涉及初始规则的权威性或"谱系（pedigree）"，而非它们的内容。

2. 不管什么时候，有效规则之集合都"穷尽了法律"。通常，案件是通过"适用法律"来裁决的。这些都是简单案件。但在疑难案件中，这些案件显然不会被任何一个规则所处理，法官必须通过"制造新的规则"或"补充旧的规则"来裁决案件。这种权力就被称为"司法自由裁量权"。

第一点断定的是，法律最根本的来源不是理性、伦理或道德，而是国家的自主统治的权力（sovereign power）。这是分析法学与实在论的共同之处。正是法官的权威使得他们的裁决能够具有法律的特征。这种法律观植根于霍布斯（Hobbes）的哲学［54］。因而，这里所讨论的两种实证主义都将法律问题与道德问题清晰地区别开来。在法律上得到证成的司法裁决在道德上可以遭到质疑。实证主义并不肯定在法律与道德之间不存在关联性。国家的立法与司法权力机构应该制定与道德原则不相冲突的法律，并且道德论证可被用于评判法律。不过，这里不方便对道德与实在法（positive law）之间的关系作更深入的探讨。

这里的要点是：分析法学宣称已经提出了办法来克服前面提到的实在论的某种程度的局限性：它提供了用以评估司法裁决之"正确性"的法律标准。一个判决的证成，或是借助证实其裁决之形成是通过有效的法律规则的应用来现实的，或是通过证明该案件作为"疑难案件"乃处于现有规则的应用范围之外。就此而言，分析法学是关于法律推理的一种规范性理论。

然而，与实在论类似，分析法学也是一种经验性的法律理论。

第3章 关于法律推理的哲学

规则是否有效,这个问题被视为一个二阶的事实问题,需要通过解释法律的来源[比如成文法(statutes)和已经公布的案例]来做出回答。单独的纯粹理性是不足以回答这个问题的。规则的有效性必须以某种恰当的行动之证据为基础,比如法律权威对于以前案件的裁决或一个成文法的颁布。换言之,如德沃金所示,法律规则并不是由它们的真实性,而是由它们的"谱系"来确证的。

有趣的是,这在分析法学和维特根斯坦(Wittgenstein)的语言游戏理论之间建立了联系。在他的《哲学研究》(*Philosophical Investigations*)中[131],所谓的"后期维特根斯坦"是最先发现语言是一种行为的人之一,即它不仅仅被用于描述世界而且还被用于下命令、做指挥、讲故事、表情感与行劝说等。在后面论述阿列克西的法律论辩话语理论的章节中,我将会对维特根斯坦的哲学以及由此发展而来的"言语行为"理论作更细致地讨论。现在,我们只需要注意,哈特在维特根斯坦哲学的基础上认识到了法律话语可以具有不同的种类:定义性的、经验性的(描述性的)和规范性的,以及确立每一种话语的恰当性需要借助不同的方法并且这依赖于该话语的使用情景。这种洞见反映在他的二级的承认规则中,如前所示,该规则对法律规则的确证乃诉诸权威,而非诉诸真理或纯形式的标准[1]。

美国实在论是对被庞德(Pound)称为"机械法学"的概念论法学(conceptualism)做出(过度)反应的结果。加德纳注意到,"很难找到机械法学的忠实践行者"[40, p.19]。就英美法学而言,这一点也许是真的,但要找到德国的概念论者却并不困难。19世

---

[1] 哈特承认他受惠于维特根斯坦[53, p.274]:分析法学在现代发展阶段的"主要促进因素"是由维特根斯坦和奥斯汀(Austin)教授这两位非常关注语言的哲学家所提供的。

纪后半叶，概念论法学在德国是主流的法哲学。根据迈克尔·马克思（Michael Marx）的论述 [58, pp. 92 - 95]，其代表人物就是普赫塔（Puchta）、温德沙伊德（Windscheid）和冯·耶林（von Jhering）。[2] 今天，我们通常将概念论法学理解为法律推理的演绎理论。

当然，在形式逻辑诞生之前，概念论法学就已经普遍流行了，所以它并不是现代意义上的"机械"法学。从人工智能的角度看，较之命题推理，概念论法学似乎与 KL - ONE 系统涵义下的术语推理（terminological reasoning）有着更多的共同点。下面，考虑拉伦茨（Larenz）对"概念金字塔（conceptual pyramid）"的描述 [58, p. 92]：

> 金字塔宽度一级一级地变窄，但高度却不断增加。……当在金字塔的顶端存在一个抽象概念使得其他所有概念都能归入其中时，逻辑系统的理念就被完全实现了。

在普赫塔看来，借用概念金字塔，法律"作为科学演绎的结果而变成了看得见的东西"。法律"语句"的完备集被看作是潜在地包含于概念金字塔的封闭结构之中，就像一个公理理论的定理潜在地包含于公理之中一样。哈特写道 [53, p. 269]：

> [概念论法学] 的基本错误在于这样的信念，即在它能够定义条件的涵义上，法律概念是固定的或封闭的，因此对任意真实的或想象的案件，它都能够确定地说出该案件是否处于该概念之

---

[2] 耶林后来成了概念论法学的批评者并建立了利益法学（interest jurisprudence）。根据哈特的观点，霍姆斯对于概念论法学的批评部分地是对耶林的早期著作《罗马权力的精神》（Geist des Römischen Rechts）的回应，并且这种批评在很多方面都类似于耶林自己后期在《法律的概念王国》（Im Juristischen Begriffshimmel）中对概念论法学的批评。但是，哈特说没有迹象表明霍姆斯"曾认识到耶林已经表达过与自己相类似的主张……"[53, p. 267]。

下。……它是逻辑上封闭的。这将意味着，将一个概念应用于一个给定的案件就是一个简单的逻辑运算，可被理解为对已经存在的东西的某种展现。按照更为简单的英美说法，它导致了这样的信念，即所有法律规则的意义在关于其应用的问题产生之前就已经被固定下来并且预先得到确定。

普赫塔将概念论法学命名为"法律人的法律"，因为要明确内在于这种概念金字塔之结构中的法律，则需要法律人的专业的"科学"技巧。

要注意，概念论法学本身是一种特别强的法律实证主义。概念金字塔就是法律。但是，根据迈克尔·马克思的观点［58, pp. 89 - 111］，概念论法学仅仅是德国的实证主义法学发展了整整一个世纪所达到的顶点。弗里德里希·卡尔·冯·萨维尼（Friedrich Carl von Savigny）的实证主义是20世纪前半叶的主角。就实证主义的消极结果而言，人们或许会假设，自此之后直到哈特的《法律的概念》（The Concept of Law）［52］于1961年出版，实证主义在德国已经处于衰退状态。可是，弗里肖夫·哈夫特（Fritjof Haft）写道："尽管遭到各种各样批评，法律实证主义依然是主流观点。"［58, p. 112］

美国实在论者主要关注的是法官不会被这样的抽象的概念性理念过分地限制［55, p. 5］："……可以感知的时代之所需，普遍流行的道德与政治理论、对公开宣布的或无意中产生的公共政策的直观，甚至法官与他们的同行所共有的偏见，比起决定那些人们应该受之支配的规则的三段论来说，这些才是更需要好好处理的问题。"（着重号系本人另加）

因此，很明显，实在论并不是这样一种让人冷嘲热讽的认识，即法官将会如其所会那般裁决案件，以及为了避免自己随心所欲，法官所能做的一切不过就是尝试对他们的行为进行预言以便能够避

诉答博弈
——程序性公正的人工智能模型

免不受欢迎的裁决。相反，实在论是受这样一种道德信仰所激发的，即比起维护一个优雅华丽的"概念金字塔"而言，正义（justice）能够要求"时代之所需"被赋予更大的优先性。

尽管概念论法学在今天常常沦为笑柄，但对概念论者的理念所能带来的好处进行反思却是件很有意思的事情。概念论者强调的重点倒是提醒了我，现代软件工程的目标是透明性、可维护性、模块化、容许出错等等。也就是说，概念论法学关注的焦点在于法律系统的结构特性，该特性独立于任何特殊的法律论域的目的或要求。

就其赋予司法部门的权力之数量而言，哈特的分析法学乃处于概念论与实在论之间的某个位置。德国实证主义包括概念论法学都试图对"自由裁量权"进行限制，以便"所有随意性都被消除，从而使得法官的唯一任务就是对法律作纯逻辑的解释。"[58, p.90] 德国的法官从法学院毕业之后很快就开始了他们的职业生涯，这个事实表明关于审判的这种观点依然很流行。很明显，好的审判可以被看作是能够在专业学院学到的一项技能，而不是某种需要丰富经验的东西。如前所述，考虑到实在论并没有提供任何限制司法权力的标准，哈特的理论将司法自由裁量权的问题局限到疑难案件上。

什么是"疑难案件"？这是一个很难回答的问题。这个问题包含两个方面，都与哈特的二级"承认规则"有关。该规则的任务是鉴别有效的法律规则。但什么是规则？萨斯金德（Susskind）对"法律陈述（law‑statements）"与"法律表述（law‑formulations）"做出的区分在这里就很有用了 [119, pp.36‑37]。法律表述是对法律的权威性表达，比如现实的成文法和案例报告。萨斯金德说，这些表达"在某种涵义上属于外在的物理世界。"参考《统一商法典》§9-105(1)(C)：

第3章 关于法律推理的哲学

(c)"抵押物"意味着隶属于担保物权的财产且包括已经被出售的账款和动产文据;

这是一种法律表述吗?尽管我已经努力准确地援引§9-105(1)(C),也许我还是出错了。所以,正如本书不是对《统一商法典》的权威表达一样,这不是一种法律表述。相反,它其实是一种法律陈述。不过,像这样的对成文法中段落的援引并不是典型的情况。法律陈述通常是想要为特殊的听众澄清法律的意义而做的重述。

哈特的承认规则的第一个、也是较简单的一个方面就是区分对于法律的权威性的与非权威性的表达,即区分法律表述与法律陈述。这是一个事实问题。在上面这个例子中,我们只需要去法律图书馆并且复制一本最新版的《统一商法典》就行了。由案例所提出的问题更为严峻。虽然一个权威性的案例报告就像一部法典一样很容易查找和搜索,但案例与成文法不同,它们不需要包含关于规则的显性陈述。正如哈特所言:"……没有单一的方法来确定一个规则,它可以令一个给定的权威性判例成为一个权威的规则。"[53,p.131]由案例提供的规则必须首先借助解释来发掘。

正是这种解释的问题对哈特的二级的承认规则提出了最大的难题。由于规则必须首先借助解释从案例中"抽象"出来,哈特理论中的法律规则显然不是案例的字面文本,而是它的意义(meaning)。可以说,成文法与案例之间的差别并不像表面看来的那样大。尽管成文法旨在明确地陈述规则,它们同样首先需要得到解释[9]。法律表述无论作为案例还是成文法都是法律规则的"来源",法律规则都是通过解释这些来源得到的。由于除了使用语言之外,不存在其他方式来表达作为这些表述之意义的规则,这些规则本身

26

始终处于直接的经验范围之外，是无形无状的[3]。这里就产生了大量的语义学问题，比如关于规范陈述之"真值"的约根森难题（Jørgensen dilemma）。不过，我们将不得不忽略其中的大部分议题，而主要关注哈特提出的、导致翻译的不确定性的两个根源：开放式构造（open-textured）的术语问题和冲突性的规范问题。其中，前者是较为一般的法律规则之可废止性问题的实例。

按照魏斯曼（Waismann）的分析[53, p.274]，哈特的开放式构造概念同样可以追溯到维特根斯坦，魏斯曼称之为"概念的多孔性（Porösitöt der Begriffe）"。开放式结构的概念所表达的断言是"即便是在科学中，对于概念也不存在最终的、穷尽的定义"。魏斯曼的例子是："假设我遇到一个东西，它看起来像一个人，说话和行为都像一个人，但只有一英尺高，我应该说他是一个人吗？"哈特写道：

> 无论我们的定义可能有多复杂，我们也无法尽可能精确地翻译它们，以便它们可以在所有可能的方向上得到限定以及对任意给定的案件来说，我们都能够确切地说出该概念是否适用于它。……由于我们绝不可能消除这种不可预见之情形产生的可能性，我们也不可能确定涵盖了所有可能性。我们只能重新定义和提炼我们的概念，从而满足新出现的情形。

特殊术语的开放式构造是法律规则的较为一般的可废止性问题的特殊情形。哈特承认，规则有或至少可能有"事先不能彻底明确的例外"[52, p.135]。在《法律的概念》之前发表的《责任和权力

---

〔3〕 实际上，规则也可以通过遵循它们（即根据它们来实施行为）来进行"传播"。据我们所知，在实践中，大部分的法律规则都是通过与普遍流行的实践行为保持一致来间接学会的，其中有些行为可被追溯到法律行为。

第3章 关于法律推理的哲学

的归属》(*The Ascription of Responsibility and Rights*)[51]中,哈特注意到,即便看似没有限定的、作为绝对陈述的规则,实际上都要面临暗含例外的风险。他说,每个规则在其末尾处都有一个没有明写的"除非"。

可是,与其说可废止性是对语言构成的一个限定,倒不如说它是对知识构成的一个限定,尽管它对语言确实有所限定。按照哈特的观点,可废止性和开放式构造并不是我们应该试图纠正的自然语言缺陷[52,p.125]:"……即便作为一种理想,我们所具有的规则概念也不应该是如此细致以至于它是否适用于一个特殊案件这个问题事先总是能够得到确定,并且就实用性而言,绝不可能涉及在开放式的可能情形之间所做出的选择。"为何不可能?因为,"我们是人类,不是上帝"。我们没有关于世界的完全知识,甚至我们对自己的目标和意图也不完全确定。自然语言能够具有不清晰性,这种能力使得立法机关可以在很多潜在的争议点上推迟做出裁决,这允许法律在法庭上得到发展。正是在法庭上,对某些抽象规则的可能的改良所潜在具有的优点和缺点,才会存在更多的信息。

关于冲突性的规则,哈特写道[52,p.98]:

> 在现代法律体系中,法律存在着多样化"来源",承认规则相应地就更加复杂:确认法律的标准是多样的并且通常包括了成文宪法、立法机关颁布的法规和司法判例。在大多数案件中,通过对这些标准进行排序,区分出初始标准和相关的次要标准,以此来为解决可能的冲突提供对策。正是按照这种方式,在我们的体系中,"普通法(common law)"才次要于"成文法(statute)"。

这里我们看到,哈特承认,不管用什么程序去解释个别的来源以便达到这些规则,初始规则都可能会相互冲突。他还承认,某种对它们进行排序或区分优先性的二级规则(secondary rule)应该是必要的。然而，在我看来，把这种排序的规则看作是承认规则的一部分似乎有点奇怪。当然，哈特的意思肯定不是说次要规则（subordinate rules）都不是有效的规则或者比起具有较高优先性的规则不那么有效。此外，这里提到的排序关系仅仅是以来源的权威性为基础的。尽管肯定要考虑到这个因素，但在实践中很难穷尽所有的原则来对相互冲突规则进行排序。哈特对这个主题似乎也没有投入多少注意力。

我们大概可以想象到，哈特受到的最严厉的批评是质疑他接受维特根斯坦关于语言意义的不确定性的洞见，但这种批评并不是由理性主义者提出来的。相反，提出批评的人主要是实在论者，但奇怪的是，他们曾宣称语言甚至比哈特所承认的还要不确定。在《法律的概念》中 [52, pp. 132 – 144]，哈特提出了各种不同形式的"规则怀疑论"并做出了回应。但是，我认为由于其他原因，实在论者在这个议题上的立场并不一致。哈特宣称，尽管语言是不确定的，但语句还是拥有一个"确定性的核心"。也就是说，存在"简单案件"，在这些案件中语句（或术语）的可适用性是可以没有严重问题的。换言之，用逻辑的术语来说，那就是存在着一些世界，它们很明显是满足于某个陈述的。特别是存在一些典型的案件（prototypical cases）。例如，客车就是典型的"车辆"。实在论者否认这与断定司法行为的预言理论同时都是可能的，而这些理论就是被他们确认为"法律"的东西。可是，如果不使用语言，这些预言如何能够得到陈述？如果语言就像他们所宣称的那样是不确定的，他们如何能够进行预言？被预言的行为是否出现，人们对此应该如何做出评估？这样的理论是可错的吗？简而言之，实在论者毫无保留地接受了意义的符合论，而该理论对语言的力量和确定性做出了非常强的假设。同时，实在论者还拒绝了哈特的断言，即法律的陈述能够拥有一个"确定性的核心"。

就用于评估司法裁决之正确性的标准而言,哈特的理论本身有点含混。按照通常的解释,哈特的理论将法官的司法自由裁量权限定到这样一些案件上,这些案件处于"怀疑阴影(penumbra of doubt)"之中,即它们都是疑难案件。如果一个案件是简单的,即处于规则的确定性的核心之中,那么一个法官适用规则时就要受到约束。因为根据定义,这种确定性的核心对所有人来说都是显而易见的,所以这可以被看作是为限定自由裁量权提供了一种检验标准。如果有效的法律规则都具有清晰的意义,那么按照哈特的这种观点,法律推理就是演绎性的。

然而,如果人们认为"演绎"意味着使用了标准的单调逻辑的推理,那么对哈特的这种简单解释就是有问题的。如我们所见,哈特承认,规则可能会相互冲突并且某种二级规则对于解决这种冲突来说是必要的。他是否认为这些解决冲突的规则总是能够充分地规定一种单一的解决方案,或者说在这里司法自由裁量权有时候是否还是必要的,这一点并不是很清楚。即使对每一个规则而言,案件都处于它们的确定性的核心范围之内,但冲突的规则还是可能会导致多样化的解决方案。

此外,更为严重的是,在有的章节中,哈特似乎承认有一些案例,它们应该得到与(之前的)某个有效规则之简单意义相对立的裁决。哈特的论文《耶林的概念天国》(Jhering's Heaven of Concepts)[53]最早于1970年发表,在该文中,他跟随耶林一道批评概念论法学,他说:"……所有法律规则和概念都是'开放式的';当未曾预想的案件出现时我们必须做出新的选择,并且通过这么做来阐述我们的法律概念,对它们进行修改以求适应令社会满意的目标。"后来,在同一篇论文中,他还说道:"当新的情况产生时,我只能重新定义

诉答博弈
——程序性公正的人工智能模型

和改进我们的概念以满足它们。"（着重符号系本人另加）

进而，在他反复使用的一个规则的范例中，该规则说的是："所有车辆都不得进入公园"，而涉及"汽车"的案件就是典型的简单案件。但是，他接着写道 [52, p.126]：

……直到我们把实现公园平静和谐的一般性目的与那些我们一开始没有或者也许不可能被预想到的案件（比如一辆电动的玩具汽车）相结合，我们的目的在这个方向上才是不确定的。……当未曾预想的案件产生时，我们就会在关键时刻遇到争议并且能够通过以最令我们满意的方式在相互竞争的利益中进行选择来处理该问题。为了这么做，我们应该让我们一开始的目的变得更确定一些，并且还应该根据该规则之目的来处理与普遍词汇的意义相关的问题。（着重号系本人另加）

一个玩具汽车是车辆吗？如果是，并且虽然是玩具也应该被禁止进入公园，那么这种未曾预料到的案件就需要得到一种与该普遍规则之前具有的确定性核心相对立的裁决。如果不是，那么如果即使该案件没有被预料到，玩具汽车也处于这个规则中的车辆的典型意义之外，那么在该典型之理念背后或者在确定性之核心背后的直觉似乎在语言中就是不可表达的，至少在一般性的陈述中是不可表达的。对于公开地为论证提供辩护或证成而言，这样一种难以把握的典型能有什么用？[4]

当然，这种推理思路很危险，它能将我们带向规则怀疑论的立场。不过，我不会像实在论者暗中所做的那样接受意义符合论，从

---

[4] 也许你的直觉告诉你，玩具汽车既不是汽车也不是车辆。没问题。存在大量的其他例子，在这些例子中，要得到直觉上正确的结果必须要使用关于法律之目的的推理，在这种情况下，毫无疑问，相应的对象是处于"车辆"的约定俗成的意义范围之中的。考虑婴儿车或者被用作战争纪念的军用坦克，这恰好是两个老生常谈的例子。

而避免自相矛盾。后面当我讨论阿列克西的论辩的话语理论时，我还会回到这个主题上。就目前而言，我的观点是，哈特式的实证主义并未提供清晰的规范性标准用以限定自由裁量权或评估司法裁决的"技术正确性"[66]。一方面，哈特断言，只有当一个案件处于规则中所使用之术语的约定俗称或独立于语境的意义之外时，法官才拥有自由裁量权。换言之，哈特接受了严格的或字面的解释标准。另一方面，他的例子表明，他把约定俗称的意义考虑得太过狭隘。他承认，为了达到公正的裁决，有必要使用某种规则的目的（比如要在公园中实现和谐与安静）来进行论证。虽然缺乏用以限定司法权力的规范是实在论受到的原则性批评之一，可是我担心，哈特的理论在这个方面也好不到哪里去。

人们可能会论证说，这些问题并不经常出现，在大多数案件中普遍规则的应用都将如我们所期望的那样。这一点可能是真的，但这种论证并没有抓住要点。它断言，确定性的核心对于预言一个法官将会如何裁决某个案件来说可能很有用；由此，我们又回到了实在论者的立场上。细微的区别大概在于偏好什么样的形式来表述这种预言理论。实在论者可能会偏好概率论的、统计学的模型；哈特的追随者可能会偏好使用一个普遍规则集来模拟司法证成。然而，这里的议题是哈特的理论是否提供了规范性标准，他宣称该标准可用于判定一个司法裁决是否事实上处于所规定的司法自由裁量权的限度之内。如果他允许使用目的论的论证、按照与普遍规则中的术语的约定俗成意义相对立的方式对未曾预料却又简单的案件做出裁决，就像"汽车"这个例子所蕴涵的情况那样，那么似乎用哈特的简单案件理论无法说明的其他因素就可以被揭示出来，用于检验一个司法裁决是否已经得到充分证成。

尽管我还没有听说谁提出过这样的论证，人们可能还是会建议

诉答博弈
——程序性公正的人工智能模型

说，既要求使用"明线（bright-line）"规则来评估司法裁决又像哈特一样断言存在疑难案件，这大概是不一致的。难道我们不应该预料到有一些不确定的案件，在其中我们不清楚法官是否超越了自由裁量权的界限？这是一个稻草人谬误（straw man）的论证，我们很容易就能推翻它。我在这里批评的对象并不是哈特的标准的不确定性，而是它的不融贯性。一个真正的证成理论不需要允许我们在每个案件中都确定一个裁决是否处于可容许的约束范围之内。不过，证成理论至少应该是一致的。如果允许目的论的论证，那么在该理论中这一点必须得到说明。

对于哈特的理论所做的这种简要描述肯定是能够满足我们这里的目的了。现在，让我最后就三个有趣的议题对该理论做一下评价：它所承认的对于理性的实用主义的局限性，它使用的法律判决的正确性概念以及它提出的用以评估法律裁决的方法。

得到承认的局限性

如我们所见，哈特主要借用了维特根斯坦的哲学，他确实承认自然语言存在某种局限性：大部分术语都是"渗透性的（porous）"并且规则都包含了隐性例外。此外，他还承认，人们对世界以及他们自己的目标只能拥有不完善的知识。这种洞见被用于褒奖自然语言具有模糊性和不严谨性的能力。换言之，模糊性并不仅仅被看作是或主要是自然语言的局限性，而且还是其有用的特征之一。

正确性的标准

哈特原来的理论将司法自由裁量权的限度确立为规则中所使用的术语的字面意义的界限。当按照字面的解释，一个案件的具体事实并未包含在规则的普遍术语中时，法官就可以按照自己意愿来进行裁决。对一个简单案件的裁决是"正确的"，当且仅当该裁决合乎规则；根据定义，对一个疑难案件的裁决总是正确的。哈特后来对这个观点有所保留，他承认规则的目的也必须在某种程度上得到考虑。

方法

由于这种修正版的哈特理论对于正确的或得到证成的法律判决并没有提供令人满意的定义，所以不可能有什么希望从他的理论导出方法，用来确认或构造得到证成的裁决。

在本节结尾之处，我来重述一下由哈特式的分析法学得出的教训。所有法律证成理论都应该考虑这样一些洞见：

1. （据我所知）哈特在法哲学家中是使用维特根斯坦关于自然语言之洞见的第一人。语言除了描述世界之外还有多样化的使用。语言是一种行为。意义符合论应当受到质疑。然而，不管术语是否拥有约定俗成的意义，哈特认为仅仅这种区分足以定义司法自由裁量权的限度，这都是错误的。
2. 哈特承认个人（以及立法机关）并不是全知全能的；我们关于世界的事实、目的、目标、价值以及利益之知识是有限度的。
3. 上一个观点的结果之一就是否定了概念论法学关于逻辑上封闭的规范集的理想。在这一点上，实在论者和哈特达成了一致。
4. 开放性与其说是通过拒绝规则概念得到的，倒不如说是通过进一步阐述一个法律系统中的规则结构得到的。比如"承认规则"这样的二级规则支配着初始规则的发展、修正与应用。它们还可以对冲突的初始规则进行排序。
5. 此外，法官应该被赋予某种权力，以便在裁决案件时可以提炼和塑造法律，在这种情形下，关于可供选择的可能性之利弊存在着更多的信息。
6. 赋予司法机关这种权力的一个方法就是恰当地使用像"不同的

标准"这样的模糊术语。故意具有模糊性的这种能力是自然语言用以表达法律的一个非常有用的特征。我们应该在表达规范时避免不适当的精确性。

7. 尽管就像实在论者提议的那样,司法行为的描述理论或预言理论很有用,但这种理论不够充分。我们必须在司法权力与其他目标(比如避免颠覆立法机关的意愿、避免随意性、偏见和反复无常)之间进行权衡。这需要一种划定司法权力之限度的规范性理论。

3.2 罗迪格的法律逻辑

1950年左右,乌尔里希·克鲁格(Ulrich Klug)的《法律逻辑》(*Juristische Logik*)[59]一书首次出版时,德国的语言法学界已经对应用形式逻辑、通常是一阶谓词逻辑来处理法律推理、论证和立法问题产生了浓厚的学术兴趣[5]。例如,施赖伯(Schreiber)早在1962年就把《德国民法典》(*German Civil Code*, *BGB*)的章节用谓词逻辑语言进行了表述[108]。其他领袖人物还包括菲利普斯(Philipps)[90]、克鲁格的学生菲德勒[34]和罗迪格[104;105]、塔麦罗(Tammelo)[120]、瓦格纳(Wagner)[126]以及魏因伯格(Weinberger)[127;128]。与这种繁荣景象相对比,直到麦卡蒂于1977年在《哈佛法律评论》(*Harvard Law Review*)上发表有关人工智能与法的论文[77],在之前一段时间里,艾伦(Allen)在英美法学界只能算是孤音难鸣[5;6]。

人们也许会问,谈论"法律逻辑"有没有意义?难道每个论域

---

[5] 塔麦罗声称在1948年就已经发表了第一篇关于这个主题的论文[58, p.123]。克鲁格宣称他的书在1939年已经完成,但出于政治原因,其出版遭到阻滞[59, preface]。

第3章 关于法律推理的哲学

或领域都拥有其自己的逻辑吗？例如，存在"生物逻辑"吗？我倒是没有注意到这些作者中有谁对此做过断言；相反，有些学者特意解释过，他们使用"法律逻辑"就是指将某种普遍的形式逻辑用于处理法律问题［59，pp. 5］［121，pp. 120］［128，p. 9］，并且所谓"形式逻辑"，指的是"现代"逻辑，即由弗雷格（Frege）、罗素（Russell）、怀特海（Whitehead）、卡尔纳普（Carnap）、希尔伯特（Hilbert）以及其他很多人发展起来的逻辑［59，p. 13］，他们将这种逻辑与亚里士多德的"经典"逻辑形成对比。然而，尽管人们都强调［塔斯基（Tarskian）的语义学涵义上的］"经典的"、二值的谓词逻辑，但至于何种逻辑适用于处理法律推理，人们并没有达成一致的观点。例如，菲利普斯就是直觉主义的一个较早的支持者［58，p. 147］。是否需要一种特殊的道义逻辑［比如早期由冯·赖特（von Wright）所提出的方法］［125］来表达法律规范，关于这个问题的激辩之声仍不绝于耳。例如，罗迪格长篇大论地说没有这个必要［105，pp. 185 – 207］。魏因伯格则在最后一版的《法的逻辑》（*Rechtslogik*）中拓展了逻辑概念的限度；除了通常关于命题逻辑和谓词逻辑的部分之外，这本书还额外包含了关于模态逻辑、道义逻辑、目的与行动理论、价值与偏好逻辑、疑问逻辑、归纳、因果与概率等。

严格地讲，这些法律逻辑学家并没有形成一个法学学派。就形式逻辑对于各种法律任务的价值而言，学界所形成的共同信念并不蕴涵他们对法哲学中其他任意重大议题的特殊立场，这些议题包括比如法律与道德之间的关系、国家的权威性的最终来源，或者像政府的立法、司法与行政部门之间的恰当的权力划分这样的结构性问题。也许人们会说，他们关于逻辑对法律中的各种目的之价值与限度都做出了断言，就这些断言来说，他们形成了一个思想学派，但是这些目的和断言的差异很大并且在这些学者之间是否存在一致性还不是很清楚。这些断言在这里刚好有一些示例：

- 克鲁格 [59, pp. 1 – 3]："形式逻辑是科学哲学的一部分，它传递出对于所有科学领域之发展所必要的推导规则。……称这种逻辑为形式的，这是恰当的，因为它陈述的是如何从断定推导出结果。……它研究推理的正确性并提供一个规则系统用以区分有效和无效的论证。……由此可得，逻辑对法律科学当然也有显著的重要性，除非人们愿意放弃讨论的可能性、放弃表述理由和证明，以及不要理论的发展……"
- 魏因伯格 [128, p. 23]："一方面，逻辑为法律人提供了工具用以进行更精确的论证，以及用于对证明和理由做批判性地检查。另一方面，逻辑分析定义了其自身的限度：它表明了何时纯逻辑的论证终止了，何时它被合理性概念取而代之了，以及最后何时纯粹的任意性获得了决定性的地位。"
- 塔麦罗 [121, p. 120]："在法律理论的领域中，法律逻辑具有核心的作用，因为它的任务在于规定正确思维的要求和过程。"

就这么几个关于逻辑的断言已经是各不相同了，而且这不过是所有已经做出的各种断言之中的一小部分。克鲁格似乎坚持着一种非常狭隘的"科学"观并且想要让法学满足这种科学的要求。他声称，科学不可能离开形式逻辑。魏因伯格似乎对法律人的工作所需要的工具更有兴趣，他还强调逻辑的局限性。而塔麦罗看似并不承认这些限度，至少他并不强调它们。对他而言，逻辑确立了正确思维的规范。

当然，我们应该小心翼翼，以避免对这些只言片语作过度解释。与其为了试图提出某种复杂的观点从而甘愿冒着误解这些主流法律逻辑学家的观点之危险，我不如选择将注意力集中到罗迪格的论证上,他是在 1973 年撰写的一篇论文中做出这些论证的,在这篇论文中,他提出了法律的形式化和"公理化"的目标并为之进行了辩护 [105, pp. 65 – 109]。另一种选择是对这个领域中的每个主要学者的理论进行比较性的研究,但是我担心,就我在这里的目的而言,这种研究的深度难以得到保证。不过我会说,关于公理化的价值并不存在一致性的看法。例如,塔麦罗写道 [58, p. 125]:

> 法律是否能够被公理化,这是一个技术性的问题;它是否应该被公理化,这是一个政策性的问题。如果法律的公理化是可能的且值得拥有的,那么法律逻辑能够提供恰当的方法。只不过这么一项事业的目的会是什么,这个问题很难回答。几乎不会有人对法律很内行,而同时却认为有可能将全部的或绝大多数法律还原为少数几条公理,由这些公理可以推衍出所有可能的裁决。……的确如此,法律逻辑的形式系统能够按照公理化的方式来构造。但是,这与法律是否可公理化毫无关系。逻辑的方法和标准本身绝不需要是法律的方法和标准。逻辑是工具。一个工具与它所应用的对象不需要在结构上是等价的。(着重号系本人另加)

克鲁格是公理化的较早的支持者 [59, pp. 194 – 197]。不过,我们还是要结束这里的对比性评论,继而转向罗迪格的文章。我们将会看到,罗迪格考虑到了我们在这里所表达的一些疑虑,他认为这是误解了公理化之目标的结果。我们先来总结一下他对公理化过程的描述:

1. 公理化不应该与形式化混为一谈。公理化是可能的并且是值得拥有的,实际上也是必要的,无论是否使用了形式方法。形式逻辑是将公理化的好处最大化的有力工具。
2. 公理化的目的是要清晰地表达无穷多数量的语句,这些语句组成了一个法律"理论"。这些"公理"构成了该理论的一个有穷子集。这些"定理"都是这些公理的逻辑后承。

3. 如果公理集是正确的且完备的,那么公理化就很有用。如果所有定理都是法律理论的元素,那么它就是正确的。如果该理论的所有元素都是一个公理或一个定理,那么它就是(实质上)完备的。

4. 从法律理论中选择公理是随意的,只要公理集是有穷的、正确的且完备的即可。尤其是,不管"公理化"的常识涵义是什么,公理并不比法律理论的其他任何元素更有分量、更具有权威性、更有效或更可靠。

我完全能够同意罗迪格的观点,即公理化与形式化是两个不同的议题。可惜的是,在他的文章中,我们弄不清楚特定的论证是关于公理化的还是关于形式化的或是同时关于这两者的。尽管他一开始警告我们说公理化无需蕴涵形式化,但他有时候使用"公理化"一词既意味着公理化也意味着形式化。不管怎样,我将试图在这里把事情弄清楚,并分别讨论他对公理化和形式化的利弊的看法。

3.2.1 公理化

在形式化与公理化之间,罗迪格似乎认为形式化在这两者之中更具有争议性。是不是有更多的学者已经对于形式化的表达过质疑,我并不是很确定,但我自己的直觉刚好与此相反:正如我将在本节中所要论证的那样,对一个法律论域进行公理化的想法从某种程度上讲是错误的。

简单地说,公理化的任务在于借助一个有穷命题集来表述一个理论,该集合具有特定的令人满意的性质,比如完备性(completeness)和正确性(correctness)。这里所谓的"理论",我们指的就是任意的命题集。这个纯形式的理论概念足以让我们定义公理化并讨论它可能具有的优点。

罗迪格的第一个论证是：公理化不仅是令人满意的而且是必要的 [105, p. 79]。任意一个法律理论都必然是无穷的。如果它包含了任意语句，比如 p，则它就会包含无穷多的语句，比如：$p \wedge p$，$p \wedge p \wedge p$ 等[6]。因此，由于所有文本都是有穷的，当立法机构将法律的某个领域编纂成法典时，它不得不将其意图表达为一个有穷的公理集。

就算暂时不管法官们的职能与权力问题，这里也还存在着一个谬误。罗迪格似乎认为，如果立法机构的意愿被表达为成文法规的集合，那它在如下涵义上就是一个法律"理论"，即一个无穷的规范集详尽无遗地定义了法律的某个领域。这一点很值得怀疑。它忽略了哈特理论中所包含的洞见，即人类并不具有关于世界或者他们的目标的完备知识。立法机构并不是全知全能的。如果这不是罗迪格的意思，那么我们就很难猜测公理化对他而言意味着什么。他将公理化描述为从一个理论中选取公理的过程，这预设了存在这样的理论。不过，我们还要继续讨论罗迪格的其他论证。

罗迪格接着论证说，如果公理化是不可避免的，那么我们还是不妨"正确地"做好这个工作。他通过援引萨维尼关于罗马法的论述来开始他的论证 [105, p. 80]：

> [成文法]构成了一种实体，它想要解决所有可能的法律问题。为适用于该目的，它必须满足两个要求：统一性（unity）和完备性。

---

[6] 要注意，这些语句并不是重言式。与 $p \rightarrow p$ 这样的例子不同，它们并非在所有世界中都为真。

在这个时候，萨维尼相信法律是一个封闭的系统并且在耶林的《概念的天国》（*Begriffshimmel*）中全部被赋予了元素关系，所以罗迪格使用这段引文对于加强其支持公理化的论证而言没有什么作用。他是打算转向概念论法学吗？后来，他清楚表明他并不想这样[105, pp. 104–105]："当对一个理论进行公理化时，人们不需要承认该理论就是正确的。"他还写道："我们要记住，使用公理化方法并不妨碍法律系统的灵活性。"实际上，他继续论证说，通过揭示隐含的前提，对法律论证的准确的逻辑分析使得法律理论遭到了过去可能未曾注意的批评。因此，正如萨维尼所言，即使我们"想要"一部法典适用于所有法律问题，逻辑分析也会将这种意愿公诸人前以接受公众的批评。

然而，因为理论始终是无形无状的，我们如何能够区分对于理论的批评与对于公理化的批评？或许（想要的）理论是无可挑剔的，但公理化却缺乏"统一性（unity）"或"完备性（completeness）"。所以，公理化能不能帮助某个法律理论经受公开批评，这一点其实根本就不清楚。人们总是能够指责公理化的。

什么是"统一性"和"完备性"？萨维尼写道："如果没有统一性，就会存在矛盾，有待消除；如果成文法是不完备的，就会有缺漏，有待填平。"罗迪格还注意到，这与公理化系统的正确性和完备性之要求很相似[7]。但是，除了萨维尼的尚存疑问的权威论断之外，还有没有较好的理由来要求法律具有公理化系统所具有的严格意义上的正确性和完备性？

一个公理化系统是正确的，仅当其所有公理和定理（即由公理

---

[7] 对法律理论而言，罗迪格的论证表明公理不需要具有"独立性"。仅当没有一个公理是其他公理的逻辑后承时，这个公理才具有独立性。

第3章 关于法律推理的哲学

所蕴涵的语句）都是被公理化的理论之元素。正常而言，一个矛盾的公理集不具有正确性，因为矛盾的语句集能够推出所有语句。不过，罗迪格指出，只有当被公理化的理论本身具有一致性时，这一点才是成立。如果理论本身是不一致的，那么不仅公理集的不一致性是正确的，而且不一致性还是该公理化具有完备性的要求。消除理论中的矛盾并不是公理化的任务。虽然如此，罗迪格还是论证说[105, p.81]："如果一个公理系统能够推导出所有语句，它不仅是平凡的（trivial）而且从实践的角度看也是无用的。"然而，在我看来这一点都不显然。它的预设是，由前提集所做的逻辑推理仅限于单调逻辑中的演绎推理。此外，它还假设任意法律裁决都能由不一致的法律集得到证成。罗迪格错误地将可推导性（derivability）等同于可证成性（justifiability）。或许我举个例子可以让大家更容易理解上述这些论断。

《统一商法典》的第九条世界（A9W）§1-103 说的是："除非有本法典的特殊条款之规定外，法律和公平之原则，包括……禁止欺诈、虚假陈述之原则……应该作为其附加之条款规定。"A9W§9-312（5）（a）说的是："冲突的担保物权按照提交财务报表或完善物权的时间来排列优先权，时间越早的越优先。"现在我们假设一个债权人 x 答应等到另外一个债权人 y 提交了财务报表之后他自己再提交，但是他却赶在 y 之前提交了声明。谁拥有优先权？根据§9-312，x 拥有优先权。但是，假定这属于一种欺诈行为，§1-103 将会赋予 y 优先权。这两个结论都可被推导出来，不过它们是否是同等可证成的？如果我们对相关法律只知道这些，别无其他，那么答案也许就是肯定的。可是，我们假设存在一个已被确立的二级规则，它在次序上将§1-103 排在§9-312 前面。这种规则将会解决这里的冲突，不过结果会偏向 y。在这里，我们拿一个带有隐性例外的规则作为例子。

诉答博弈
——程序性公正的人工智能模型

为了进行论证,我们假设不存在这样的二级规则并且假设"x 较之 y 拥有优先权"和"x 较之 y 并不拥有优先权"都是可得到证成的裁决。规则存在冲突,这种事实会对任意裁决构成充分的证成吗?第三债权人 z 简单地通过指出§1-103 和§9-312 之间存在冲突就能宣称他较之 x 和 y 都具有优先权吗?显然不能。我们进一步假设 z 已经在 x 和 y 之前提交了财务报表,如果 x 和 y 论证说,只因为已经假设了§1-103 和§9-312 之间是冲突的,所以 z 是否拥有优先权这一点是不清楚的,那么这种论证对他们而言有意义吗?同样,答案显然是否定的。即便 z 的论证使用了这两个冲突条款中的一者,除非 x 或 y 因为 z 做出了某种不公平的行为而去主张优先权,否则这两个条款之间的冲突本身对于裁决而言无关紧要。

现在,我在这里提出的论证尽管是非形式的,但不管怎样,希望它是清楚的。毕竟我们还要讨论公理化可能会带来的好处,这种好处独立于形式化的优点。我的论证依赖于通常的谓词逻辑中的"矛盾"一词的意义。罗迪格坚持以如下这种方式对这个词的意义进行限制[105, p. 82]:

> "矛盾"这个词通常在关于法律方法的文献中使用,但其使用的方法与在数理逻辑中的使用方法不同。这种差别有时候特别令人困惑。

例如,他对"矛盾的概念"这种观念发出了抱怨,并断言只有关于概念的命题之间才能是矛盾的。如我们所见,在逻辑意义上矛盾的法律并不一定是无用的。它们并不会允许任意裁决都得到证成,而且它们还阻止某些论证成为可辩护的论证。我相信,罗迪格将萨维尼的"统一性"概念等同于狭义的"不矛盾性"概念,这种做法肯定是错的。

这里给出的反例是以包含例外的普遍规则为基础的。就像哈特指出的那样，所有法律规则都包含着数量不定的隐性例外［51］。但是这里的例子有点不同。它的构造是为了能够使得这种"公理化"包含两个条款之间的显性冲突。

罗迪格多次强调"规则 – 例外原则"的这个问题［105，pp. 51，98，329］。他指出，"旧法的起草者与新法的起草者一样充分利用了包含例外的普遍规则的技术。"（如我们所见，这种"技术"也在《统一商法典》中得到广泛应用。）接着，他论证说，这种方法的使用导致产生了相互矛盾的法律。但是令人难以理解的是，如果这种起草法律的方法允许任意法律论证都是可辩护的，那么它何以能够具有如此悠久的传统？罗迪格并没有试图去理解法律何以能够服务于其规范性的功能，尽管这样会严重导致其拒绝使用公理化的方法，相反他建议放弃这种技术。他展示了如何令规则 – 例外结构坍塌为一个扁平的无例外的规则集[8]。假如人们运气不好、必须要构造或批评一个法律论证，而该论证使用了由普遍规则和例外构造而成的法律，此时罗迪格建议说［105，p. 99］：

> ［这样的成文法］并不意味着它们所说的东西。……使用规则 – 例外原则编写的成文法之适用，需要首先消除成文法条款之间的冲突。换言之，该成文法要先被转换为表达实际想要的规范之陈述；那些被转换的语句必须以案件事实为导向来进行提炼。

38

这些建议存在很多问题。转换过程很可能需要技巧、冗长乏味且容易出错［106］。此外，要正确地完成工作，必须以某种方式消除普遍规则与例外之间的冲突。这或许需要使用二级规则。如果能

---

[8] 他提出的方法是这样的：如果存在一个规则 p→q 和一个例外 r→¬q，那么对第一个规则添加一个否定性条件 p∧¬ab→q，并且将例外替换为如下这个关于 ab 的定义：r↔ab。这个定义还需要修正以便增加更多的例外。

诉答博弈
——程序性公正的人工智能模型

够做到这一点，为何不直接使用冲突规则和这些二级规则来构造（或批评）法律论证，反而舍近求远先将它们转换为一致的语句集呢？最后，尽管可能很容易证明某个裁决是（或不是）这些一致的语句的逻辑后承，但这样的证明并不是对该裁决的充分的法律证成。用萨斯金德的话说，转换版的法律是由法律陈述构成的，与原版的不一样，它不是权威性的法律表述。每个语句都必须要表明可以追溯到恰当的法律权威。实际上，对于裁决的证成必须包含为这种转换进行辩护的论证。如果在该转换中的语句与成文法以及其他权威的法律陈述的原来语句之间不存简单的映射关系，这个任务就会变得特别困难。

当然，上述这个问题可以避免，只要像罗迪格建议的那样，编纂法律并将它们组织成一致的成文法的集合，而非使用普遍规则与例外这样的传统方法。在《法律推理的非单调性的重要性》（The Importance of Nonmonotonicity for Legal Reasoning）一文中［45］，我论证说存在强有力的理由来支持保留这种传统的法律结构。在这里，我将复述一下这些论证。

就像哈特所承认的那样，我们不是全知全能的。无论对世界还是对自己的目标，我们都没有完备的知识。法律推理是一种实践性的推理。无论是制定遗产计划、草拟合约还是解决争议，都必须要做决定，尽管存在这些局限性。

法律作为一个规则系统至少具有两个目的：引导行为以避免冲突，以及提供途径来实现社会所想要达到的目标以及在争议产生后来解决争议。第二个目的承认了法律不可能完全实现第一个目的。法律的规范性的功能和解决冲突的功能使得它与一般意义上的常识推理问题区别开来。

将法律构造为带有例外的普遍规则的系统能够支持这两个目

的，但在每个案件中支持的理由并不相同。为了促进法律的规范性目的的实现，对法律不太了解的人当他们计划自己的事务时必须能够学习和应用法律。按照法律来解决争议作为第二个目的是可能的，仅当法律系统提供了途径来解决法律问题，这些问题与一个裁决对相关当事方的价值有着密切关系。让我来更详细地解释一下这些考量。

仅当普通人能够学习和应用法律，或多或少成功地实现了某种目的，法律才能服务于它的规范性功能[9]。现代法律系统有着一定的复杂性，即使法律人在这些系统的学习中也会遇到巨大困难，所以我们可以合理地追问：我们如何能够同样期望普通公民知道法律。没有人需要知道所有法律，至少不需要一次性知道所有法律，按照这种看法，上述困难就会大大降低。问题在于如何发现一种表达法律的方式，这种方式允许人们快速发现与有待处理之问题相关的那部分法律。快速获得关于法律的某块领域的粗略描述或概览并且如有需要再补充细节，这应该是可以实现的。换言之，法律应该支持不同程度的理解。对法律规则和原则如果作浅显一点却又有用的理解，那就应该容易学习了。然后随着基础的不断扎实，这种浅显的知识应该能够得到深化。

有很多技巧可用于处理法律的复杂性问题。不过，我只会讨论其中两个：抽象方法和包含例外的普遍规则方法，这两个都是传统上被用于起草立法的技巧。使用"自上而下的改良"方案，法律能够借助比较高层级的概念得到描述。在下一个、较低的抽象层级

---

[9] 罗迪格也进行了这种观察 [105, p. 57]，但他得到了这样的结论："一个法律裁决借助普遍规范解释得越清晰，这种法律就越容易学习。"我只能推测他是否认为例外违背了这种原则。他在其他地方对例外的使用做出了批评，但据我所知，他并没有讨论过例外与可学习性之间的关系。

中，这些概念可被赋予更清晰的并且或许更技术性的意义。那个层级中的术语还能够在下一个层级中以及在下下一个层级等中得到进一步的改良。所以，相同的法律可以在不同细节的层级中得到描述。当一个人的注意力被局限于某个描述层级上时，他就有误解法律的风险。例如，在一个描述层级上使用的术语在下一个层级上以技术性的、非直观的方式得到定义。但这种风险很难因为有获得法律之粗图略影的可能性就能得到平衡。

然而，仅有抽象方法还不够。无论规则陈述得多么抽象，如果法律并不是由带有例外的普遍规则构成的，那么每个规则都必须陈述导出其结论的充分条件。如果直观的术语是在最抽象的描述层级上使用的，这些条件的逻辑结构通常就会太过复杂而不能被快速理解和应用。当然，正如罗迪格所指出的那样 [105, pp. 329-333]，任何复杂的条件集都能借助单个的技术性术语或符号得到抽象地表述，比如"一个协议如果是可执行的，则是有效的"，其中可执行性是一个在较低层级得到定义的复杂的技术性概念，或者再比如"如果§978的条件被满足，则一个协议是有效的"，这个例子要更复杂一些。尽管罗迪格的这个观点是对的，但我必须要反对的是，这样的规则的使用是有限度的，因为它们借助了未知的且复杂的概念去定义同样未知的且复杂的概念。

更好的方法是使用包含例外的普遍规则来补充抽象方法。就像抽象方法一样，这些技巧引入了一种危险，在这种情形下相关的例外将会被忽视掉。但是，当法律哪怕稍微有些复杂时，普遍规则能够被记住和应用这一点所带来的优点就远远胜过这种风险了。知道一个普遍规则总要好过一无所知。

在我们的讨论中，到目前为止一直隐含着这样的一个信念，即当我们遇到某个成文法的文本时，法律必须是可理解的，而且它还必须有可能被记住。人们必须能够做出法律判断或计划自己的事务，而无需查阅法律书本（或电脑）。例如，当某人需要对他在法律上是否有义务留在交通事故现场以及应该停留多久做出决定时，他唯一的法律建议的来源将会是他的记忆。

当法律不再发挥引导行为之作用，但冲突确实产生了的时候，我们就会求助于法律来确定责任。至少在民事案件中，当事双方需要有效地做出决定：是否要将他们的争议诉诸法庭。案件通常存在着庭外和解的可能性，而且我相信实际上大部分案件都没有经过审判。达成这样的和解，通常并不是因为一方最终承认了对方所做的法律论证的有效性，而是因为当事双方在继续进行案件诉讼的成本与从有利判决所期望获得的利益之间做出了权衡，考虑到了不利判决的风险，从而确定，和解是代价最低的一种选择。在这里，其他因素也发挥了作用（我们并不总是能够像经济学家所希望的那般理性）；但是，无论如何，这都是对和解过程的首次真正的模拟。

庭外和解是否是社会想要的并不是我们在这里所关心的问题。关键是，当事双方考虑了诉讼成本和风险，以及只有当诉讼程序可用于获得一个成本很低的裁决时，才会用到法庭。某些时候，实体法在关于是否和解的决定中确实发挥了作用，所以当案件并没有提交到法庭时，法律并非必然不起作用。可是，如果当事双方很难对他们在相关法律下的权利做出评估，甚至很难确定哪些法律是相关的，那么法律的作用在这里就会受到局限，从而使得当事双方会直接选择忽略这种作用。

包含例外的普遍规则是如何对达成法律裁决的成本构成影响的？它们是划分证明责任的一种方式。如果一个当事方有意于证明某个法律结果是被满足的，他只需要证明普遍规则的条件被满足了。对立的当事方的证明责任是要证明该规则的一个例外是可适用的。如果对立的当事方没有注意到或者不记得要借助一个例外来提出争议，那么问题就会在无需考虑例外的情况下得到裁决。

为了证明法律规则的某个条件被满足，必须要发现并引入证据。诉讼审判的主要费用都花在了这种"法庭调查（discovery）"上。我们应该记住的是，无论法庭还是有关的代理律师通常都不具有关于案件事实的第一手的信息。通过划分证明责任，用于调查的成本就可以在当事双方中进行分配。不管基于何种可用的部分信息，每个当事方都可以决定是否要借助某种例外来提出争议。当事双方可以借助允许假定特定的"事实"，来共同避免因解决某些争议而造成的成本，除非某个利益相关的当事方对该"事实"提出争议。

如果没有例外，一个规则的每个必要条件都将成为争议点。可能并非针对每个争议点都有必要引入证据，当事双方可以关于一些事实达成一致，但所有可能的争议点至少都会引起当事双方和法庭的注意。争议点总是能够被千方百计地找出来。为了实现正义，人们可能会认为，这种彻底性是必要的。然而，较小的代价也可以实现正义。包含例外的系统允许当事双方决定提出何种争议，而无需为列举一个正式的清单而耗费成本。

现在，我们回头来看罗迪格的断言，即对于公理化系统的正确性与完备性要求也应该被用到法律系统上。如我们所见，罗迪格将法律视作理论，并且论证说，假定这样的法律理论是一致的，则该理论的公理化系统是正确的仅当它也是一致的。他接着还断言说不一致的公理化系统是无用的，因为，每个理论都是该公理化系统的逻辑后承。这就导致了上述关于有用性的讨论，即以通常的方式借助包含例外的普遍规则来构造法律是否是有用的。我已经论证过，尽管例外确实会导致不一致性，以这种方式构造的法律显然并非是

第3章 关于法律推理的哲学

无用的。相反，我已经提出了很多理由来说明为何以这种方式组织法律规则恰恰是很有意义的。因此，由于我们不应该要求法律在这种意义上具有一致性，将法律视作公理化的系统这种做法的恰当性也会受到进一步地质疑。

不管怎样，肯定存在一种直观的正确性概念或萨维尼所谓的"统一性"概念，它应该是法律需要具备的性质。罗迪格的错误在于将这种关于正确性的常识意义等同于它在谓词逻辑中的技术性意义。法律的基本目标是支配和限制行为。它的目的是要设定限度，在这样的限度内人们可以拟定计划和实施行动。如果每个决定或行动都是可允许的，那么就不再需要法律，更别提法庭了。正确性的目的是要在是法律的东西和不是法律的东西之间画出界线。但是，如果根据正确性在谓词逻辑中的意义清楚地画出界线，这种界限在这里就会过于狭隘。没有一个关于法律的"理论"，在其中所有案件都能预先得到裁决。正如哈特指出的那样，存在疑难案件。不确定性并不会触犯法律所具有的基本的支配功能。在每个案件中都可能会存在不同的可废止的论证，只要所有论证都不是同样地有充分根据的。

关于正确性，我们已经说得够多的了；现在我们转而讨论完备性。一个公理集是完备的，仅当这些公理蕴涵被公理化之理论的每个语句[10]。正确性与完备性合起来要求该理论的语句恰好被这些公理所蕴涵，不多也不少。

一个规范集在什么意义上能够是完备的？以及这些规范是被表达为权威性的法律表述还是仅仅被表达为法律陈述，这有什么区

---

[10] 注意，完备性这个概念并不要求，对该语言的任意语句 p 而言，这些公理蕴涵 p 或蕴涵 $\neg p$。

别？罗迪格区分了三种类型的完备性，他分别称之为"横向（horizontal）"完备性、"纵向（vertical）"完备性和"证明"完备性。这些概念都可以被视为刚刚给出的公理系统之完备性的一般性定义的具体应用。它们的区别仅仅取决于公理化所要衡量的理论被看作是何种理论。

在横向完备性的情形下，理论被看作是法律的某个权威性的陈述集，比如，在某个成文法法典的片段中所陈述的东西。这种情形下的公理化就是对法律的某个领域的非权威性重构，而其完备性则是借助重构的全面性（comprehensiveness）来进行衡量的。例如，我在附录 A 中给出的《统一商法典》第九条的模型在这种意义上就是一种非完备的重构。它是一种简化版，故意忽略了原法典的一些方面。不过，即使《统一商法典》第九条的完备性重构是可能的，这种重构也是对担保物权法的一种不完备的表述，因为第九条本身并没有穷尽与这个主题有关的所有法律。

不过，这并不是萨维尼所要求一个法律系统应该具有的那种完备性。他关心的不是法律的某种重构的恰当性而是法律本身。在萨维尼看来，对某个领域的法律的权威性表述是完备的，仅当它决定了每个可能的法律问题的结果。有趣的是，罗迪格并不想将这种完备性等同于公理系统意义上的完备性。他说，法律裁决借助"填补空白"的方式扩展了某个领域的法律，就像萨维尼可能会说的那样，它并非修补了该领域的某种公理化的弱点，而是"对被公理化之领域的语句做出了修正。"[105, p. 88]这很有意思，因为，这意味着罗迪格的观点发生了转变。在此刻之前，他表面上似乎愿意将某个领域的法律的权威性陈述看作是对某个难以理解之理论的公理化。按照这种观点，法律的权威性陈述（比如成文法）可以是不正确的或者在公理化的意义上是非完备的。例如，根据该观点，当一

第3章 关于法律推理的哲学

个法官需要超出现有的法律的权威性陈述来裁决一个疑难案件时,他并没有改变该法律理论,而仅仅向完备或纠正该"公理化"迈出了步伐。这种观点与这样一个普遍接受的看法是一致的,即法官并没有或不应该造法,而仅仅是"发现了"法律。但是,罗迪格在这里却接受了相反的观点。当裁决一个疑难案件时,被修改的并不是公理化而是作为其基础的法律"理论"。我认为这两种观点都没有说服力,因为它们都将法律视为一种理论。

在"纵向完备性"的情形下,被公理化的理论同样是难以确定的语句集,它包含了对所有可能的案件的解决方案。这里的问题是如何将某个特殊的案件事实归入到法律的权威性陈述的普遍法律术语之中。就第九条的目的而言,一个硬币收藏品是"货物"还是"钱"?一辆婴儿车是否禁止进入公园?这里,我们再次看到,罗迪格并不信任机械的(或演绎的)法律推理:

> ……特殊的案件事实需要按照该规范的法律术语的导向来进行普遍化,或者该规范需要按照事实的导向来做出转变。……还有,该规范的法律后承也许需要被具体化;……没有一个分析性语句的系统,它允许将归类(subsumption)当作是类似的准逻辑的程序或甚至是逻辑的程序。

> 期望公理化系统满足被公理化的理论本身并不满足的要求,这大概是错误的。"计算机法官"这个概念是令人厌恶的,它意味着只需要将普遍规则和特殊事实填写到电脑中就可以对具体的争议做出裁决了。……技术上的幻象超越了逻辑上的可实现性。

尽管在这里我完全同意罗迪格的观点,但我们还是要追问他对法律进行公理化的目标还有哪些?也许法律是一个难以捉摸的理想物,为了确立其正确性或完备性,根本不能拿"公理化"来与它进行比较;也许法律本身是一个有穷的陈述集,正如这些章节中所建

43

议的那样，它在裁决案件的过程中会被建立模型、修正以及扩展，在这种情形下公理化似乎是多余的。

最后，罗迪格讨论的是证明的完备性，这个概念在他那里意味着一个论证的所有前提都已经得到明确。也就是说，一个证明被当作一个语句集，它推衍出了目标语句。被公理化的"理论"对该证明而言是封闭的。选定的公理集在某种程度上应该优先于证明本身。这些公理也许对于特定的读者而言更容易被理解。此外，目标语句本身可以不是公理，除非人们愿意接受"由假设构成的证明"。罗迪格选择这个概念作为公理化之应用的范例，是要强调不存在逻辑的标准来强行规定被公理化之理论的深度和广度；即便关于单个语句的证明的"微型公理化"也可能是有用的。

与各种纵向完备性的情形相似，这里的"完备性"一词也是被用于对被公理化之理论进行限定的，而不是作为公理化本身的性质的。在上述确认的三种完备性中，只有横向完备性是公理化的性质，因此只有这种概念可以被看作是公理系统意义上的完备性。由于罗迪格讨论完备性的目的是要证实在公理化与法律推理之间存在相关性，纵向完备性和证明完备性与这种目的最多不过是表面上相关而已。

为何人们会对法律裁决之证明的公理化感兴趣？从罗迪格对这个问题的回答来看，似乎他对现有的演绎证明的公理化并不特别感兴趣，他感兴趣的是坚称裁决首先可被表述为一种演绎证明［105, pp. 90 – 92］：

> 完成证明的目的之一就是可以发现法律的那些起草者或解释者所考虑的潜意识的因素。……除了将裁决的理由表述为一个公理集，然后推导出不可接受的定理或与其他假定为有效的规则相矛盾的东西之外，不存在更好的方式来挑战一个法律裁决的恰当性。

在这里，罗迪格接受的观点不仅是法律裁决可以被重构为演绎证明，而且是应该这么做以便揭示出隐含的前提并且将裁决公之于世以接受公众的批评。我想强调的是，罗迪格并没有断言法律裁决是借助演绎证明获得的。这里的重点在于，对于一个裁决的何种证成或辩护是恰当的，无所谓这个裁决是怎么做出的。假设罗迪格出于这种目的强调演绎证明的重要性的观点是正确的。我看不出由此如何还能构造出支持公理化的论证。我们可以将上述引文中的"公理集"替换为"语句集"，而不会造成任何损失。为了公开一个法律裁决以便得到批评，无需假设在作为该裁决之证成的演绎论证中所使用的语句集是对某个包含该裁决于其中的隐含且难以明确的理论的一种公理化。

3.2.2 形式化

罗迪格小心翼翼地区分了公理化与形式化 [105, p. 71]："将某个领域之理论的命题划分为公理和定理，并不依赖于对这些命题的形式化。……人工语言不具有必要性。如前所示，形式化对于公理化方法的应用而言并不是必要的；但它是令公理化方法的全部价值得以实现的一种很好的工具。"

我已经论证过，对于法律的公理化在某种程度上是一种不融贯的目标。如果没有公理化，对于法律的形式化还能有用吗？为了有助于回答这个问题，我们先检验一下罗迪格支持形式化的论证，以便确认他希望形式化具备的优点。形式化的优点只有两个：

1. 可避免"实质推理"（即有内容的推理）的风险；
2. 可提高效率，尤其是在使用电脑、得到自动定理证明器的帮助的时候。

罗迪格所用的"实质推理"一词，指的是使用概念即术语的意义来推导语句。例如，如果你被告知约翰对一个录像机拥有担保物权，直接使用"货物（goods）"这个术语的常识意义，你就能推出，他对货物具有担保物权。如果你相信思维是处理符号表达式的，那么在这里你就会反对说我们不能直接借助概念进行推理，以及必须通过处理关于录音机概念和货物概念的某种认知性的表述才能得到这个结论。罗迪格并没有考虑这种论证，也许是因为他只关心结论是如何公开证成的，而不怎么关心结论是怎么得到的。就像在前面，即在关于"完成证明"的这一节中讨论过的那样，罗迪格确信法律论证应该被公开地表述为演绎证明，应该揭示出所有用以推导出裁决的前提：

> 当人们的行动就像是在直接使用概念进行推理一样时，事实上，结论是由未经定义的且通常没有经过讨论的语句连同这些概念一道推导出来的。这些语句……并不总是不值得讨论。然而很明显，因为假定了人们是借助概念进行推理的，这些语句在不偏不倚的论辩中才被保留下来。
>
> 形式化的目的之一就是要试图（如果只能试图的话）掌控实质性推理的这种危险。……[105, p.71]

在这里我们至少要提出两个议题：首先，如果形式化的目的在于促进对于法律论证的重构使之成为演绎证明，那么我们就应该追问这种重构所能具备的优点何在。其次，假设这个目标确实很有价值，那么形式化何以能够保证实现这个目标？正如罗迪格已经注意到的那样，演绎论证不需要被形式化。在不推荐使用形式记号的前提下直接要求让前提明显化为何是不够的？

我先讨论第二个议题，因为它是两个议题之中较容易的一个。大多数论证是省略型的（elliptical）；很多前提都是隐而未宣的。假设我告诉你我的自行车车胎瘪了以及我夫人因此来办公室接我。我

第3章　关于法律推理的哲学

假设这个结论是完全可理解的。如果我接着再解释说当自行车车胎瘪了时人们就不应该骑它，我身边没有带修车的工具，我住得太远没法走回家，等等。前提必须被明确表达出来以便使得"我夫人在这样的情形下来接我"成为"车胎瘪了"的逻辑必然结果，实际上，这样的前提的数目可能很庞大。谢天谢地，规范性的交流显然并不要求达到这种程度的明显性，至少只要参与者共享相同的语言、文化以及相对于给定的信息语境而言足够充分的经验即可。

由于令所有前提明显化不仅不太自然而且还很难实现，我们很容易没有注意到，当论证借助自然语言陈述出来时某个前提依然是隐而未宣的。形式化强加了一个约束条件，从而可以降低未能发现某个前提的风险。此外，在自动定理证明的情形下，这种风险可得到彻底消除。使得这一点成为可能的这种形式化的关键特征是完全割裂符号和其意义之间的关系。罗迪格对此做出了如下解释［105, p. 73］：

> 基本观点很简单。形式化的公理系统的显著特征是使用了由莱布尼兹（Leibniz）所提出的普遍语言（characteristica universalis）。使用人工语言意味着用语言要素的受规则控制的运算来替换思想的运算。如果可以说这是一种语言的话，那么这种语言就是与它的"实际"目的（即交流）相分离的。符号被还原为受规则控制的运算的对象，并且除了它本身之外不再指示其他任何东西。……符号就像一根粉笔一样坚实[11]。

通过将语言与意义相分离，形式化使得意义不能用于推导出这样一些结论，这些结论并非是由论证中包含的显性陈述演绎地推衍出来的。因此，形式化的主要目的是为了有意地限制语言，将它的

---

[11] 所以莱布尼兹才选取了"演算（calculus）"这个词，它的词根在拉丁文中意思是粉笔（chalk）。

一个原则性的功能去除并且在更高程度的明显性得到保证的背景下阻止自然式的推理。

至于效率（efficiency）问题，由于对法律论证进行形式化是一件令人乏味且耗时费力的事情，人们肯定会问，有效率的证明审查单独而言是否足以为保障这种特殊目的之实现提供有价值的帮助。这确实是可疑的。尽管证明的审查程序可能是有效率的，一旦已经完成了形式化，总的效率就必须还要为由形式化造成的花费（overhead）负责。无论如何，至少当适合于管理较为乏味的琐碎工作的软件工具得到广泛应用时，也许会存在一些情形，在这些情形下情况就是这样的。或许，我选的论域至少必须允许同样的形式化或它的一大部分被重复用于审查复杂多样的论证。如果形式化还能支持论证的构造与生成的话，它潜在具有的作用肯定会大得多。在罗迪格看来，对于这种工作而言，逻辑至少是能够发挥有限作用的。

此外，罗迪格支持形式化的主要论证依赖于这样一点，即确保法律逻辑以演绎证明的形式得到公开重构是可取的。对于罗迪格而言，这种做法的优点是自明的；但除了指出前提都是通过形式化来得到明确的之外，他并没有试图为这个断言提供证成。让我们对这种断言做一个简单的批评性的检查。哈依姆·佩雷尔曼（Chaim Perelman）在这里能帮上点忙。在［89, pp. 24–35］中，他描述了由霍布斯、孟德斯鸠和卢梭提出的政府之立法、司法与行政三权分立原则的发展历程。

霍布斯最先提出了法律与道德或理性相分离的观点。对霍布斯来说，法律是君主的意志，而君主被假定与其臣民具有相同的利益。霍布斯的理论是对17世纪早期的自然法哲学家的一种反击，这些法哲学家受数学与自然科学之进步的鼓舞，相信法律是基于理由理性

(reason)和价值理性（rationality）的一个普遍道德系统[12]。不过，霍布斯认为自然法是"丛林法则"。为避免处于持续的战争状态以及为了提供非暴力地解决争端的工具，霍布斯提出了社会契约（social contract）的假说，按照该假说一个国家的人民赋予君主以权力来制定和执行用以规范行动的法律。

霍布斯将君主的权力集中于一人之手，即集中于国王之手。霍布斯断言单个君主的利益等同于人民的利益，孟德斯鸠则对该断言发出了挑战。为防止权力的滥用，他最先提出了在不同政府部门之间进行权力分立的观点。在这里，我们暂时忽略行政部门。想要通过划分立法与司法权力来防止权力滥用，就是要防止在解决特殊冲突的过程中修改法律，而做出这种修改的目的却在于获得由非法律因素（比如法官的偏见或私人利益）所导致的裁决。法律规定之下的平等（equality）要求法庭"无视"不相干的因素。否定法官的立法权，而不局限他们的想象力，这并不会限制他们在裁决时对偏见做出回应的能力。法官应该只能"说出法律的语词，既不能改变法律的力量，也不能改变法律的严格性"。[89, p. 30]

平等是划分司法与立法功能带来的两个好处之一。第二个好处就是法律的确定性（certainty）。确定性要求法律的权利和义务是可预言的。这令孟德斯鸠得出结论说，法官在裁决案件时所应用的法律应该与行为产生冲突时的法律是一样的 [89, pp. 30–31]：

……法庭的裁决应该受到限制，以至于它们不过就是成文法的一种具体化情形。如果法庭的裁决仅仅是单个法官的意见，那

---

[12] 这种理性主义传统的现代变体包括法律的经济理论，比如波斯纳（Posner）的[95]。或许德沃金的普遍"原则"概念也表达了这种理想，这些原则一致地决定了单个的正确的法律裁决。

诉答博弈
——程序性公正的人工智能模型

么人们就会生活在这样的国度，在其中人们不可能确切地知道他们生活在这个国度应该负担何种责任。

卢梭为支持这种权力的分立增加了进一步的论证。与霍布斯相似，他把法律与君主的意志联系起来。但与霍布斯不同的是，卢梭是一个民主主义者：拥有至高无上权力的并不是帝王，而是人民。人民的普遍意志决定了什么是公正的和什么不公正。在代议制的民主国家中，体现人民之意志的是立法机构而非司法机构。法官缺乏造法所需要的必要的权威性。

霍布斯、孟德斯鸠和卢梭的这些观点在大革命之后的法国国家权力的划分中起着核心的作用。根据佩雷尔曼的观点 [89, p. 32]，法庭的权力作为与法律相关的事情被限制到"正确的演绎推理上，而无需解释。解释会给它带来危险，即会令立法机构的意志被推翻"。有一条法律曾被制定出来，它要求司法机构在不清楚某种法律是否应该适用于一个特殊案件时，要征求立法机构的意见。但这条法律最终是难以实行的。如果法庭频繁地援用该程序，就会陷入被动。更严重的是，该规则本身违背了权力分立的原则，与它的目的相矛盾。不仅法庭不应该运用立法机构的权力，而且立法机构也不应该插手特殊案件的裁决事务。当后者发生时，就会存在风险，令平等之原则由于只为裁决一个特殊的案件就制定一个特殊的法律而遭到破坏。因此，后来的《拿破仑法典》（*Code Napoleon*）就得到修改，以便迫使法官们对每个案件都要做出裁决，无论法律是否清晰或者完备。这种变化在该法典之草案的引论中得到解释，作为草案的作者，波塔利斯（Portalis）这样写道 [89, p. 34]：

> 立法机构不可能预见一切。……当法律是清晰的且有意义时，它必须被遵循；当它并不清晰时，法律的政策和目的应该得到澄清。如果不存在相关的法律，就必须要根据约定俗成的实践和普遍

的公正原则对案件做出判决。这意味着，当实在法没有相关规定，或者它是矛盾的或不清晰的时候，则要回归自然法（natural law）。

需要注意的是，波塔利斯在这里的观点与前面讨论过的哈特式的分析法学的一些核心观点是完全一致的，尽管前者要早于后者。自然语言通常是不清晰的并且立法的目的和意图也并不完备，这两点已经得到承认。此外，这里还包含了疑难案件与简单案件之区分的起源[13]。

现在要问的是，关于罗迪格的"司法裁决应该被表述为演绎证明"这个断言的可靠性，我们能够由三权分立原则的这个简短的发展史知道些什么呢？法律推理的演绎观提供了一条适宜的界限，用以对司法权与立法权做出划分，就像孟德斯鸠所做的那样。如果我们并不认为仅仅将法律适用于事实就能够借助演绎证明对案件做出裁决，那么孟德斯鸠的方法能够完全否定司法部门的立法权，这一点就会遭到严重质疑。为了确保法官实际上并不会超越他们的权威之界限，法庭的裁决被要求在文书中作出解释或者证成。按照佩雷尔曼［89, p.39］的观点，这种要求为19世纪的那些法学学派的发展提供了额外的推动力，比如概念法学学派，其致力于改善依赖演绎证明进行案件裁决的方法[14]。

可是，出于波塔利斯提出的理由，单凭演绎证明不足以裁决案件，这一点变得很清楚，所以人们可能会认为，"裁决应该以演绎

---

［13］ 然而，波塔利斯断言自然法原则应该在疑难案件被采用，这种断言听起来更像是德沃金的观点而非哈特的观点。

［14］ 不过，菲德勒指出，"逻辑"和"演绎"这两个术语并不具有它们在20世纪随着数理逻辑的发展而获得的那种狭隘的、技术性的意义。"逻辑的"不过就是"理性的"或"合理的"这两者的同义词而已。例如，萨维尼就曾提到过成文法的"逻辑解释"［35］。即使在今天，"逻辑的"一词的常识涵义或约定俗成的意义也要宽泛得多。

证明的形式、借助将法律适用于事实而得到证成"这种期望应该做出相应地修正。但似乎这样的修正并没有发生，在这里我只能猜度一下个中缘由。或许，尽管我们有必要回避法律推理的纯粹的演绎观，但这种理想仍然有可能实现。例如，在哈特的分析法学中，我们就可以看到这种信心。在他那里，疑难案件被认为是特殊性的而且并不多见。

虽然罗迪格论证说，法律裁决应该以演绎证明的形式得到证成，但他也强调演绎证明并不足以得到裁决。在这一点上，罗迪格与恩吉施（Engisch）和菲德勒是一致的。恩吉施说，如果关于法律与事实之理解允许事实被归属于法律的普遍术语之下，那么在寻找这种理解的过程中，在法律与事实之间"注意力的焦点将会来回游走"［36, p. 61］。因此，恩吉施关于现代逻辑对于法律推理的价值产生了怀疑。菲德勒是最先对这种观察结果做出回应的学者之一，他论证说，演绎证明作为裁决的形式之限制条件依然是有用的，无论这种限制条件是如何被发现的或被创造出来的［36］。这同样也是罗迪格的立场。根据菲德勒的论述，法律推理是一种建模过程或设计过程，在这种过程中，所设计的论证应该是对裁决做出的一种演绎证明［36, 37］。

注意，菲德勒的断言是规范性的。他并没有断定说法庭的裁决事实上被表述为演绎证明，而是断定说它们应该被表述为演绎证明。实际上，人们不可能发现一个单独公开的法庭裁决完全满足这样的苛刻要求。在这些裁决中，论证都是省略型的，就像日常论辩中的论证一样。很多对于将论证转变为演绎证明而言必要的前提都是隐而未宣的。

我怀疑是否存在好的理由让我们坚持法律论证应该被表述为演绎证明。当前的和传统的实践活动并不是随意的，而可能是持续的

第 3 章　关于法律推理的哲学

并且由于其有用性而将继续存在。对法律裁决做出重新审视的目的在于主张立法机构与司法机构之间保持令人满意的权力均衡,这种目的不过是需要得到考虑的诸多好处之一。此外,我还主张,演绎证明单独对于这种目的的实现而言既不是必要的也不是充分的。

通过要求所有前提都要被明显化来对判决进行复查、通过避免非本质的争议来最低成本地解决冲突,这两种做法的好处是相互竞争的。我用一个例子来说明这一点。假设一个当事方(比如原告方)将某条成文法解释为它意味着 $p \to q$,而被告方则认为相同的条款意味着 $r \to q$。尽管他们关于该成文法的真正解释并没有达成一致,我们假设他们都同意 p 和 r 都已发生。因而,无论接受哪种解释,他们都必须赞同 q 也成立。现在,为了构造对裁决的演绎性证成,要求法庭在这两者选择之间做出选择,但这种要求几乎没有使用法庭的有限资源。况且,这时候裁决已经提前形成了;如果一个案件的结果依赖于在这两种解释之间做出选择,这时候再来提出这个要求可能会更好一些,因为这样的案件可能会令争议以及每种选择的利弊对比变得更加清晰。

这时候,人们也许会质疑说裁决可以被重构为一种演绎证明而无需在两个竞争性的解释中做出选择。其前提可以是 $(p \to q) \lor (r \to q)$。也就是说,这两个解释都可以放到一个析取命题中。但是,支持这个命题的证据是什么?为了证明这个析取命题成立,人们不得不证明至少有一个析取支命题是对该有争论的成文法的真正解释,这就又导致了我们试图避免的争议。还有一种选择,那就是允许某些前提不需要证据支持,但这样一来,就会有令演绎证明沦为闹剧的风险。因为既然如此,为何不直接假设人们想要证明的东西呢?何况,每个命题都是它自己的逻辑后承。

实际上,在这里允许一种省略型的论证将会是较为合适的。q

可以借助事实 $\{p, r\}$ 直接得到证成，而无需陈述一个普遍规则。p 和 q 大概都能真正地得到证据支持，所以这种方法不会面临刚刚提到的在无需证据支持的情况下对命题做出假定所带来的问题。

尽管 q 并不是 $\{p, r\}$ 的逻辑后承，但当人们质疑由这种论证所支持的裁决是否遵循了法律时，这样的裁决无论如何都足以令它经得起这种批评性复查。如果裁决被表述为演绎证明的话，复查就要包含三个任务：①检查结论实际上是否是所陈述之前提的逻辑后承；②确认前提并非不一致；以及③检查每个前提是否得到证据或法律来源的充分支持。[15] 检查省略型论证的程序是有区别的，但并不一定更加困难。发现关于裁决的一个可接受的解释，是一个溯因的（abductive）过程。也就是说，必须找到额外的命题，它们与判决中陈述的那些命题合起来允许演绎地推出裁决。换言之，构造该裁决之演绎证明的责任已经由裁决案件的法官转移到试图理解或确证它的人身上了。

这近乎但并不完全是正确的。它恰当地刻画了理解裁决的过程，但是复查的任务并不在于理解或者确证判决，而是在于挑战它。问题是要找到与该判决不一致的法律之解释。更确切地说，继续借用我们这个抽象的例子，复查的任务是要发现一个命题 d，它受到权威的支持，并且 $\{p, q, r, d\} \vdash \bot$。（这里 $\bot$ 指称不一致性或虚假性。）如果已经能够找到一个或多个这样的命题 d 让上诉庭加以考虑，败诉的当事方或许只要花点功夫就可以上诉了。

---

[15] 事实性的前提通常并不会得到上诉庭的质疑，除非作为一种"法律问题"（matter of law），存在着非充分的证据。我认为，这有两个原因：首先，这么做大概会很耗成本，至少会要求重审案件，而且也没有理由假设上诉庭的法官比审判庭的法官更有资格做这个工作。其次，在英美司法审判中，事实是由陪审团来认定的，而不是由像法官这样的法律专家来认定的。

第 3 章 关于法律推理的哲学

我已经论证过，存在很好的理由允许司法裁决使用省略型的论证。然而，应该强调的是，我的这个论证并不是要支持这样的观点，即绝不要求法官在他的裁决中陈述普遍规则。上面的例子有些刻意为之，因为该论证的前提仅仅由事实构成。所以，人们可能会形成这样的印象，即所有裁决都可按照这种方式仅仅借助事实得到证成。但是这不是我的立场。相反，由于处理当事双方所做的论证是必要的，普遍规则应该包含在为裁决进行证成的论证中。这里有一个简单的例子。跟前面一样，假设争议点 q 且当事双方都承认事实 $\{p, r\}$。不过，这时候一方声称对某条成文法的解释是 $p \rightarrow q$ 而另一方不同意，他宣称同样的条款意味着 $p \rightarrow \neg q$。我认为，应该要求法官在这两个选项之间做出取舍，或者解释他为何认为另外一种解释是正确的。容许与该争议点相关的省略型论证，就是要允许法官直接忽略由当事双方所做的论证。

在前面我曾宣称，为了查明一个判决是否与可应用的法律相符合，需要开放判决以接受公开复查，对于这一目的而言将法律论证表述为演绎证明既不是必要的也不是充分的。这个主张的理由现在看来大概是清楚的。我们已经看到为何一个去掉了某些隐性前提的省略型论证依然能够服务于这一目的。因此，一个纯粹的演绎论证并不是必要的。此外，我也已经指出，演绎论证可以通过直接假设结论平凡地构造出来，因为所有命题都是它们自身的逻辑后承。这肯定是不可接受的，因此由任意某个前提集推衍出结论很显然是不够的。相反，前提必须被证实与法律来源和证据具有恰当的关系；它们自身必须能够得到支持或证成。为避免无穷倒退，我们不可能要求每个前提与支援（backing）它的东西之间的关系也要借助同样严格的演绎论证来证成。非演绎形式的论证在某个时候必须被接受，这依赖于常识性的知识和共享的文化经验，所以我们一开始就可以允许某些省略型的论证。

罗迪格支持形式化方法的论证乃基于这样的假设,即法律论证应该被表述为演绎证明。我们已经对这种要求的恰当性提出了质疑,现在让我们回归到形式化本身。我为反对演绎性证成而提出的论证对形式化方法的潜在有用性进行还原了吗?没有这个必要。尽管法律推理不完全是演绎的,或者甚至从根本上讲不是演绎的,但演绎推理在论证的产生与证成中依然具有核心的、重要的作用。省略型论证可以借助溯因推理得到理解和批评,而溯因推理反过来又依赖于演绎证明作为它的一个子过程。在相对稳定的法律领域中,形式化的最初代价可以在足够长的一段时间中或者在具有非常技术化的复杂性的领域中得到分摊,比如在税务法的领域中,如果不借助形式的或准形式的语言,甚至很难清晰地表达可适用的法律规则。在这样的领域中,形式化可起到重要的辅助作用。尽管存在过于死板的风险,但是形式化能够有助于实现法律的平等性和确定性之目标。还有,形式化不应该被等同于演绎推理。可得到有效形式化的是语句之间的关系而不是单调推衍的关系。这里可以给出的例子包括概率推理、联想式推理(associative reasoning)、非单调推理、归纳推理与溯因推理。这些推理模式中的每一个都能被形式化并且在某种程度上实现自动化。

本书的核心目标就是要证实形式化方法对于法律论辩而言可以是有用的,即便法律裁决的生成并没有借助演绎推理并且也不需要借助演绎推理而得到证成。本书可以被看作是遵循了法律逻辑的传统,按照这种传统,我还断言说逻辑与形式化方法对于法律推理具有极大的重要性和有用性。但是,正如本节中的讨论所希望证实的那样,我相信此点的理由与罗迪格的理由有着显著的区别,我预想的逻辑应该具有的使用类型与罗迪格的也不一样,这一点在后面将会变得更为明显。

3.2.3 对罗迪格理论的评价

我对罗迪格和法律逻辑的讨论基本上完成了。剩下来就是要按照我给出的议题列表，复述一下罗迪格关于逻辑之重要性的观点并且总结从中获得的教训。首先是罗迪格关于议题的观点：

得到承认的局限性

菲德勒强调法律推理不是纯粹的演绎推理。相反，根据他的观点，法理推理是一个"建模"的过程，要求事实与法律都要被建立模型并得到清晰描述。罗迪格认为，这对我们将法律论辩形式化和自动化之能力提出了实用性的限制条件，因为他所认为的形式化方法局限于演绎推理。

正确性的标准

正确的法律裁决被表述为演绎证明，其中结论由某个明确的前提集逻辑地推衍出来。尽管判决的发现或建立并不纯粹是演绎性的，但至少它必须借助对论证的演绎性重构来得到证成。不过除此之外，对于判决，再没有别的限制条件。例如，罗迪格并没有讨论用法律权威或证据来对每个前提提供支持的这种做法的重要性。

方法

尽管形式化方法对于论证的生成而言没多大作用，但它对论证的正确性之检查却非常有用，而且它还能帮助我们确保所有前提都已经得到明确。

通过对于罗迪格理论的讨论，在这里我们需要记住这么几个主要的观点：

1. 围绕着形式化的利弊的争议要与关于公理化或确切地说关于演

绎证明的争议区分开来。

2. 法律的公理化并不是可靠的想法；它预设了法律理论的存在可以对一切未来的案件做出裁决，从而忽视了哈特的洞见，即立法机构并不是全知全能的，他们甚至连自己的目标都不完全了解。正如正确性和完备性这样的性质所表明的那样，公理化的想法依赖于在这样一种理论和对它的公理化表述之间做出区分。由于法律在裁决案件的过程中得到提炼，这种区分就会遭到破坏。我们不可能确定公理化是否已经得到纠正或该"理论"是否得到修改。

3. 判决是否应该被严格表述为演绎证明，这一点尚不清楚。这种理想能在机械法学中找到根源，罗迪格本人并不接受这种法学理论。对于在政府的立法机构与司法机构的权利之间保持适当的均衡而言，将判决严格表述为演绎证明既不充分也不必要。此外，省略型论证可以更好地服务于一些需求，比如它可以推迟对不相关的争议点的裁决。

4. 形式化不应该等同于演绎证明。对于法律裁决的产生与证成而言，演绎证明的作用是有限的，但这并不意味着形式化受到类似的限制。在演绎证明之外还有很多推理过程，比如溯因推理，它们可以被形式化并且也许能够实现自动化。

5. 罗迪格认为法律文本的传统结构（即包含例外的普遍规则）无法完全利用当代的逻辑知识。然而，这种传统结构应该被保留，因为它能够很好地为法律发挥其规范性的作用以及解决冲突的功能提供服务。

3.3 阿列克西的法律论辩理论

在前面两节中，我得出了这样的结论：无论哈特的还是罗迪格的法律推理理论都没有提供恰当的标准来划定自由裁量权的限度。哈特先是采取了一种严格的解释理论。按照该理论，法官需要应用成文法的字面意义以及其他权威性的法律来源。仅当这种字面意义不能确定一个裁决时，才允许行使自由裁量权，实际上也需要行使自由裁量权。这些情形就是"疑难"案件。然而后来，他对这个立场有所保留并且承认为了实现公正可以要求一个裁决与法律的字面意义相对立。比如，可以采用诉诸法律之目的的论证。最后，哈特放弃了他为限制自由裁量权而提出的标准，但他并没有找到其他合适的选择替而代之。

罗迪格则仅仅断言判决应该被表达为从显性前提到裁决的一个演绎证明。我已论证过，这种逻辑的限制条件对于证成一个判决而言既不充分也不必要。它是不必要的，而且实际上也太苛刻了，因为它导致不在争论范围内的争议点被提出来并要得到处理。演绎证明单独而言是不充分的，因为它没有对前提施加任何限制条件。前提不需要表明与法律或证据具有任意某种特殊的联系。

虽然这些尝试都失败了，但是要放弃找到司法自由裁量权的限度问题的解答方案之希望，尚且言之过早。在这一节，我们要审查第三种解答方案，即阿列克西的法律论辩理论[4]。这个理论的主要原则是：

- 法律论辩是对普遍实践话语（practical discourse）的具体化。
- 实践话语是一种语言"游戏"，涉及一定数量的参与者。游戏的规则被设计出来以便确保每个参与者都有公正且平等的机会来表达他的观点和意见。
- 在经过这样的讨论之后所做的裁决就是正当的或正确的，并且在法律话语的情形下是公正的，当且仅当这些程序性的规则得到了遵守。

- 程序性的规则并不局限于对理性施加先天的、分析性的约束条件，比如逻辑的一致性，而且要考虑关于语境的实践性约束条件，比如特殊的资源限制。
- 此外，这些规则本身可以成为辩论的主题并且可以被修改，如果有必要的话。

为了划定司法自由裁量权的界限，阿列克西的理论将我们的注意力从对判决做出辩护的论证之性质转移到获得判决的过程上。只要遵守程序性的规则，自由裁量权的限度就会得到重视。司法裁决的正确性依赖于引导得出该裁决的事项，尤其是当事双方在争辩中实施的行动。还要注意的是，该理论不仅对法官也对当事双方施加了义务。话语规则支配所有参与者的行为，法官是其中的一个与众不同的成员，他发挥着特殊的作用。

阿列克西提出了何种程序性的规则？他的著作包含了 7 页纸的附录，将这些规则全部列了出来。我很想把它们全部复述一遍，但是接下来我只能给出几个例子。阿列克西强调说，其理论的主要贡献并不在于他提出的特殊规则，而仅仅在于他提出来供以讨论的普遍规则 [4, p. 17]：

> ……对于论证的这些规则和形式的明确表述似乎有点学究气、有点多余甚至有点冒失。也许这种表述最重要的功能就是要更直接地展示这些规则和形式的缺点。这些缺点可能与这些规则的内容、它们的不完全列举、论证的特殊规则和形式的多余性有关，同样也与它们的表述缺乏精确性有关。只要这种缺点并没有令论证的规则和形式完全失去意义，它们就提出了某种近似于实践理性之法则的东西。
>
> 论证的这些规则和形式的效力既不应该被高估也不应该被低估。它们不是可由此演绎地推出特定规范命题的公理，而是一群

第 3 章 关于法律推理的哲学

具有不同逻辑等级的规则和形式,如果一个论证确立的结论要具有它希望具有的正确性,它就要满足这些规则和形式……

这里有几个服务于普遍目的的话语规则:

- 所有说话者都不能自相矛盾。
- 一个说话者只可以断定其相信的陈述。
- 每个说话者都必须按照要求证成一个断言,除非他能够证明其拒绝做出证成是有正当理由的。
- 一个参与者可以对任意的断言提出争议点。

这里还有一些特别针对法律论辩的规则:

- 每个判决都必须至少借助一个普遍的法律规则来进行证成。
- 该判决必须由这条普遍的法律规则以及该论证中的其他命题逻辑地推衍出来。
- 如果不清楚某个法律规则的条件是否被该案件的事实所满足,则必须断定一个规则来对争议点做出裁决。
- 有可能相关的解释的每个总原则都应该被考虑到。
- 每个相关的先前案例都应该被提到。

对所有这些规则以及阿列克西提出其他规则进行讨论应该是件有趣的事情,但正如他自己所承认的那样,他的规则是试验性的并且可能还有着各种各样的局限性,所以由这样的讨论我们大概还无法提出阿列克西的理论的核心论断。不过无论如何,我都想对上述这些规则做一些评论。

需要注意的是,在这种关于论辩的观念中,逻辑依然起着重要的作用。说话者不可以与自己相矛盾,并且裁决必须借助演绎性的论证来进行证成。我已经论证过,后一个条件不应该是强制性的。在这里,阿列克西接受了惯常的观点并且禁止了省略型推理。为了

诉答博弈
——程序性公正的人工智能模型

禁止自相矛盾,这大概需要在对话过程中被断定的每个论证都是一致的,但我们并不应该将此理解为是要禁止某个当事方做出不同的、彼此不一致的论证。这种禁止将会与法律中的常规做法相对立,按照常规做法,人们能够想到多少论证来支持某种立场,就会尽可能地做出这些论证,即使人们不可能一次性地接受所有的论证。

按照上述这种观察结果,"一个参与者只可以断定他/她相信的陈述"这条规则就有问题了。尽管它看起来好像是对事实之断定提出的合理要求,但是在关于法律的陈述的情形中,这未免太过苛刻。假设就某个争议点而言,法律是不清楚的。这种对话规则是否应该要求每个参与者都只断定和捍卫他认为正确的解释(如果必要的话),而无需考虑他自己的利益?从某种程度上讲,这就是一种理想主义。相反,我们必须预料到,每个当事方都将会支持和捍卫最有利于其利益的那种解释,不管他对于哪一方拥有更好的论证持什么样的主观信念。一个规则就像这个规则一样很难执行,我们就应该质疑它的有用性,参与者的信念无法被直接查探到。这样一来,为何我们应该认为某一方关于一个好论证之重要性的错误信念可用来反对他自己?

接下来关于这些规则需要注意的地方就是,它们使得参与者有提出争议点的责任。可以做出断言而无需辩护,只要另外一个参与者不再质疑这个断言即可。更重要的是,如果可能被提出的争议点却没有被提出来,这样的争议点并不能影响到最后得出的裁决的公正性或正确性。正是阿列克西的理论的这种性质避免了哈特的分析法学的局限性。一个案件的简单性并不取决于客观性的或字面的意义理论,而是取决于实际参与者的主观看法。也就是说,如果当事双方就一个术语词项相对于某些事实的可适用性并不产生争议,那么该术语词项很明显就适用于这些事实。共识决定了明晰性（clarity）。

最后，需要注意的是，与罗迪格式的法律逻辑不同，这些规则确实都对论证的前提施加了条件要求。每个法律论证都必须至少包含一条普遍规则，该规则与事实一起推衍出了裁决。当关于某条法律规则对事实的可适用性存在不一致的看法时，判决必须包含一条普遍规则来解决这个争议。换言之，这些规则要求有待得到严格表述的裁决必须要有一个裁决理由（ratio decidendi）。出于相同的原因，证成该裁决的论证不可以忽略相关的先前案例。

罗迪格和其他法律逻辑学家可能会同意这些超出逻辑之外的限制条件。也许，针对前提的这样一些限制条件被认为是自明的，但这只是一种推断。阿列克西的理论使得它们明显化了。

这种关于某些话语规则的简要讨论肯定能满足我们在这里的目的。如果要提到阿列克西提出的所有话语规则的话，这有可能会令我们误入迷途且渐行渐远，更别说试图对它们做出评估或发展出替代性的理论了。相反，我更喜欢研究作为阿列克西的理论之基础的那些哲学理论。阿列克西将这些理论划分为四个部分：①实践话语和论辩的分析性理论，包括哈特、图尔敏和贝尔（Baier）的理论；②哈贝马斯（Habermas）的真理共识论；③埃尔朗根学派（Erlangen School）将结构主义数学应用到伦理学领域的尝试，尤其是洛伦岑的对话逻辑；以及④佩雷尔曼的被称为"新修辞学"的论辩理论。当然，囿于本书的篇幅与主要目标，我对这些理论中的任意一者都不能说得太多。与前面一样，我将把讨论的要点集中到这些议题上：应该承认对于理性的何种局限性、裁决的正确性标准以及构造和评估论证的方法是什么。这种研究的主要目的将会支持阿列克西的论断，即前面表明的那些程序性话语规则明显可以被用于定义何时一个判决得到了证成。

诉答博弈
——程序性公正的人工智能模型

法律裁决是规范性的判断。出于这个原因，阿列克西一开始就比较了三种立场：自然主义、直觉主义与情感主义，这些立场都涉及规范性表达式的形而上学的身份。自然主义的立场是：通常被称为"价值判断"的规范性陈述能够被还原为经验性的陈述，然后这些陈述就可以借助自然科学的方法来进行评估。因此，自然主义表面看来似乎是一种功利主义。阿列克西提到了摩尔用以反对该立场的"开放式问题"论证，该论证断言说，不管某个价值是如何产生作用的，人们总是能够对被接受之标准的这种价值提出质疑 [4, pp. 35–37]。例如，如果"善（good）"这个抽象价值被定义为"是大多数人想要的"，人们可以合理地追问，为何这种衡量善性（goodness）的特殊标准要好过其他可能的标准。尽管对于这个论证存在很多回应，但阿列克西总结说，至少它证实了事实性的、经验性的陈述不能完全代替规范性的陈述。

我们不应该把直觉主义立场同结构主义数学的涵义上的直觉主义混为一谈，直觉主义立场断言，所有人都有能力根据先前存在的价值的内在等级对事件和情况进行排序。理论家们在这些价值的数量和次序问题上存在分歧。例如，罗斯（Ross）声称只存在两种基本的价值，即"正当（right）"和"善" [4, p.38]。阿列克西批评说，在"存在哪些价值"或"它们相对而言具有何种重要性"这些问题上，直觉主义无法达成一致的看法，这导致直觉主义不可能成为一种适合于解决争议的客观性的道德真理理论。

按照情感主义，规范性陈述的目的并不在于描述，而在于影响（influence）。阿列克西集中讨论了史蒂文森（Stevenson）的理论 [4, pp. 39–47]。根据的史蒂文森的观点，说"这是善的"恰恰意味着"我承认这个，要继续这么做"。规范性陈述具有描述性和祈使性的成分。描述性的成分与说话者的心灵状态有关；祈使性的成分指示着从心灵状态引发出来的行为,它要求该行为要继续或不再继续。然而,祈使性的成分常常并不是直接的命令而是委婉的建议。史蒂文森的工作在这里最相关的部分就是他的道德论证理论。除了禁止矛盾的论证之外,在史蒂文森的理论中,结论与对它的证成之间不存在逻辑关系 [4, p. 42]:

> 如果任意某个说话者认为某个事实很可能会改变人们的态度,那么对任意这样的事实的任意陈述都可以被援引作为一种理由来支持或反对一个伦理的判断。这种理由事实上是否会支持或反对该判断将取决于听众是否相信它,以及取决于如果他相信的话,那么它是否会实际地造成其态度上的变化。

在这里,我们看到史蒂文森的理论是心理学的,而非规范性的。它令我想到美国的实在论,出于相同的原因,它不可能为论证之评估提供基础:它并没有提供用以区分有效论证和无效论证的规范性标准。史蒂文森确实在"合理性的(rational)"论证和"有说服力的(persuasive)"论证之间做出了区分——合理性的论证仅仅使用经验性的陈述作为结论的理由,但这种区分和有效性并不重合。实际上,史蒂文森认为,谈论规范性论证的有效性问题可能没有什么意义 [4, p. 46]。

接下来,阿列克西考虑的这组理论都将实践话语看作是受规则支配的行动。这里我们使用"规则"一词,指的并不是自然法,而是规范。前者描述论证事实上是如何被引导的,而后者则描述论证的参与者的义务和权限。这些理论首先在它们提出用以支配论证的规范上就存在分歧。如果按照维特根斯坦的语言"游戏"的隐喻以及奥斯汀的言语行为理论来理解它们可能会更好一些。

我们在前面第 3.1 节讨论哈特的分析法学的时候曾简要地提到过维特根斯坦。在那里,我解释了维特根斯坦的观点,即语言是服

诉答博弈
——程序性公正的人工智能模型

务于各种功能的行为,其中描述世界不过是其功能之一。存在着各种各样的语言游戏,并且每一个游戏都受规则支配。实践论辩就是这样的一个游戏,它有着自己的规则集。对于维特根斯坦而言,规则都是约定俗成的东西,它们依赖于文化(生活形式)。一个规则在这种意义上存在,仅当很多人已经很多次遵循该规则[4, p.51]:"不可能只存在一个场合,在该场合下某人遵循了一个规则。"这里,我们看到了维特根斯坦与实证主义法学之间的差异,其中根据后者,规则当然有可能存在但没有被任何人遵循。但是,如果规则的来源是惯例或由某个法律权威所制定的,那么规则的来源问题在这里就不再具有核心的重要性。维特根斯坦并不太关注支配语言行为的规则(当它们存在时)的合法性,这在他那个时代还是一个新颖的概念。

维特根斯坦承认语言存在不同的使用,但他并不试图发展一种理论框架来对它们进行分类概括。奥斯汀却发展了这样一种框架,在该框架中他对言内行为(locutionary acts)、言外行为(illocutionary acts)和言后行为(perlocutionary acts)做出了区分[4, pp.53–58]。实际上,我们将会看到,就每个言语行为的不同性质而言,这些行为的区别并不非常显著。假设约翰问他的朋友彼得:"我要到机场接你吗?"这个表达的言内行为就是它的字面意思。在该例子中,我们可以假设事情还没有发生,而这种意义就是某种类似"我是否有义务到机场去接你?"的意思。这个表达的言外部分就是它的约定俗成的效果。至少在彼得同意之后,这里的这个言外效果就是要建立一种道德的义务去接彼得。该言语行为的言后效果就是该行为的非约定俗成的方面,即该行为的后果。如果彼得和约翰最近曾打过一次架,那么当约翰提出要去接彼得时,彼得就会对约翰的这种善意感到意外。实际上,约翰提出接机的要求可能是因为他想修补他与彼得的关系。这个信息的言外力量没有必要作为该特殊说话者所想要达到的首要效果。

与维特根斯坦相似,奥斯汀承认,支配语言使用的实践规则与语法和逻辑的规则并列存在。他给出的一个例子是:"猫在垫子上,但我不相信这一点。"尽管该语句在语法上是正确的,在逻辑上也是一致的,但它违背了这样的约定俗成的规则,即说话者只能断定他相信的东西。

最后,奥斯汀发展了一种真理概念,它依赖于说话的语境,而不仅仅依赖于被说出之语句中词项的约定俗成的意义。根据该理论,一个语句是"真的",仅当它的表达在语境中是恰当的,而该语境包括事实、说话者的意图以及该语境其他实践性的方面。奥斯汀否认存在一种既独立于语境又合情理的真理之解释。例如,他声称,如果不知道"法国是一个六边形"这句话被陈述的语境,它的真实性就不可能得到确定。奥斯汀接着断言说,确立规范性表达之真实性的标准与描述性陈述之真实性的标准并没有什么显著的不同。

3.3.1 规范性的实践话语理论

维特根斯坦和奥斯汀都关注普遍的语言问题,并且都承认支配话语的规范是存在的。然而,他们并没有尝试提出一些支配理性话语或论证的规则。黑尔(Hare)的道德论辩理论是阿列克西考虑的第一个这种类型的理论 [4, pp. 58–79]。该理论基于黑尔的道德语言理论,后者可被视为奥斯汀的言语行为理论的一个变化版本。在黑尔的理论中存在两个主要的规则:①"可普遍化(universalizability)"原则和②"规定性(prescriptivity)"原则。如果一个说话者将谓词 P 应用于某个对象 x,根据可普遍化原则,说话者需要将同样的谓词应用到所有与 x 在"一切相关方面"都相似的对象上

诉答博弈
——程序性公正的人工智能模型

去。这些相关的方面就是使用该谓词描述对象的"理由"。黑尔并没有解释相关性概念,或提供一个线索让我们能够借以确定两个对象是否具有相似性。相反,黑尔首先假设说话者承认两个对象在一切相关方面都是相似的,然后追问允许该说话者将该谓词用于一个对象却不要求他将之应用于另外一个对象,这种做法是否有意义。

阿列克西建议说,可普遍化原则所蕴涵的是在所有道德判断中都隐含地存在着一个普遍规则 [4, p. 66]。这样一个规则的条件仅仅被那些"在一切相关方面"都相似的对象所满足;该规则的结论则将它的谓词应用到特殊的个体对象上去。需要注意的是,这些规则就像这里所讨论的两条原则一样并不支配道德话语,而是特殊的道德规则。有的时候,阿列克西似乎建议说,黑尔的理论要求说话者在其做出道德陈述时陈述这样的普遍规则 [4, p. 79]。但我不确定有这样的必要。可普遍化原则可以以"基于案例"的方式来使用,可以比较之前的案例与当前的案件进而确定它们是否具有充分的相似性,而无需明确陈述一个普遍规则。

规定性原则允许说话者断定其他人需要承担一种义务,仅当该说话者如果处于这个人所处的位置也会愿意接受该义务。该规则要求说话者想象他自己处于别人所处的位置。这就是哈特版本的所谓的"黄金规则(golden rule)"。

黑尔声称他的理论提供了一种"规范性语言的逻辑"。如果关于相关的事实、说话者的倾向和利益以及他们对其他人的情况之想象给定了充分的信息,而这些都是应用规定性原则所需要的信息,那么这种逻辑就有能力确定一个道德判决的正确性 [4, p. 71]。然而,人们会质疑说,这种前提条件太难被满足,以至于黑尔的理论在实践中对于实现这种目的而言不可能起到作用。黑尔理论的一个有趣的特征是道德判断的正确性并不取决于一个特殊的道德规则集。说话者依然需要独立承担责任去决定接受哪些道德原则。这个特征也是该理论遭受批评的根源所在。如果说话者是一个法官，黑尔的理论就没有对他的自由裁量权做出充分的限定；实际上，它使得法官完全有自由根据他个人的意愿和倾向来选择规范。黑尔提出了其理论的另外一个版本来回应这种批评，在该版本的理论中，必须要将当前考虑的这个规则对所有人产生的复合后果纳入考虑范围。但是，这个解答方案需要一个道德规则来合并这些利益，该规则本身必须得到证成。黑尔并没有提供这样的证成。

黑尔的道德话语的两个原则并不能为自己提供证成。相反，黑尔把它们看作是一种特殊的语言游戏即"道德游戏"的程序性规则。人们可以选择参与或不参与，但只有人们接受了这种特殊游戏的规则，讨论对于规则的证成才是有意义的。阿列克西反对这个观点并且论证说，道德游戏的规则本身应该对讨论和批评开放。

接着，阿列克西讨论了图尔敏的论辩理论 [4, pp. 79 – 93]。他的理论有两个版本。第一个版本是在1950发表的《理性在伦理学中的地位》（The Place of Reason in Ethics）[122] 一文中提出的，主要讨论了道德裁决的证成问题。它区分了两种证成。道德的裁决是"在道义上（deontically）"得到证成的，这需要诉诸某个道德规则，该规则与其他被假定为真的事实一起逻辑地推衍出该裁决。如果该道德规则受到质疑，则该规则本身必须得到证成。通过确定该规则是否（最好地）促进了最低程度地降低人类的痛苦之目标的实现，这种证成在目的论的意义上是可以做到的。因此，这是一个功利主义的理论，它把痛苦的最小化当作首要的道德价值。一个道德规则集可以被假定存在，但是这些道德规则并不是固定不变的。这个理论有一些弱点：①它低估了确定某个道德规则的前提条件是否得到满足的问题；②它未能解释如何衡量人类的痛苦；以及③选择

将人类痛苦的最小化作为首要的道德价值似乎有点随意。比如，为何不偏向于选择对环境破坏的最小化或者财富的最大化作为首先道德价值？最后这个问题是所有版本的功利主义都要面对的。

图尔敏的第二个论辩理论发表在1958年的《论证的使用》（The Uses of Argument）这篇文章中，该理论并不依赖于功利主义。有趣的是，他声称实践推理与论辩的理论应该借助法理学的而非数学的理念来进行衡量。法律推理是制度化的实践推理。与通常的理解相反，图尔敏写道："（我们可以说）逻辑是广义的法学。"[123, p.7]图尔敏坚称，他的这句话要表达的就是字面上的意思，而不仅仅是一种隐喻。他论证说，自亚里士多德的三段论开始，数学的导向致使过分强调逻辑必然性［推衍（entailment）］的关系，而忽略了其为具有更为重要的实践意义的论辩所能提供的其他规范。对于图尔敏而言，一个"逻辑"就是支配实践话语的一个规范集。演绎逻辑的推导规则提炼了较为抽象的规范，其禁止矛盾性的论证。这样的规则是必要的，但对于解决争议而言并不充分。逻辑的正当合法的主题包括了所有支配实践话语的规范，而不仅仅是涉及逻辑必然性和矛盾性的那小部分。逻辑像法律一样是一门规范性的科学，而不像纯粹数学那样主要是分析性的科学。

我的论文是对图尔敏的致敬。他为了深刻地理解实践论辩而研究法学，而我追随阿列克西，希望从一般性的实践话语理论中获得深刻地理解来支持我的法律论辩理论。图尔敏将注意力从数学转移到法学上，从而拓展了逻辑的范围。我同意，支配实践论辩的规范要比传统上作为逻辑之主题的东西宽泛得多，但我们可以使用数学来描述、分析并应用这些新增的规范。数学是一种建模的工具。对逻辑的范围形成限制的并不是数学所具有的各种功能，而是关于被建模之对象的过于严格的观点。尽管我可以同意图尔敏的观点，即

第 3 章 关于法律推理的哲学

在诸如法律这样的论域中，经典的后承关系及其有效性概念对于判定实践论证而言作用是很有限的，但导致这些局限性，并非因为我们使用了数学来分析和严格表述推衍的概念。

拓宽逻辑的范围是否犹如图尔敏所言是一件值得推许的事情，这还不清楚。也许论辩应该是有它属于自己的一片天地，在其中逻辑起着作用，而逻辑的范围应该依然局限于后承和推衍的问题。这种狭义的逻辑在实践论辩之外有着它的用武之地。另外，至少在人工智能的领域中，存在着一种拓宽逻辑之意义的趋势，就像在非单调逻辑的情形下所表现的那样。图尔敏的逻辑观是否是这种逻辑发展的可能结果？

图尔敏的理论有一个方面最引人关注，那就是他对论证结构的分析。（见图 3.1）通过检查一些领域中的论证，包括物理学和伦理学，外加法律领域，他得到了这种结构。论证的目的是要捍卫主张（claims）。一个主张就是某个支持者对一个陈述的断定。如果另外一个人挑战这个主张，该支持者就必须要提出被图尔敏称之为资料（datum）的某种事实作为支持该主张的理由。例如，我主张说你应该随身带一把伞。如果你问我为何，我可以回应说正在下雨。有趣的是，图尔敏并不要求支持者在这个时候通过陈述和应用规则来证明该断言。这不是演绎性证成理论。反对者可以通过质疑该资料的真实性（没有在下雨）或者通过怀疑该资料是否支持该结论（伞跟下雨有什么关系？）来挑战这个论证。只有在后一种情形下，支持者才需要提出一个规则，图尔敏称之为保证（warrant）。不过，在给定保证和资料的前提下，结论不需要必然为真。保证可以提供不同种类的支持。例如，它可以是包含例外的可废止的规则，或者它可以陈述说，在给定资料的前提下结论仅仅具有可能性。如果反对者挑战该保证，支持者则需要用被图尔敏称为支援（backing）的东西来支持它。例如，如果该保证是对一条成文法的解释，那么该支援就可能是对这条成文法的援引。如果该保证是一个道德规则，那么它的支援就可能是导向某种道德目标的一个论证。

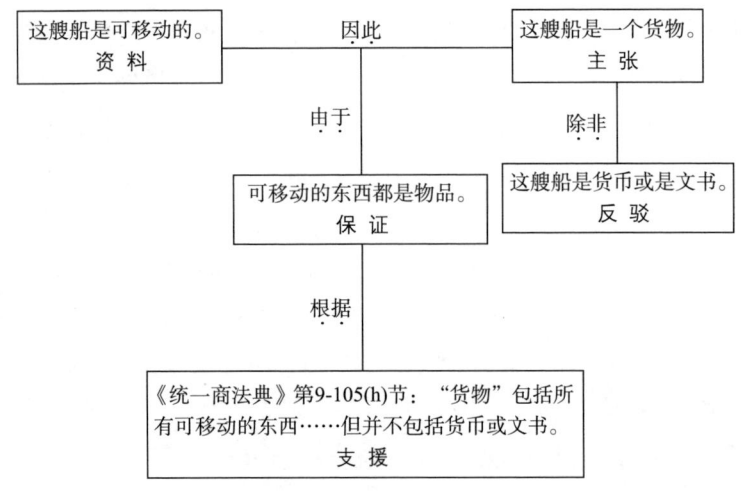

图 3.1　图尔敏的论证结构图

这里，我们看到，图尔敏最初的理论明显包含了同样的双层结构。在第一层中，主张受到资料的支持；在第二层中，保证受到支援的支持。对于一个保证的断定可被看作是另外一种主张，其中支援就是支持着该保证的资料。这也使得支援具有了遭受挑战的可能性，从而需要支持者再提出另外一个保证来证实该支援实际上对原来的保证仍然具有支持作用，以此类推。按照图尔敏的观点，当参与对话的各方找到一个他们可以达成一致的层级时，这个过程就终止了。图尔敏声称，除非某些规则被接受而不再遭到挑战，否则论辩不可能实现。对我而言，争议点似乎并不在于论辩是否是可能的，而在于如果不求助于论证的规范性规则之外的手段（比如暴力），这样的一个论证是否会得到解决（resolved）。图尔敏这里仅仅提出了一种特殊的论证，即支持者与反对者这两方之间的论证，而没有考虑法官或调解人的协助。在这种特殊情形下，只有当双方存在某种达成一致的意愿时，观点的一致性才是可能。如果一方顽固地挑战每个断言、资料或保证，那么事实上这样的论证就不会得到解决。

图尔敏在"实质性"论证与"分析性"论证之间做出了区分[16]。一个论证是分析性的，当且仅当①如果资料和保证都是真的则主张就必然为真；以及②资料与保证都必然为真。第二个条件几乎把所有重要的实践论证排除在分析性论证的范围之外。图尔敏不允许资料或保证仅仅是被假设的。他给出了下面这个例子［123, p.123］：

主张：安娜是红头发的。
资料：安娜是杰克的姐妹。
保证：杰克的所有姐妹都是红头发的。

这里，尽管如果安娜是杰克的姐妹并且杰克的所有姐妹都是红头发的，安娜就必然是红头发的，但该论证并不是分析性的，因为资料和保证都不必然为真。如果我们已经看到包括安娜在内的每个姐妹都是红头发的，那么这里的这个保证就没有对断言主张提供额外的支持。相反，该保证是由于该主张来支持的。如果该保证是由已经看到杰克的某个姐妹而归纳地推导出来的，那么该主张就顶多具有可能性。要注意，自然科学理论所支持的论证也是实质性的，而非分析性的。科学理论并不必然为真，它们不过是实验结果的普

---

[16] 这大概与康德对"综合"判断与分析判断做出的区分是一样的 [57]。

遍化而已。

图尔敏的贡献很重要，原因有这么几个。他很有说服力地证实，"实质的"论证使用了几种不同种类的推理——经典推理、可废止推理和概率性推理——以及关于目的的论证。他的理论很适合于用来支持我的断言，即裁决无需借助演绎论证来得到证成。通常，事实单独作为结论之理由而被断定。规则（即保证）仅仅是根据需要而得到陈述。最后，图尔敏承认论证是以目标为导向的。论证是从对主张的断定开始的，而此时主张尚未得到支持。只有当该主张遭到挑战并且需要支持时才要添加前提。

阿列克西对图尔敏的理论提出了批评，他论证说图尔敏的理论并不是一种规范性的实践话语理论。图尔敏描述的话语规则是通过观察一些领域中的实际论证得到的。阿列克西称这种理论为"经验–定义性的（empirical – definitional）"论辩理论 [4, p. 90]。它之所以是经验性的，是因为图尔敏声称它描述了现实的实践；而它之所以是定义性的，是因为图尔敏号称这种特殊的实践是正确的，却没有对此做出进一步的证成。尽管对实际的实践先进行研究并没有什么不合理之处，但一个规范性的理论需要提出论证来为该实践进行证成。我还要补充一些批评性的观点。在前面我提到过，图尔敏草率地拒绝了数学。一个论辩理论可以从法学的研究中获得有益的东西，同样也能从数学的研究中获得有益的东西。更重要的是，图尔敏的理论并没有规定如何对相互竞争的论证进行排序，尽管他承认这些论证是存在的。例如，如果一个可废止规则与一个概率性规则相冲突，那怎么办？我曾提到过，该理论局限于两方之间的合作进行的论证或讨论，它并没有规定当双方的利益对立时如何解决论证。最后，该理论无法对支持者和反对者的利益公正地做出平衡。它使得支持者有义务针对反对者提出的所有反对意见做出辩护，却没有对反对者挑战主张的权力做出限定。

贝尔也发展了一种论辩理论[4, pp. 93 - 99]。该理论与图尔敏的很相似，在这里我不打算对它作细致的探究。唯一我想提到的该理论的一个特点就是贝尔有使用先天规则来对相互竞争的论证进行排序的想法。不过，就阿列克西对该理论的处理而言，我们可以判定贝尔似乎并没有提出任何特殊的先天规则。同样，先天规则是如何使用的，这一点也不是很清楚。一方面，贝尔谈到了对支持和反对某个主张的"理由的权衡（the weighing of the reasons）"。但另一方面，他还说了，当"最好"的理由支持一个主张时，该主张就是有效的。按照权衡的想法，需要将所有支持和反对该主张的因素合并起来归入到可权衡的总体中去。这种方法将允许一些较弱的保证合并起来打败一个较好的保证。另外一种可能的方法是偏向于受到最好保证支持的那个主张。无论选择哪一种方法都无法消除裁决悬而未定的可能性。不管使用这两种方法中的哪一种，两个相反的裁决都可能存在同样好的理由。一种规范性的论辩理论应该致力于研究这些议题。贝尔指出了这个问题，但没有能够解决它。

3.3.2 哈贝马斯的话语逻辑

阿列克西接着考察的理论是尤尔根·哈贝马斯（Jürgen Habermas）的话语逻辑（Logic of Discourse）[4, pp. 101 - 137]。尽管哈贝马斯无疑是当代最重要的德国哲学家之一，但不管在何种深度上讨论他的理论都可能会引导我们步入迷途。所以，我将要做的事情只是就阿列克西对哈贝马斯理论的分析进行一个简短的总结。我自己的批评性评论将仅仅基于阿列克西的研究并且应该相应地有所侧重。

哈贝马斯的理论同样建立在言语行为理论的基础上，尤其是基于言语的言外和言内两个方面之间的区别，即断定某个陈述的行为和该陈述的意义之间的区别。按照哈贝马斯的论述，对于某个道德陈述之断定是被证成的，仅当下面这些条件得到满足：

- 陈述对于该商谈的其他参与者来说是充分可理解的。例如，这可能会禁止在其他参与者并非相同职业之成员的时候使用技术性的术语。
- 对陈述之断定是恰当的。例如，这禁止了与该商谈之主题没有联系的无关断定。
- 陈述是真实的。哈贝马斯的真理概念从某种程度上讲是非传统的。下面会讨论它。
- 诚实：说话者必须相信被断定的陈述。

所有这些条件都必须要得到满足。所以，例如一个真实的陈述如果不被说话者所相信，它就不能得到证成，即便它是恰当的。还有，证成不仅依赖于陈述的命题性内容，而且还依赖于商谈的实用性方面。

在这种抽象的层次上，这些要求中的每一个都似乎是足够合理的。对哈贝马斯理论的完全研究需要我们对每个要求都做出深刻讨论。但在这里，我想要集中探讨哈贝马斯的真理概念。他拒绝了传统的真理符合论。根据符合论，一个陈述是真实的，仅当它准确地描述了相关的世界。我们说该陈述被世界所"满足"。这个理论面临着一些问题：首先，就像在前面第 3.1 节中论述哈特的分析法学时所讨论过的那样，出于多种原因（比如"开放式构造"就是一例），语言是不确定的；其次，我们在这里关心的是规范性陈述的证成问题。世界中的什么对象能够与规范相符合（correspond）？

与其仅仅接受这些问题作为自然语言的局限性，哈贝马斯选择尝试通过发展另外一种的真理概念来避免这些问题，这就是他的真理共识论（consensus theory of truth）。哈贝马斯写道 [4, p.102]：

第3章 关于法律推理的哲学

> 我可以谓述一个对象,当且仅当每个能够(could)与我进行交谈的个体都会(would)该对象做出相同的谓述。为了将真陈述与假陈述区别开来,我诉诸其他人的判断——实际上是诉诸所有其他可能与我进行商谈的人。(与事实相反,这里包括了我可能遇到的所有言语参与者,如果我的生活史与这些人的生活史有交集的话。)陈述的真实性条件就是每个人可能达成的*一致性*。(着重号为原文所有)

这种方法实际上有效地回避了规范的真值问题。弗里德不应该垂涎其邻居的太太,这是真的,如果我们都同意他不应该这么做。这个苹果是红的,这是真的,如果每个人都同意它是红的。无论命题是描述性的还是规范性的,相同的检验标准都能适用。然而,这种真理标准至少包含两个缺陷:①事实上它绝不可能得到满足;以及②即便它被满足了,这也不够充分。要获得所有活着的人的同意这是不现实的,而且也不可能获得所有已经去世的或者尚未出生的人的同意。此外,即使这是可能的,某个人实际表示的同意可能建立在错误或误解的基础上的,或者这可能是某种难以承受的外在压力的结果,比如刑讯逼供。

哈贝马斯通过澄清自己的意图来回应这些批评。他同意,只有事实性的共识确实不够充分。他用更严格的要求即*有理由的共识*(reasoned consensus)来取而代之。乍看起来,这种修正似乎只是强调了第二个缺陷。不过,理由并不仅仅是额外添加的要求,它也削弱了在前面引文中用强调的语气说出的那个要求,即*每个人*都要同意该论述。现在,如果一个陈述依赖于"更好的论证的强度"[4, p.112],就可假定每个人都同意该陈述。我们也不再需要调查那些活着的或死了的人;只要对支持或反对一个命题的论证进行检查就足够了。

诉答博弈
——程序性公正的人工智能模型

因此,一个命题的真实性的确定问题就被还原为对支持和反对该命题的论证进行收集和排序的问题。哈贝马斯使用了图尔敏的论证模式。如前所述,该模式就是主张被资料和保证所支持。保证都是被支援所支持的。如果一个保证所表达的是道德规范而非经验性的关系的话,就要采用另外一种共识检验标准:一个规范是得到支援的,当且仅当它的社会后果可被每个人都接受。这就是哈贝马斯版本的黑尔的规定性原则,我曾在第3.3.1节中讨论过该原则[17]。

最好的论证拥有最好的保证。哪些保证才是最好的?刚刚讨论过的共识的检验标准仅仅确立了一个规范的存在性,却没有提供标准用以评估相互竞争的规范的相对优点。为完成这个任务,哈贝马斯建议说规范的目的需要得到确认和权衡。于是,哪些论证是最好的,这最终取决于相互竞争的社会价值得到判定的相对优点。哈贝马斯并没有说明应该如何来确定这一点。他仅仅声称这个问题必定还会引起争辩。就像在图尔敏的理论中一样,可通过允许对话的参与者达成一致以避免无穷倒退。毕竟对主张提出挑战并不是一种义务。

哈贝马斯由这些话语规范推导出一些先决条件(preconditions),任意对话都必须要满足这些先决条件,如果存在达成合理之共识的可能性的话。这些先决条件并不是话语规范,因为它们并没有陈述任何义务或权限。相反,它们是在描述独立于说话者的行为之外的构成话语背景的条件,这些条件使得必须要做的或允许做的行动能够得以实施。也就是说,它们是哈贝马斯所谓的理想言语情境(ideal speech situation)的必要条件而非充分条件。阿列克西

---

[17] 经验性的保证可以通过使用归纳推理将观察结果普遍化从而得到支援。要注意的是,规定性原则和归纳推理在论辩中起着同样重要的作用。这两者都被用于支援普遍规则。

第3章 关于法律推理的哲学

认为尤为重要的两个先决条件被哈贝马斯描述如下［4, pp. 119 - 120］：

1. 一场谈话（discourse）的所有可能的参与者都必须拥有平等的机会实施交流性的言语行为，以便他们在任何时候都可以开始交谈并且参与对话以及问答过程。
2. 谈话的所有参与者必须拥有平等的机会来提出解释、断定、建议、说明和辩护，并以这样一种方式对他们各自的主张之有效性进行质疑、证成或拒绝，即没有一种观点可以永远免于讨论和批评。

正如我所描述的那样，我们不难想到哈贝马斯理论可能会存在的一些问题。例如，哈贝马斯将"对于某个规范而言是否存在合理化共识"的确定问题还原为"是否存在关于该规范最大限度地促进了社会利益这样的共识"的判定问题，这种做法可能会遭到反对。进而会产生如下质疑：我们如何能够肯定有理由的共识之要求在仅仅由实际的对话参与者所假设的那些断定情形下得到了满足？最后，如果我们依然弄不清楚哪些条件是充分条件的话，我们何以能够肯定理想化的言语情境之条件得到了满足？哈贝马斯只陈述了一些必要条件，并且这些条件在现实的话语中是否能够得到满足还很值得怀疑。

哈贝马斯对此做出了回应，他论证说不可能存在一种方法来完全确定每个命题的真实性。非分析性命题的真实性总是存在可疑之处。有很多可能的理由来拒绝之前所接受的命题。例如，对于相互冲突的社会目标的相对优点之解释可以发生改变，一个规范的某种社会后果可能并没有被纳入到考虑范围内，或者理想的言语情境的某种必要条件可能被发现到目前为止尚未得到满足。

尽管哈贝马斯的理论并没有能够提供一个程序来确定任意命题

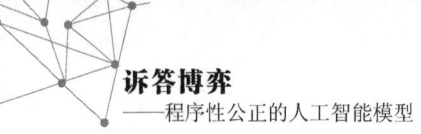

的真实性,但是这种理论,尤其是理想的言语情境概念,具有三种功能 [4, pp. 122]:

- 人们期望实际上由对话达成的共识是合理的并且是得到证成的,而这种理论为这样的期望提供了基础。谈话的参与者假定实际的商谈满足了这种理想的要求。如果这个假定是不合理的,因为存在种种迹象表明某个或更多的条件没有得到满足,那么开始或继续商谈就没有什么意义。
- 这个理想提供了标准,按照这些标准实际的商谈可以得到衡量和批评。如果能够证明某一个话语规范已经被违背了,或者证明理想言语情境的某个条件没有得到满足,那么理性化共识的预设就要遭到驳斥。
- 最后,它为支援额外添加的程序性规范提供了服务,这些规范被设计用来提高商谈接近这种理想言语情境的可能性。

尽管一般而言不可能最终确定一个陈述是否是真的,但是存在例外。重言式陈述都必然为真;矛盾式陈述都必然为假。哈贝马斯还考虑了特定的陈述,他认为这些陈述在谈话中是不可能的(discursively impossible)。与话语规则相冲突的规范或者使得理想言语情境的条件不可能得到满足的规范就是这种类型的陈述。例如,"明天将会下雨,但我不相信这一点"这个陈述就在谈话中是不可能的。它违背了诚实性规则。这并不意味着某个人不可能说出类似的某种东西。它仅仅意味着,这种陈述不可能对商谈做出有意义的贡献。阿列克西还给出了另外一个例子:一个禁止某人参与商谈的规范在论辩上也是不可能的,他声称这是因为它违背了理想言语情境的基本条件 [4, p. 132]。

我们刚刚已经考察完了哈贝马斯的理论。只需要再问一个问题,即他的理论如何能够与法律推理和论辩是相关的。哈贝马斯关

第 3 章　关于法律推理的哲学

注的焦点是道德陈述的证成问题。阿列克西提出的论题是法律论辩是一种特殊的道德话语。按照他的观点，道德话语的一般性规范完全适用于法律论辩；它们不过是通过添加了法律语境下的特殊规范而得到了扩展而已。不过，哈贝马斯理论的某些方面使我很难完全接受这个论题。其主要的问题与规定性原则有关，该原则是用来支援规范性的保证的。如果我们接受实证主义者关于法律与道德相分离的立场，那么用这种原则来支援法律规则肯定是错误的做法。争议点并不在于一个法律规则的后果是否被每个人接受，而在于是否存在法律的权威来支援该规则。或许我们可以假设一个在某种程度上有所不同的规定性原则来支援法律规则：一个法律规则受到支援，如果它的后果能够被立法机构的大多数成员接受。但是这个标准并非没有问题。应该要求大多数成员实际达成共识吗？如果是，就会违背权力分立原则，因为这是在要求立法机构裁决案件。此外，就像哈贝马斯原先的共识检验标准一样，这个标准是不充分的。某个立法者的赞同可以是在受到强制或者犯错的情形下做出的。然而，如果像在哈贝马斯修正之后的理论中那样使用有理由的共识之标准的话，这就会让我们又回到了起点。我们很难想象一种有理由的共识，它可以像哈贝马斯版本的规定性原则那样不依赖于客观性标准。

一个相关的问题是，哈贝马斯的理论是否具有足够的实用价值以实现我们的目的。我们主要关心的问题是如何确定一个法律裁决是否是"正确的"，即它是否处于司法自由裁量权的限度之内。这使得下面这个提议很有诱惑性：一个裁决是正确的仅当关于该裁决的单称规范性陈述是"真的"（"真"这个词是在哈贝马斯的涵义上来使用的）。然而，哈贝马斯声称，不可能存在一种普遍的方法用以确定一个陈述是否是真的。对这个问题，我可以想到两种可能的解决方案。我们可以尝试找到一种正确性概念，它与真概念不同，能使正确性得到确定。或者我们可以放弃对于裁决程序所提出的要求。我们可以假定一个裁决是正确的，除非我们能够证明该判决违背了一个可适用的话语规范，从而使得该裁决遭到反驳。

最后，我们应该追问，理想的（道德）商谈是否也是解决法律争议的理想情境。例如，一种理想的言语情境是每个人都拥有平等的机会参与商谈。这是否也应该是法律论辩的一个条件？阿列克西认为是 [4, p.297]。在美国，每个人都可向法庭请求获准在法庭上提交关于案件的某个争议点的意见书（brief）。[18]在某些司法制度下，这样的意见书只允许由当事双方来提交。对于提交这些意见书而言，似乎并不存在一种普遍的权力；法庭不需要批准这样的请求。按照哈贝马斯的理论，这些规则似乎在谈话中是不可能的，因为它们对无条件地表达观点的权力做出了限制。当然，这些规则的存在本身单独并不能证成它们自己，不过令我产生怀疑的是，它们是否拥有好的理由来对参与商谈的权力做出限制。

3.3.3 埃尔朗根学派

阿列克西接着考虑了埃尔朗根学派的实践商谈理论。这个学派的主要人物包括洛伦岑和施韦默尔（Schwemmer）。该学派试图将布劳威尔（Brouwer）的"直觉主义"哲学即所谓的构造主义（constructivism）应用到伦理学领域。布劳威尔关注的主要是数学推理而非实践推理。其哲学最出名之处也许就是对于经典逻辑的排中律的挑战。排中律说的是对任意命题 p 而言，$p \vee \neg p$ 都是真的。直觉主义的基本原则是每个信念都应该是在其他真实性毫无疑问的信念之基础上

---

[18] 这些都被称为"法庭之友"意见书（amicus curiae briefs）。"法庭之友"字面上的意思是法庭的朋友。

被构造起来的。排中律被认为违背了这条原则，因为它使得复合陈述 $p \vee \neg p$ 的真实性独立于 p 的真实性。

直觉主义如此命名，是因为布劳威尔受到了数学家对某种抽象的数学结构的性质进行反省的认知行为之启发。洛伦岑把直觉主义应用到论辩的社会情境中来，在该情境中，一个人试图说服另外一个人接受某个命题的真实性。洛伦岑的成果之一就是提出了第一个形式化的对话逻辑（dialogue logic），它是在某个一阶公式的支持者与反对者之间进行的一种博弈。对话逻辑完全是分析性的，它的细节方面将会在下一节中得到描述。这里，我们将简要论述洛伦岑的同事施韦默尔的工作，他致力于将构造性方法推广到涵盖伦理与实践问题的裁决上。

根据埃尔朗根学派的观点，伦理学的主要目的在于和平地、非强制性地解决冲突。施韦默尔确认了理性论辩的几条原则，他认为这些原则都是由该目的推导而来的。第一条原则就是相关的当事方必须从无争议的概念开始有条理地建立共同使用的术语。施韦默尔声称，这种共同使用的术语能够无需诉诸这样一些解释就能被构造起来，这些解释所使用的词项或概念并非是已被接受的共同使用的一部分基础词汇。第二条原则是一个当事方必须愿意接受他想要另外一方接受的陈述。第三条原则是语句应该以它们最一般的形式被断定，以便它们可被最宽泛的一类情形所满足，而不仅仅被与当前冲突相关的特殊事实所满足。阿列克西指出，当所涉及的语句表达一个规范时，后两条原则可与黑尔的规定性原则和普遍化原则相应地形成对照。

按照阿列克西的分析，我们并不是特别清楚施韦默尔是要求一个被提出的规范仅对于涉及冲突的当事双方而言是可接受的，还是像哈贝马斯真理共识论简单解释的那样要求规范对于所有人而言都是可接受的。阿列克西援引了几个段落，它们似乎支持后一种说法。不过，我还是有点怀疑，因为这种说法看起来似乎违背了构造主义的精神。在讨论哈贝马斯的理论时我们曾经指出过，不可能获得每个人的实际的赞同。另外，第一种说法在这种意义上是构造性的，即存在一种对争议点做出裁决的程序：当事双方实际达成的一致性是确凿无疑的。

施韦默尔承认两个有效的规范可能会彼此冲突。他的道德原则被设想出来就是为了解决这些冲突的。他预设了规范是可以部分地得到排序的。这种次序所反映的并不是它们的相对分量或重要性，而是它们与其所要促进的目的之间的关系。尽管阿列克西并没有怎么详细解释这种观点，但共识似乎是可以通过这种途径来获得的，即当事双方放弃他们的足够多的目标和意图，直到彼此冲突的规范共同具有的上位规范（supernorm）被找到为止。如果举个例子的话，就能弄清楚这个观点了。阿列克西抱怨说，这个观点不切实际，因为一个当事方可能不愿意放弃他的任何目标。然而，对这个反驳有一个简单的回应：施韦默尔的理论是规范性的。道德原则规定了当事双方为了和平解决他们的冲突而应该做的事情，无论他们实际上是否愿意这么做。

阿列克西讨论的埃尔朗格伦理学学派的最后一个方面是他们的批判性地生成（critical genesis）规范的方法。这是一种复杂的方法论，可用于确认、批评和改造一种文化中的规范。阿列克西只不过是简要地谈了一下这个主题。经验性的方法提出来是用以确认规范的。历史性的方法提出来是用以解释一个规范产生之理由的。然后，通过追问在当前的时间环境发生改变的情况下它们是否依然是可适用的，这些历史性的理由被用于对一个规范做出批判性的评估。

第3章 关于法律推理的哲学

阿列克西认为"批判性地生成"这个观点是埃尔朗根学派最重要的贡献。可是，从阿列克西对这个观点的描述来看，我们并不清楚它对于解决具体案件中的实际争议能起到什么样作用。毫无疑问，这种批判性地分析规范的方法在政策性的或学术性的背景下是恰当的。只不过，我们并没有被告知这种类型的论证何时应该被采纳来解决法律上的争辩。

人们只能猜想，埃尔朗根学派究竟在何种程度上为解决伦理上的争辩成功地确立了一种构造主义的基础。我看不出施韦默尔的伦理学与布劳威尔的直觉主义之间存在着密切的关系。直觉主义的目标与实践性的争辩之解决似乎是无法调和的。直觉主义将推理局限到仔细的、审慎的步骤上。甚至，它对证明提出的要求要比经典逻辑对证明提出的要求更为严格。从另一个方面看，实践推理和争辩的解决则需要公正的程序，以便在给定一些资源上的限制条件的前提下获得公正的裁决。必须存在实践性的方法来决定是接受还是拒绝那些在逻辑上或事实上情况不确定的主张。

这是说，如果我们愿意忽略其所声称的与直觉主义数学之间的关系，那么正如这里所描述的那样，施韦默尔的伦理学中的大多数观点都可以保留在全面的法律论辩理论中。尽管我们仍然不清楚在实践中如何能够实现这一点，但在论证过程中应该存在一种程序来构造一个共同使用的术语。论证过程中由当事双方所提出的那些规范的有效性应该单独由当事双方（以及法庭）裁决，而非由整个世界来裁决。在某些准法律的情境中，例如在仲裁过程中，施韦默尔的道德原则可以提供一种实践性的方法来达成共识，如果存在某种方式使得该原则得到强制执行的话。最后，再比如说在像上诉这样的一些法律程序中，"批判性地生成"的方法仍然可以有一席之地来发挥作用。

3.3.4 佩雷尔曼的新修辞学

在1958年,也就是图尔敏的《论证的使用》出版的同一年,佩雷尔曼与L.奥布莱希特-提泰卡(L. Olbrechts-Tyteca)联名出版了《新修辞学:关于论辩的研究》(*The New Rhetoric: A Treatise on Argumentation*)一书。这部著作展现出它与图尔敏理论的相似性,同样还有与哈贝马斯的真理共识论的相似性,而后者直到十年之后才问世。"新修辞学(New Rhetoric)"这个名称可能会使得人们误以为解释说服性的论辩是该理论的唯一目标。不过,佩雷尔曼的理论的一个与众不同的特征就是试图为有力的(effective)论辩和正确的论辩找到一种统一的框架。也就是说,该理论的奋斗目标在于成为一种既具有解释力又具有规范性的理论。

佩雷尔曼的理论可分为三个主要的部分:①论证的结构;②构造论证的过程;③对论证的评估。前两个部分是分析性的和描述性的。最后那个部分包含了他关于有力论证的预言性理论以及关于有效(valid)论证的规范性理论。

就论证的结构而言,佩雷尔曼区分了前提(premises)、假设(presumptions)、对于道德价值的偏好关系以及与自由与平等这样的抽象价值有关的论题。论证是由某种"组合在一起的要素"建立起来的。论证之间也存在各种各样的关系,比如"加强型(additive strengthening)"关系,在这种关系中,论证彼此之间是相互支持的。尽管对这些观点,尤其是对关于论题和组合性论证的那些观点作进一步地、深层次探究可能是件有意思的事情,但就我们这里的研究目的而言,对这些观点做一些评论也就够了。

让我们回到过程的问题上,在佩雷尔曼的理论中论证就是借助过程构造起来的。在数理逻辑中,定理潜在地包含于某个理论的公理之中。与数理逻辑不同,在佩雷尔曼的理论中能够得到论证支持

第3章 关于法律推理的哲学

的结论并不仅仅依赖于论证的结构。佩雷尔曼还让这些结论依赖于它们所针对的听众。每个推理步骤都需要获得听众的同意。这种要求既可削弱也可增强推理关系,而该推理关系与某种后承关系(比如经典逻辑的后承关系)相关,但它的削弱与增强则取决于听众。当被推导出来的语句可能不被听众所接受时,例如如果它的论证特别难以理解的话,这种推理关系就可能被削弱。当听众可以接受一个并非被推衍出来的结论时,这种推理关系就可能被增强。比如,所需要的某个前提可以是暗地里同时被说话者和听众所假定的。在这个方面,佩雷尔曼的理论与图尔敏的理论很相似,根据后者,资料、保证与支援只需要结论的支持者根据需要提出来即可。佩雷尔曼和图尔敏都拒绝了演绎性的证成理论。

从规范性的观点来看,一个特殊的听众可能会出于一些在合法性上有问题的理由很好地接受某个断言。在佩雷尔曼的理论中,有很大一部分篇幅被用于分析诸如阿谀奉承和品格攻击这样的修辞学伎俩的效力(effectiveness)。但是,佩雷尔曼所努力追求的理论同样既包含描述性的论辩观又包含规定性的论辩观。通过尝试刻画理想化的听众,即所谓的"普遍听众(universal audience)",他将有力的论辩与正确的或有效的论辩区分开来。有力地说服这种普遍听众的论证不仅仅是有力的,而且还是正确的。因此,佩雷尔曼理论的新颖之处在于它将正确的论辩看作是一种特殊的有力论辩。

佩雷尔曼从这种普遍听众的概念中得出了一些话语规范。例如,当说话者自己是普遍听众中的一员时只允许做出诚实的主张,以及说话者有义务揭示任意已知的、相关的反面论证。

佩雷尔曼的普遍听众概念可能已经为哈贝马斯后来提出的真理共识论埋下了种子。就像在哈贝马斯的得到较为充分发展的理论中一样,佩雷尔曼并没有要求正确的论证能够实际地说服每个可能的个人，而只是要求它能说服"经过启蒙的人"，这类人仅仅包括那些只能被合理性论证说服的虚构的个人。因此，佩雷尔曼的理论遭遇到了哈贝马斯所面对的难题：理想化听众的刻画问题被还原为合理性论证的定义问题，这又让我们返回到起点。不过哈贝马斯在规避这些问题上要比佩雷尔曼走得更远，因为他提出了理想言语情境理论。

综上所述，佩雷尔曼的理论对于找出有力论证与有效论证的统一看法而言是一种有趣的尝试。我没有注意到是否还有其他学者曾试图以此作为其研究的目标。然而，作为一种规范性的实践论辩理论，佩雷尔曼的新修辞学与阿列克西所描述的其他某些方法相比似乎有点势弱。

3.3.5 对阿列克西理论的评价

就像我们对哈特和罗迪格的法律推理理论所做的一样，现在我们要试图借助本章开始之处所确认的议题列表来对阿列克西的贡献进行总结和评价。

得到承认的局限性

阿列克西将做出法律裁决看作是一种由从道德哲学中改造而来的规范所引导的特殊的"普遍实践话语"。他的理论坚持认为，没有任何方法能够用来毫无疑问地确认有效规则或者确认冲突规则的相对优先性或重要性。这种洞见同样适用于话语规范本身。

法律推理不仅因为缺乏关于法律和事实的完备知识而受到限制，而且还会因为资源有限，比如时间和金钱有限而受到限制。

正确性的标准

仅当一个法律裁决是一个公正的程序之结果时，它才有可能是正确的。

第3章 关于法律推理的哲学

方法

　　一个正确的裁决是通过"进行"一场公正的"博弈"而构造起来的。证明责任之规则被用于在博弈者之间划分有限的资源，在法庭诉讼的情形下，博弈者包括法官以及当事双方。以上诉为例，通过审查该博弈的协定书或记录来确定没有违背任何程序性的规则，一个裁决的正确性得到检验。

在这种抽象层次上，我发现自己完全同意阿列克西提出的一般性论题。仅当我们试图将该理论应用于具体类型的法律诉讼程序时，其局限性才会出现。阿列克西的工作从广泛的法律案例中获益良多，这表明了他提出的各种话语规则何以能够在裁决某个法律案件的背景下得到实际地运用。

正如我在本节关于阿列克西理论的介绍中所提到的那样，他邀请人们对他提出的那个特殊的话语规范集给出批评意见。不过，这些规则的可接受性对于他的论题来说并不构成关键性的影响。幸亏如此，因为它们确实面临着几个问题：

1. 它们还不足够清晰。在这种抽象层次上，它们与某个法律论域中的实体法一样难以解释和应用。直接将这些规则用于支配一个法律诉讼程序将会导致，经常需要关于它们的准确意义进行毫无必要的话语理论的论证。
2. 它们太过普遍化。阿列克西并没有区分不同类型的法律诉讼。适用于比如诉答（pleading）、法庭调查（discovery）、审判和上诉的程序规则是不一样的。法律博弈的类型并不止一种。
3. 它们未能认真对待资源的局限性问题。尽管阿列克西触及到了资源的局限性问题，但他提出的话语规范并没有反映出它们全部重要性。比如下面这样两个规则就需要受到限定，以便确保在资源耗尽之前能够获得裁决 [4, pp. 298-302]:

诉答博弈
——程序性公正的人工智能模型

- "每个人都可以在对话中引入任意的断言。"
- "任何说话者在任意时间都能够转换到语言–分析性的对话中。"

4. 它们未能区分不同博弈者的角色功能。话语规则是否适用于博弈者应该取决于他或她在诉讼过程中的角色功能，比如取决于他或她是法官、代理律师、原告方、被告方，还是陪审团的一个成员。

5. 最后，就我们的研究目的而言也是最重要的一点是，我们并不清楚这些话语规范是如何对司法自由裁量权做出限制的。这一点与前面的观点是相关的。当规则适用于所有说话者而不考虑他们的角色功能时，就不可能在相对于立法机构而言的法官的权力和比如当事双方的权力、法哲学家或新闻界的权力之间进行权衡。

尽管存在这些问题，阿列克西的理论成就依然是主要的，其指出了克服哈特版的分析法学之局限性的途径。司法自由裁量权不应该由疑难案件与简单案件之间的那种站不住脚的分界线来进行限定，而应该由公正的法律程序规则来进行限定。尽管就像实体法一样，程序性规则的意义可能会以相同的方式和出于相同的原因而遭到质疑，但它们在数量上相对较少。另外，由于相同的程序性规则可应用于同一种特殊类型的每个诉讼程序，通过它们的反复应用可以获得足够的确定性。这是程度的问题，而不是本质的问题。实质性的争议还会再出现，但不会经常出现。

阿列克西是一个德国法理学家，人们可能想知道他的理论在何种程度上能够被研究普通法体系的法学家所接受。罗尔斯（Rawls）在他的《正义论》（*A Theory of Justice*）[99]中对于程序性公正问题的处理就是一个迹象。迈克尔·贝勒斯（Michael Bayles）在他最

第3章 关于法律推理的哲学

近出版的《程序性公正》(*Procedural Justice*) 一书中也谈论了这个问题 [13, p.5]，按照他的分析，罗尔斯在纯粹的、完备的和非完备的程序性公正这三者之间做了区分。纯粹的程序性公正是指，不存在其他独立的标准来确定程序之结果是否是公正的。程序本身定义了其结果的公正性。贝勒斯举了一个依靠运气的公平博弈的例子。假设有一个普通的骰子，那么在依靠运气的博弈中通过掷这个骰子来做出选择肯定是公正的。在完备和非完备公正的情形中，存在某种独立于程序性规则的公正性检验标准。如果一个程序是完备的，则由该程序性规则所得到的结果就总是与这个独立的检验标准所确定的结果相同。如果一个程序不完备，则按照这个独立的检验标准，其结果可能是不公正的。贝勒斯给出的例子是将蛋糕切成几个等分。如果切蛋糕的人最后选一块，那么每个人大概都能得到同等大小的一块蛋糕。贝勒斯认为这个程序是完备性公正的一个范例，但我认为最好将它划归为非完备性公正的一个范例：尽管切蛋糕的人尽了最大努力，但事实上他还是可能会切得不够好。

用公平的程序性规则来裁决法律案件，能够实现何种公正性？尽管阿列克西并非不熟悉罗尔斯关于这个主题的工作 [4, p.99]，但很明显他没有讨论罗尔斯的理论与法律推理理论的相关性问题，他只是提醒我们注意，罗尔斯的著作关注的重点是国家的基本结构，而对法律案件的裁决关注得并不多。不管怎样，借助罗尔斯的框架来评价阿列克西的理论应该是件有意思的事情。

乍一看，阿列克西的理论似乎一种纯粹的程序性公正理论，因为他花了很大的力气去证明：一般而言不存在独立的客观标准来评估法律论证的正确性。这种分析似乎过于简单。他的理论意在涵盖最一般的情形。某些法律争议的裁决还是可能会存在客观标准的。按照罗尔斯的意思，被用于裁决这类争议的程序可能是完备的、也可能是非完备的。更重要的是，即便不存在独立的客观标准，阿列克西根据哈贝马斯的观点，小心翼翼地解释说，遵循程序性规范仅仅支持了关于公正性的假设。设计一个公平的程序是为了提高获得公正裁决的可能性，但并不能保证裁决一定是公正的。后来出现的信息（例如证人在审判期间撒谎了）可以将这个假设反驳掉。因此，阿列克西的理论揭示了罗尔斯的公正性分类系统的一个弱点。即使不存在正确性的客观检验标准，程序也可以是非完备的。这种洞见并不是拒绝罗尔斯的框架的理由，而是改善该框架的动因。在这种抽象层次上，阿列克西和罗尔斯的理论主要是互补的。

3.4 话语博弈的维度

在下一章中，我将提出几个形式化的论辩模型并且对其做出评估。如果进度理想的话，由这一章关于法哲学的讨论就可能会推导出建构法律论辩之形式化模式的一套要求。但这一章的一个重要经验教训就是存在不同种类的法律诉讼程序，每个程序都有它自己的话语规范，因此这个目标就太过抽象了。与此相反，更有前途的方法大概是要确认一个特殊类型的法律诉讼程序并且试图抽象地明确该程序的要求。这个程序与解决我们所选的法律论域（即第九条）中冲突之优先性的问题相关。现在做出这样的尝试似乎为时过早，因为我们对可用于建立话语博弈之模型的方法还知之甚少。选择哪种类型的诉讼程序来为之建立模型应该取决于之前讨论过的那些论辩的形式化模型开放了多少可能性。在形式化技术水平可处理的范围之内选择一个诉讼程序来建立模型可能更好一些。

所以，我们反而应该试图去追求更为适度的确认话语博弈之要素或维度的目标，其中有些维度在本章中已经讨论过了。这些维度的目的是要定义可能的话语博弈的空间，而且对于分类和评估接下来讨论的论辩的形式化模型也有帮助。

目的

博弈的目的是什么？例如，其目的是在于确认争论的焦点、寻找事实、搜集证据、裁决主张，还是在于复查关于上诉的论证？

资料的类型

在言语行为中使用了什么类型的资料？这些资料局限于形式化语言的表达式吗？或者它们还允许是自然语言的语句，抑或甚至允许是像图片、图表、影像或者录音这样的多媒体的对象？如果这看起来有点不着边际，那么请考虑证物的类型，在法庭调查或审判的模型中必须要把证物的类型交代清楚。

动态

资料库在博弈开始的时候是确定的吗？或者博弈者在博弈的过程中能够引入新的资料吗？例如，博弈者在博弈的过程中能够引入新的术语、规则或证据吗？

言语行为

何种言语行为可借助博弈的步骤来建立其模型？一些可能的言语行为包括主张、证明、质问、挑战、反对以及各种类型的论证。

承诺

一个博弈者之前采取的步骤对他后来采取的步骤有约束性吗？例如，博弈者要对他们的主张做出承诺吗？如果要的话，他们也要对这些主张的后果做出承诺吗？

资源的局限性

博弈的步骤受资源的限制吗？如果是，它们受何种资源的限

制?一些可能的资源包括时间、推理步骤的数量或证明的长度、在某个搜索空间中得到扩展的节点的数量或者引证的成文法或案例的数量。这些资源是如何在博弈者之间进行划分的?这些局限性能够确保博弈终结吗?

博弈者

有多少个博弈者?如果不只有一个博弈者,他们是否有不同的角色功能,比如原告方、被告方或法官?在博弈中,博弈者的权利和义务是否依赖于他或她的角色功能?

商谈的主题

在博弈过程中,商谈的主题是什么?该系统是否支持关于实质性主张之真实性的商谈,或者它是否仅仅局限于分析性的真理(即重言式)?其他可能的主题包括规则的有效性、规则之间的优先性关系或者博弈本身的话语规范。

第 4 章 论辩的形式化模型

由于这是一本人工智能的著作,我们的目标是建立某个法律程序的计算性模型。阿列克西的法律论辩理论提供的话语规范陈述得相当抽象,我们还不是很清楚它们如何以及是否能够在计算机程序中建立模型。前一章关于法哲学的一个讨论结果就是得到了对话语博弈进行分类的一些维度。在这一章中,我们将描述几个已经存在的论辩之形式化模型并且根据这些维度对它们进行分类。我们的目标并不在于评估这些模型是否适合于建立法律论辩的模型,而是在于收集一些观念和技术,它们可以得到适当的修改进而适用于一个明确为这种目的而设计的话语博弈。

在本章中,我们将考察四个形式化系统:

1. 洛伦岑的对话逻辑(Dialogue Logic),瓦尔特·费尔舍(Walter Felscher)在 [33] 中对此做过描述;
2. 普洛克(Pollock)的奥斯卡尔系统(OSCAR)[91];
3. 西马里(Simari)与路易(Loui)对可废止推理的研究 [116];
4. 盖夫勒(Geffner)和珀尔(Pearl)的条件推衍(conditional entailment)逻辑 [41]。

洛伦岑与普洛克是哲学家和逻辑学家。其他几个人都是人工智能科学家。就论辩的规范性模型而言,这种选择相当具有代表性。

据我所知,在人工智能领域里关于这个主题的研究非常少。在本章的结尾处将会简略地讨论其中一些研究以及关于论辩的认知模型和基于超文本问题的(hypertext issue-based)信息系统的研究。

4.1 洛伦岑的对话逻辑

在20世纪50年代后期,洛伦岑提议说,即他称之为对话(dialogues)的论证可以为直觉主义逻辑提供哲学基础。也就是说,论证对直觉主义逻辑所起的作用就像塔斯基语义学的模型对经典逻辑所起的作用一样。尽管直觉主义逻辑的其他基础已经被开发出来了,比如贝斯与克里普克的"语义解释"[124, p.229],但是对话以及其他"算法的"或"证明论的"方法更能确切地反映出直觉主义的精神,就像20世纪初布劳威尔一开始所理解的那样。在布劳威尔看来,数学是一种心灵活动;带有特殊性质的数学对象对于某个人而言是存在的,仅当这个人能在心灵中构造出该对象。只有在试图说服别人相信这样的数学构造存在时,语言和逻辑才发挥作用。数学话语的目标在于帮助其他有兴趣的数学家在心灵中重构相同类型的对象。

我们应该在这种认识论的逻辑方法与在经典逻辑的塔斯基式的模型论语义学中所采用的本体论方法之间做一番比较。在模型论语义学中,语句的真实性之定义是相对于一种解释而给出的,即相对于语言中的符号与某个外在的论域或世界中的对象之间的映射关系。语句是有效的,即永真的,仅当它们在每种解释下都是真的。换言之,一个命题的有效性并不取决于该命题的直觉主义的心灵构造或证明之存在,而仅仅取决于该命题的所有可能的解释之性质。

然而,这里并不适于详细地讨论形式主义者与直觉主义者之间

第4章 论辩的形式化模型

的辩论。我只是想指出直觉主义不仅仅具有历史意义。无论在计算机科学领域还是在人工智能与法领域，对于直觉主义逻辑的兴趣一直持续着。在计算机科学领域中，一些理论家论证说人们更喜欢选择直觉主义逻辑作为逻辑编程的基础［74；39；80；81］。麦卡蒂也推荐说直觉主义逻辑的编程程序对于构造"法律话语的语言"的核心部分而言是个好的选择［82］。与我在这里的研究目的更为直接相关的是，我们可以在布劳威尔当初支持直觉主义逻辑的论证与阿列克西关于公正性的话语理论之间做一个有趣的类比。按照布劳威尔的观点，正如一个数学命题的"真实性"取决于使得该命题成立的证实或证明一样，在阿列克西看来，一个法律裁决的公正性依赖于用以获得该裁决的程序。这两者都是关于有效性的程序性理论。实际上，就像前一章所讨论的那样，阿列克西受到了洛伦岑的实践商议（practical deliberation）理论学派的影响，而后者则试图运用直觉主义的哲学来处理伦理学的问题。

这里，我们不需要过于关注洛伦岑和他的追随者在他们的努力之下是否成功地使用了对话作为直觉主义逻辑的基础。我写这一章最初是受到瓦尔特·费尔舍在［33］中对这个主题之处理的影响，他声称自己是已经完全实现了这个目标的第一人。但我们在这里感兴趣的是为法律论辩建立模型，而不是为直觉主义逻辑寻找恰当的基础。无论直觉主义逻辑有什么样的优点，它与经典逻辑一样关于实践性的或"实质性的"推理没说多少东西（这里借用了图尔敏的术语）。我们这里的目标并不宏大，就是要使用洛伦岑的对话模型作为我们为法律论辩寻找恰当的数学模型的起点。

对话逻辑是一种具有完全信息的两人博弈。当一个博弈者即支持者（proponent）断定一个非原子的一阶公式时，博弈就开始了。另一个博弈者即反对者（opponent）通过使用一套论证形式（argumentforms）挑战或攻击（attacks）该断言。何种形式是可适用的，取决于受到挑战的命题的主联结词，后面我们将会对其细节做简单的解释。然后，支持者可以通过对反对者的攻击进行答辩（answering）来做出回应（respond），或者如果该攻击包含了一个新的断言的话，则可以通过攻击该新的断言来做出回应。博弈者轮流进行攻击和答辩，直到根据规则没有下一步可走为止。走最后一步的博弈者在博弈中获胜。

一个步骤（move）就是一个三元组 $<e, n, k>$，其中 e 是表达式（后面会给出定义），n 是自然数或者 $\perp$，而 k 是 A、D 或 $\perp$ 中的一个。在后面，我们将会简单地讨论一下 n 和 k 的作用。一个表达式或者是①一个封闭的一阶公式，或者是② $\vee$、$\wedge_1$、$\wedge_2$ 或 $\exists$ 这些特殊符号中的一个，它们并不能与类似的联结词相混淆，或者是③该语言的一个基础词项。

在博弈中，一个位置上允许走哪一步是由论证的形式和一些辅助性的规则来决定的。论证形式都罗列在表 4.1 中。每个联结词和量词都有一个形式。断言（assertions）和答辩都是公式；攻击是表达式；w_i 是合式公式；而 $[x/t]$ 是指用词项 t 替换变元 x。

表 4.1 对话逻辑的步骤

$\wedge$	断言	$w_1 \wedge w_2$
	攻击	$\wedge_i$
	答辩	w_i
$\vee$	断言	$w_1 \vee w_2$
	攻击	$\vee$
	答辩	w_i
$\rightarrow$	断言	$w_1 \rightarrow w_2$

第4章 论辩的形式化模型

续表

	攻击	w_1
	答辩	w_2
$\neg$	断言	$\neg w$
	攻击	w
	答辩	非也（none）
$\forall$	断言	$\forall x.\, w$
	攻击	某个词项 t
	答辩	$w\,[x/t]$
$\exists$	断言	$\exists x.\, w$
	攻击	$\exists$
	答辩	$w\,[x/t]$，t 为某个词项

这些形式类似于推导规则模式。例如，使用第一种形式，在给定断言 $p \wedge q$ 的情形下，有两个攻击是可能的，即其中任意一个合取支命题 $\wedge_1(p)$ 或 $\wedge_2(q)$。

博弈盘（playing board）上的状态功能是由对话来承担的，对话都是由一些步骤构成的序列。也就是说，当走了一步之后，博弈盘上的状态就是一个对话，它是通过将这一步附加到前一个状态的对话上去而得到的结果。需要注意的是，这些对话从某种程度上讲都是一种独特形式的博弈状态，因为它们还是该博弈在这一步之前的整个历史的一个记录。

现在我们来解释 n 和 k 在步骤 $<e, n, k>$ 中的作用。一个对话中的步骤从 1 开始相继都用自然数编了号。如果一步是对另外一步的攻击或者答辩，那么 n 就是被回应的这一步的索引编号。k 表示所走的这一步的种类。A 表示攻击，D 表示为了"辩护"所做的答辩。（由于开放式的步骤既不是一个攻击也不是一个答辩，它的 n

和 k 是用 ⊥ 来进行标识的。）

还有四个辅助性的规则，它们限定了那些论证形式的可适用性：

1. 支持者可以断定一个原子公式，仅当该公式之前已经由反对者所断定。
2. 如果有几个攻击仍然是开放式的，即还有待得到答辩，那么在这些攻击之中只有最迟做出的那个可以得到答辩。
3. 一个攻击至多可以得到一次答辩。
4. 反对者至多可以对一个断言做出一次攻击。

辅助性规则就是这些。再没有别的博弈规则了。尽管对博弈的解释有点精炼，但实际上它也并不复杂。这里有个例子，可用于说明一个博弈的最后状态的对话，在这个博弈中支持者赢了，他成功地为下面这个断言提供了辩护，即

$$(a \wedge b) \rightarrow (a \wedge b)。$$

支持者走了奇数步；反对者走了偶数步。（为了能区分得清楚，各个步骤分别标以 P 和 O 作为记号。）假定 a 和 b 都是原子公式。该博弈描述如下：

1. P：< $(a \wedge b) \rightarrow (a \wedge b)$, ⊥, ⊥ >
2. O：< $a \wedge b$, 1, A >
3. P：< $\wedge_1$, 2, A >
4. O：< a, 3, D >
5. P：< $\wedge_2$, 2, A >
6. O：< b, 5, D >
7. P：< $a \wedge b$, 2, D >
8. O：< $\wedge_1$, 7, A >

第 4 章 论辩的形式化模型

9. P：$<a, 8, D>$

需要我们注意的是，支持者被允许分别在第 3 步和第 5 步中对反对者在第 2 步中所断定的公式（$a \land b$）的两个合取支公式做出攻击。但是，当反对者对支持者在第 7 步中的断言做出攻击时，他需要在第一个和第二个合取支公式中进行选择。这是因为上面列举的第四个辅助性规则，它只允许反对者对一个断言做一次攻击。此外，支持者被允许在最后一步中断定原子公式 a，这仅仅是因为反对者已经在第 4 步中断定了它。由于支持者并没有做出开放式的攻击，反对者就无法再走下一步。（支持者在第 3 步做出的攻击在第 4 步中得到答辩；他在第 5 步做出的另外一次攻击在第 6 步中得到答辩。）支持者走了最后一步，所以他在该博弈中获胜。

或许与我们所期望的相反，支持者赢得这场博弈这个事实并不意味着（$a \land b$）$\rightarrow$（$a \land b$）这个开局公式在直觉主义逻辑中是有效的，尽管在这个例子中，它碰巧是有效的。即使一个公式是无效的，支持者也完全有可能在博弈中获胜。这里有一个例子：

1. P：$<((a \rightarrow b) \rightarrow a) \rightarrow a, \bot, \bot>$
2. O：$<(a \rightarrow b) \rightarrow a, 1, A>$
3. P：$<a \rightarrow b, 2, A>$
4. O：$<a, 3, D>$
5. P：$<a, 2, D>$

反对者输掉了这场博弈，因为第 4 步在策略上很不高明。他应该走 $<a, 3, A>$ 这一步。尽管在这两种情形下，反对者断定了相同的公式 a，但是将它作为一种攻击要比将它作为一种答辩要更好一些。别忘了辅助性规则 2 只允许对最迟一步做出的攻击进行反驳。根据"$\rightarrow$"这个联结词的论证形式，对于走得更好的这一步，即在对第 3 步中的 $a \to b$ 做出攻击，能够给出的答辩仅仅是断定 b，因为反对者之前还没有断定它。在该博弈中，支持者可以通过断定 a，来对反对者在第 2 步中进行的最后一个开放式的攻击做出答辩，因为为了对支持者在第 3 步中的攻击做出答辩，反对者已经在前一步断定了 a。

因此，很明显对话逻辑本身并不是直觉主义逻辑的一个演算。由于这一点，我们需要策略（strategy）概念。对任意开放式的步骤而言，通过递归地将所有可允许的步骤应用到一棵树的每个节点上，就可以生成一棵博弈树（game tree）。一个让支持者获胜的策略就是具有以下性质的这样一棵博弈树的一个有穷子树（subtree）：

1. 这棵树的每个分支都在支持者赢得对话的叶节点（leaf）上终止。
2. 在反对者所走的步骤的每个节点上，都只存在一个后继节点让支持者走下一步。
3. 在支持者所走的步骤的每个节点上，都存在一个后继节点让反对者可以走该博弈规则允许走的所有步骤。

支持者的制胜策略而非对话的制胜策略与下列这种涵义上的证明相对应：对于一个断言 p 的支持者而言，存在一个制胜策略，当且仅当 p 在直觉主义逻辑中是可证明的。这就是费尔舍的原则性定理。

因此，基于对话的直觉主义逻辑的一个演算（calculus）可以由一个形成制胜策略的公理与推导规则的集合构成。使用该演算证明一个公式就会需要在制胜策略的空间中寻找该公式的一个策略。

由于与证明相对应的是策略而非对话，对话逻辑已经大大偏离了布劳威尔当初提出直觉主义逻辑的动机。布劳威尔坚持认为，对某个命题的证明中的每个推理步骤都要毫无疑问。不过，在对话逻

第 4 章　论辩的形式化模型

辑的博弈中，博弈者分担选择走最佳一步的责任，而这些博弈都可能会犯错。所走的步骤并不对应于有效的推理步骤。就像我们所看到的那样，一个博弈者可能会输，尽管他本来能够赢。也就是说，在博弈的最后一步，支持者可能成功地为一个命题做出了辩护，却无法构造出该命题的任何证明。

在有效性的这种策略解释与哈贝马斯使用的理想言语情境和佩雷尔曼的普遍听众概念之间存在着一种有趣的相似性。在每一种情形下，评定有效性或"真实性"都要试图确定关于争议点的一个理想话语会得到何种结果。在对话逻辑的情境中，这意味着假设了每个博弈者都可能会选择最好的一步走。

对上面那条定理的证明确立了制胜策略和直觉主义逻辑的证明之间的等价关系，但这一点单独而言并不能为直觉主义逻辑提供基础。人们可能会怀疑，这种博弈的规则恰恰会出于建立这种等价关系的目的而受到操纵或被调整。非常有趣的是，洛伦茨已经证明了对于这些规则的修改会导致一个博弈，其制胜策略将只会证明经典逻辑的有效公式 [33, p. 352]。要成为直觉主义逻辑的基础，博弈的规则需要得到独立的哲学证成。

费尔舍声称恰好能够提供这种外部的证成。如果我们在这里重复他的全部论证，可能会令我们误入歧途，但是举一两个例子来说明他所提出的某种证成，应该是很有用的。在论证形式中，针对 $\neg p$ 的攻击不存在任何答辩。如下是对于这一点的证成。要避免诉诸语义学的真或假概念，可证性概念可借助荒谬性或可反驳性概念（refutability）来得到丰富。通过引入表示荒谬性的命题常项"$\bot$"，这一点是可以做到的。比如 $\neg p$ 这样的否定公式被看作 $p \rightarrow \bot$ 这个蕴涵式的缩写。对这样一个蕴涵式的断定通常可通过断定 p 来进行攻击。根据 $\rightarrow$ 的论证形式，通常要对这种攻击做出答辩，就是要断定 $\bot$。然而，按照归谬法原则，任意在论证中做出荒谬陈述的人都一定愿意接受其对话伙伴所做的荒谬陈述，因此他一定愿意接受该伙伴所做的任意断言，包括支持者原来的断言。这相当于是承认输了这场博弈。为了处理这个问题，至少可能有两个话语规则。或者禁止断定⊥，或者在断定⊥之后直接让对手赢得博弈。在对话逻辑中，选的是第一个选项，因为禁止明显无意义的断言是很合理的事情。

另一个例子是对"禁止支持者断定一个原子语句，直到反对者已经对它做出断定为止"这条规则进行证成。要证成这个规则，必须清楚表述这种特殊对话的基本目的。费尔舍将该目的陈述如下[33, p.354]：

> 逻辑上可证明的断言应该是这样的，出于纯粹形式的理由，它们能够被一个策略所支持，该策略涵盖了［反对者］所选择的每一个对话。

这就是说，该对话的目的被人为地限制到分析性的问题上：支持者所断定的命题是否能够得到"支持（upheld）"，且这种支持与出现在它里面的原子命题的真或假无关。然后，费尔舍继续解释说，所有由反对者做出的断言都是假设性的，而所有由支持者做出的断言都是争论点。换言之，当反对者断定一个原子公式 p 时，他并不是在坚决主张它是真的，而仅仅是为了论证而假定它是真的。如果支持者后来同样通过断定 p 让反对者遭遇他自己的假设，那么反对者就无法再提出反驳。

在"话语规范可以为某种逻辑提供一个基础"这个主张中隐含了两条重要的经验。如果接受了这个主张，那么假设某些命题是按照这些规范提出来的，在关于它们的有效性出现实际的争辩之后，如果支持者在争辩中获胜，那么博弈的参与者就应该有义务把该命题当作是有效的，即使在争辩中获胜并没有证明该命题。还有，发

第 4 章　论辩的形式化模型

展对话逻辑大概还可以出于其他目的,比如为了对法律对话中产生的各种实质性主张提出辩护,但并非为了确立复合命题的形式有效性。对话逻辑提出的方法论是:首先要严格表述受到规则支配的一类对话的基本目的并且开发一些话语规范来促使这种目的的实现,然后可以尝试定义一个形式化的对话博弈,其中该博弈所允许的步骤都是直接借助这些规范而得到证成的。

关于对话逻辑,我们已经说了很多,这足以帮助我们按照上一章结尾处提到的那些维度来对它进行分类。博弈的目的是要检查直觉主义逻辑中的一阶公式的有效性。一阶公式是唯一一种资料。由支持者开局的一步可以确定一类公式。存在着两种类型的言语行为:攻击和辩护。某些步骤做出了承诺。该博弈确实面临着资源的局限性:至多允许一次攻击,以及每次攻击至多可以答辩一次。(因此,对话逻辑其实是把证明责任平分给了博弈者。)对话博弈只有两个博弈者,即支持者和反对者,而所允许的步骤则依赖于这些角色功能:仅当一个公式已经被反对者断定之后,支持者才可以断定它,以及反对者至多只可以对一个断言做一次攻击。最后,对话的主题被局限为判定一阶直觉主义逻辑语句的分析的真实性。

一般来说,对话逻辑对于建立法律推理的模型而言并不是很恰当,因为它既不支持关于实质性断言的商谈,也不支持关于规则有效性或优先性的商谈。

就我们的目的而言,对话逻辑中值得保留的东西主要是:

1. 可以借助一个形式化博弈来建立论辩的模型,而该博弈则是通过论证形式和辅助性规则进行定义的。
2. 有效性可以借助制胜策略的存在性得到解释。
3. 在按照已得到证成的话语规则之引导而做出的实际论证中,当支持者获胜时,博弈的参与者应该把该命题当作是有效的,即便其有效性并非已经得到证明。
4. 对话逻辑最早提出了"话语规范可以为一个逻辑提供基础"这样的主张。

4.2 普洛克的奥斯卡尔系统的可废止推理模型

在［91］中，哲学家约翰·普洛克很中肯地评价说，最早提出的关于可废止推理的哲学理论与非单调逻辑的第一个人工智能研究工作是"几乎同时"发展起来的。按照他的意思，这比约翰·道尔（John Doyle）1979年关于真值维护系统（Truth Maintenance System）的人工智能论文还要早十到二十年！普洛克在这篇论文中提出了可废止推理的一个理论与计算性模型，它被称为奥斯卡尔系统，这也是本节的标题。尽管如我们将要看到的那样，该理论有一些局限性，但它第一次尝试把可废止推理建立在论证的基础上。受到普洛克工作的影响，西马里与路易以及盖夫勒与珀尔最近分别提出了两个系统，我们将会在接下来的章节对它们做出讨论。

与对话逻辑一样，这三个方案的主要目的与我寻找法律论辩的恰当模型的目标都不是直接重合的。这些论文都并不关注争议的解决问题，而是关注在特定的简单化的假设条件下单个理性主体的信念集的规定问题。在这些系统中，对话或者论证出现在一个主体与他自身之间，相当于一种内省。很多用于支配多主体论证的话语规范（即使不是大多数），比如那些被设计出来用于公正地平衡证明责任的规范，似乎在自我对话中都没有了用武之地[1]。

---

[1] 尽管一个人可能会拥有相互竞争的兴趣和目标，但话语规范是否能被用于解决个人兴趣或目标上的冲突，这一点尚不清楚。

第 4 章 论辩的形式化模型

可是，想要证明这些可废止推理理论或模型对我们是有用的，也不是没有道理。单主体论证可被视为多个主体之间论证的简单化情形。此外，一种完备的规范性的论辩理论也很可能需要一种理性信念的理论；在划分证明责任的时候，当事双方可能会被要求坚持一种客观的"理性人（reasonable person）"的标准。他们可能会被期望去持有某种关于理性的理论所规定的信念。最后，就像我们在第三章中关于法哲学所详细讨论的那样，实质性的法律规则通常是被当作带有各种例外的普遍规则组织起来的。《统一商法典》的第九条中全是这样的例子，就像在第二章中所揭示的那样。所以，尽管这不是我们在这里关心的重点，不过看一看关于借助可废止规则的推理这些理论能够告诉我们一些什么，这也是件有意思的事情。[84]

在普洛克的模型中，信念是一阶谓词逻辑的公式。一个主体的初始的认知基础就是一个三元有序组 <F, D, R>，其中 F 是一个公式集，这些公式描述了该主体的基本状态，D 是一个可废止的推导规则集，而 R 则是一个不可废止的推导规则集。一个基本状态就是一个直接受到感觉支持的命题，或者一个由记忆唤起的命题。普洛克对这些命题的形式没有施加任何限制。F 中的命题都不必然被相信；它们并不是"事实"。相反，对它们的信念也还是可废止的，因为感觉可能是错误的并且人的记忆也可能会出错。一个看似红色的对象可能是由于受到红光照射才是这样的。至于人的记忆，普洛克论证说，寻找支持旧信念的论证之记忆会耗费大量时间。后来的信息可能会将这种支持旧信念的论证反驳掉；但是如果论证不能很容易地再现出来，那么人们将无法确定这是不是事实。普洛克的建议是统一地处理所有过去的信念；它们将继续被相信直到它们由于新的理由而被废止，这时不再需要考虑原来的理由。

诉答博弈
——程序性公正的人工智能模型

在普洛克的模型中，推导规则的形式并没有得到清晰的定义。他仅仅给了几个例子，而且还是用自然语言来描述的。首先，他假定存在足够多的不可废止的规则用以推导出任意谓词演算的定理。其次，存在可废止的规则用以相信 **F**（即基本状态集）中的命题。最后，他提到了概率与归纳推理的可废止规则。比如，被称为枚举归纳的推导规则能够可废止地支持关于一个全称量化命题的信念。如果所有已经被观察到满足谓词 p 的对象还被观察到它满足谓词 r，则人们可以可废止地推出 $\forall x(p(x) \rightarrow r(x))$。

为了构造奥斯卡尔系统的实现系统（implementation），推导规则都是用 $<X, p>$ 这样的有序对来建立模型的，其中 p 是一个"命题形式"，而 X 是这些形式的集合 [91, p.512]。在这里，我们对细节不感兴趣，但令人怀疑的是，这些模式是否足以表达普洛克在他的例子中所使用的某些推导规则（比如枚举归纳）的模型。如果论域是无穷的，用于表达 X 的模式语言就不能表达这种限制条件，即要求 X 中的一个常项适用于每个被观察到的对象。

一个具有最简单的线性形式的论证，就是被用到认知基础上的那些推导规则的一个序列。更清楚地讲，一个论证就是一个有序对 $<e, [l_1, ..., l_n]>$，其中 e 是一个认知基础且每个 l 都是一个论证路线（argument line）。一个论证路线本身也是一个有序三元组 $<p, r, N>$，其中 p 是命题，r 是推导规则，而 N 则是一个自然数集，它指示着之前的论证路线。我们说 p 是受该路线支持的。一个论证支持某个命题 p，当且仅当它包含了一条支持 p 的路线。

在某个认知基础 $<\mathbf{F}, \mathbf{D}, \mathbf{R}>$ 中的基本状态 $\mathbf{F}$ 的一个子集 P 中，仅当存在一个从 $<P, \mathbf{D}, \mathbf{R}>$ 出发的、支持 p 的论证，每个命题都是相信某个命题 p 的理由。如果 P 中的一个命题 q 是在该论证中所使用的、包含在 $\mathbf{D}$ 中的一个可废止推导规则之替换实例的前件，那么 q

第 4 章 论辩的形式化模型

就是相信 p 的初步理由。

如果对于 P 中的每个命题 q，都存在一个从 $<Q, \mathbf{D}, \mathbf{R}>$ 出发的论证支持 $\neg p$ 或者支持 $\neg(q_1 \wedge q_2, \ldots, q_n \rightarrow p)$ $\mathbf{F}$ 的另外一个子集 Q 就是 P 的一个击败者（defeater）（其中，P 是 p 的理由集）。如果使用了 Q 的论证支持 $\neg p$，则 Q 被称为 P 的一个反驳型击败者（rebutting defeater）。否则，它就是削弱型击败者（undercutting defeater）。论证 $<e, [l_1, \ldots, l_j, \ldots, l_n]>$ 的一条路线 j 击败了具有相同认知基础的论证 $<e, [l_1, \ldots, l_i, \ldots, l_n]>$ 的路线 i，仅当：

1. 路线 i 是 $<p, r, N>$，其中 r 是一个可废止推导规则的替换实例，
2. e 中的 p 的初步理由是 $\{q_1, \ldots, q_n\}$，
3. 被路线 j 支持的命题是 $\neg p$ 或 $\neg(q_1 \wedge \ldots \wedge q_n \rightarrow p)$。

普洛克并没有说如何确定一条论证路线的理由。也许基本状态存在着最小的子集，它们允许具有该路线的一个论证被构造出来。

有了这些定义，普洛克接着讨论了两种不同的推理关系，分别针对得到保证的信念（warranted belief）和得到证成的信念（justified belief）。得到保证的信念是理想的推理者在给定的某种认知基础上且在记忆或计算性方面没有限制的条件下会持有的那些信念。得到证成的信念是主体在考虑到这些实际的局限性的前提下有正当理由持有的那些信念。例如，根据普洛克的观点，如果发现信念的不一致性所需要的推理过于复杂，一个主体就可以有正当理由持有这些不一致的信念，但这样的信念将是没有得到保证的。

得到保证的信念则是借助最终不可击败的论证（ultimately undefeated arguments）这个术语来进行定义的。对这些论证的定义是迭代的。所有论证都是层级为 0 的论证，一个层级为 $n+1$ 的论证就是这样的一个论证，对它而言，不存在一个层级为 n 的论证带有一条论证路线可以击败它的某条路线。于是，一个最终不可击败的

论证就是这样一个论证，即存在某个层级 m 使得对任意 $n > m$，该论证都是一个层级为 n 的论证。为避免产生某种悖论，我们可以通过把层级 0 限定为那些并非自我击败的论证，从而对这个定义做出轻微的修正。具体细节参见 [91, pp. 494 – 496]。

尽管普洛克并没有借助计算机科学的术语来讨论保证关系的性质，但很明显的是，他觉得这种关系是不可判定的 [91, p. 504]：

> ……但是，我们不能期望真实的认知主体只相信得到保证的命题。保证是一个"总括性的"概念，可借助一个认知主体在单一时刻能够做出的所有可能的论证之集合来进行定义。没有谁能够实际地查探那种无限的全体并且通过使用"保证"的定义去判定要相信什么。该定义涉及无穷多的论证之间的比较……这大概并不能反映我们实际推理的方式。实际的推导规则必须专门只诉诸"具体的"考量——这是认知情境很容易具备的特征。

不幸的是，普洛克并没有对得到证成的信念作出清晰的数学定义，而是直接从一般性的哲学讨论转到他提出的计算机模型即奥斯卡尔系统上，该模型是作为一种运行系统而得以实现的。在这里，我只想总结一下他的主要观点。

为了令得到证成的信念是可判定的并且是容易处理的，需要对得到保证的信念关系做出四点修正：

1. 主体不再有责任相信每一个得到一种认知状态保证的命题。相反，认知状态的规则为重新解释为许可（permissions），即当这些规则可适用时，允许但不要求主体相信它们的后果。仅当一个主体对该规则的结果也感兴趣时，他才有责任应用一个推理。不幸的是，兴趣这个概念并没有得到进一步分析。此外，这种修正在奥斯卡尔系统的计算机模型中并未得以实现。

2. 有三种形成信念的规则，它们不应该与认知状态的推导规则相

第 4 章 论辩的形式化模型

混淆。它们分别是：①采纳规则，用于导入信念；②击败规则，用于挑战信念；③恢复规则，用于在击败之后重新获得信念。这就令人想到在对话逻辑中以论证形式出现的断定、攻击和答辩。这些规则的目的是要将论证之间可能存在的无穷多的比较仅仅还原为三个阶段，在完成这三个阶段之后，主体就没有责任再继续进行推理。

3. 信念被划分为旧信念和新接受的信念。为避免不切实际地记忆搜索，没有任何理由被记录下来以便支持旧信念。旧信念可以遭到新的相矛盾的信念驳斥，无论出于何种理由。这意味着必须在短期记忆和长期记忆之间做出区别。只要无需借助得到证成的信念之规则从当前的认知状态接受更多的新信念，新接受之信念的集合中的信念就可以移出来。

4. 支持新获得的信念之理由会被记录下来，但并非所有理由都如此。相反，只有新信念的直接基础才会被记录下来。虽然普洛克对这一点说得不是很清楚，但这些理由似乎是关于基本状态的命题，它们只有在支持该信念的论证的最后可废止的一步的前件中才得到使用。我不是很理解普洛克这里的理论根据。因为论证和基本状态都是有限的，既然不需要再做更进一步的复杂性分析，那就不存在任何理由假定说对支持新信念的整个理由集进行计算是不切实际的事情。

这就是我们对普洛克的系统的全部描述。还需要做的就是评价他的贡献，并确定他的系统在法律论辩的模型中如何能够对我们是有用的。首先，有件有趣的事情，那就是考虑普洛克是否熟悉图尔敏的《论证的使用》[123]，尽管他并没有引用过这本书。普洛克和图尔敏都对实践性的、实质性的推理感兴趣，并且他们都尝试解释人类是如何将演绎的、可废止的、归纳的和概率的推理组合在一起的。普洛克也以相似的方式使用了"保证"这个图尔敏的术语。此外,作为一种规范性的信念理论,普洛克的系统也面临着阿列克西对图尔敏工作的批评,即它是"经验-定义性的"。事实上,普洛克承认这一点并且论证说,如果认为规范性的认知规则是独立于心理学的,那就错了[91, p. 483]。与此相反的是,他竟然进一步声称,实际的人类推理是由这种类型的规则系统来支配的,以及人类推理有时候无法遵循这些规则,仅仅是因为"它们被嵌入到能够推翻它们的一个更大的系统中去了"。然而,普洛克自己并没有对他的规范集提供实质性的经验支持。他所做的是哲学工作,而非自然科学的工作。但至少在 [91] 中,他还没有为他提出的认知规范提供足够的哲学辩护。

与大多数关于非单调推理的人工智能研究不同,普洛克并没有尝试说明直觉上有效的可废止推理的范例。或许出于这个理由,它的模型也无法解释论证的相对强度。如果在普洛克的系统中两个论证是彼此击败的,那么主体关于其中任意一个论证所支持的命题之信念都无法得到保证。这是一种极端形式的"怀疑型的"可废止推理。其他可废止推理系统解决了其中的一些冲突,比如,依据它们的特殊性对论证进行排列。实际上,这在非单调推理的领域中是一个核心问题。普洛克的确认识到了这个问题,但是他并没有选择在他的奥斯卡尔系统模型中把这个问题处理掉 [91, p. 508]。

普洛克承认,一种规范性的推理理论必须考虑到计算性的局限性,包括记忆和时间上的局限性。强迫人们做不可能完成的事情是不公正的。这一点的一个结果是,当实践上无法演绎地推导出信念之间的不一致性时,人们甚至可以有正当的理由去持有不一致的信念。恰恰这个问题在非单调推理的领域中几乎没有引起重视。甚至研究文献中提出的差不多所有非单调推理关系都不是半可判定的

(semidecidable)。用普洛克的话说,它们都是关于得到保证之信念的理论,而非是关于得到证成之信念的理念。前者是关于一个理想的主体应该相信什么的理论,而后者则是关于人们应该相信什么的理论。从普洛克的研究能够获得的一个洞见就是,我们将会继续讨论法律论辩的话语模型。

为了对本节做个总结,我们尝试按照在上一章结尾处确认的话语维度来对普洛克的系统进行分类。这里,我们只关注普洛克的奥斯卡尔系统,该系统将他的得到证成之信念的概念付诸实现。这个系统的目的是要对一个主体的得到证成的信念集进行计算。资料是由关于基本状态的公式和推导规则构成的。尽管从这些资料推导出来的公式被划分为旧的信念和新的信念,以及这些集合之间可能存在某种变动,但我们并不清楚基本状态和推导规则在对得到证成的信念进行计算的时候是否可以发生改变。存在三种变动步骤(moves),即接受、击败和重新获得信念。因为新信念而被记录下来的理由在某种程度上让主体可以持有这些信念;在被其他理由打败之前,这些信念将会继续被持有。资源的局限性是设计该系统的初始动机:当寻找一个单个的击败者时,以及如果这样的击败者被找到的话,当寻找一个单个的重新获取信念的论证时,主体则可以停止推理。同样,只有新信念的直接基础才会被记录下来,并且支持旧信念的那些理由会被丢掉。有趣的是,这些资源的局限性并非被用于推导出那些对主体所允许的变动步骤进行限制的规范,而是被用于解除主体的义务,令其无需再继续进行推理。在普洛克的系统中,只存在一个博弈者;角色并没有得到区分。推理的唯一任务就是确定是否要相信某个公式。关于"推导规则"的有效性或者它们的相对重要性或优先性,不存在任何推理。

4.3 西马里与路易的系统

在一篇人工智能期刊的文章中[116]，西马里与路易基于普洛克的方法提出了一个可废止推理模型，不过他们借助特殊性（specificity）对相互竞争的论证进行了排序，从而扩展了普洛克的方法。所使用的特殊性这种特别的衡量标准可归功于大卫·普尔（David Poole）。然而，正如我们将会看到的那样，他们并没有分享普洛克的目标，即寻找一种规范性的得到证成之信念的理论。相反，就像大部分关于非单调推理的研究一样，他们的目的在于寻找一个优雅的形式系统，它能够以直觉上正确的方式来解决通常的基准问题（benchmark problems）。尽管他们确实描述了一种实现系统，但关于这个系统的计算性质，他们没有做出任何论断，所以该系统是否能够被视为是得到证成之信念的一个模型，这一点还不清楚。不管怎样，他们对于这个问题并没有做出明确表述。

与普洛克相似，西马里与路易的目标并不在于为论证或冲突的解决方案开发一种话语模型。由于他们的系统与我们这里的目的只不过是间接相关的，对某些原则性的定义和定理做一概述应该就够了。我们关注的重点是他们对论证、相反论证（counterargument）和反驳（rebuttal）这些概念的解释，当然还有他们对于相互竞争的论证的排序问题的解答。于是，还会产生这样的问题：论证的特殊性是否足以解决在我们选的这个法律论域（即《统一商法典》第九条）中发现的法律规则之间所有类型的冲突。

正如普洛克是从认知基础的观点出发的一样，西马里与路易也是从可废止的逻辑结构这个概念开始的。该结构是一个序对 $<K, \Delta>$，其中 K 是一个封闭的一阶逻辑的合式公式集，而 Δ 是一个可废止规则集，下面我们将会给出它们的定义。K 被西马里与路易称为"情境（context）"，可分为两个子集：①基本公式集，又被称为偶然事实集，其功能与普洛克的"基本状态"相似；②非基本公式集，又被称为必然事实集，其功能相当于普洛克的不可废止规则的集合。与普洛克的系统不同，在西马里与路易的系统中，K 被假定是一致的。大家别忘了，普洛克曾试图解释"感觉可以被误导"这样的事实。因此，基本状态与不可废止的规则不相一致，这种事情是可能发生的。这就是西马里与路易的研究较之普洛克而言不那么有雄心的地方之一。

一个可废止的规则就是一个非封闭的实质蕴涵 $\alpha \to \beta$，即它可以包含自由变元。实际上，一个可废止的规则就是一个公式模式。一个规则的实例化，就是通过使用该语言中的常项统一地替换该模式中的自由变元来得到它的实例[2]。

接下来，要定义可废止的后承关系，下面我们用 $\vdash$ 来表示。假设存在一个一阶经典逻辑的公理化系统，该系统只包含两个推导规则，即分离规则（modus ponens）和全称量化公式的实例化规则。令 G 为一个公式集且 p 为一个公式。$G \vdash p$，当且仅当存在一个公式序列 $[q_1,…,q_n,p]$，使得每个 q_i 都是：

1. 一个公理，或者
2. G 的一个元素，或者
3. 可使用该演算系统的这两个推导规则（即分离规则和实例化规则）由该序列中在前的公式推导出来的。

---

[2] 西马里和路易在可废止的规则中使用了其他符号而非→，但他们解释说，这些规则的实例被解释为实质蕴涵。还有，我们不是很清楚，西马里和路易是否允许 α 和 β 包含其他变元，比如约束变元，或者一个可废止的规则的实例是否必须是基本的公式。在他们给出的例子中，它们都是基本的原子公式。

诉答博弈
——程序性公正的人工智能模型

在这里，我们需要做一些评论。首先，尽管它名为可废止的后承关系并且使用了 ⊢ 这个符号，但这种可推导关系是单调的[3]。在西马里与路易的系统中，非单调的可推导关系是"得到证成"关系，后面将会给出这种关系的定义。其次，我不是很清楚为何要在这个定义中使用公式的序列。也许使用它们是因为它们与普洛克的"论证"很相似，这些论证同样是推导规则的应用序列。然而，与普洛克的系统不同，这里的序列没有服务与任何更进一步的目的。我们将会看到，论证在这里得到了不同的定义。最后，通过将推导规则限制为分离规则和实例化规则，西马里与路易试图禁止假言易位推理 [116, p.129]。但是，为了得到这种效果，还必须要对公理进行限制。例如，这里有一条公理：

$$(p \to q) \to (\neg q \to \neg p),$$

它支持只使用分离规则的假言易位推理。此外，任意公理化系统，如果不允许假言易位推理，都将是不完备的。这样得到的逻辑，它的语义学将是什么样的呢？

在普洛克的系统中，论证是推导规则的应用序列，无论这些规则是可废止的还是不可废止的。这里，一个论证就是一个只包含可废止规则之实例的集合，它可被定义如下。西马里与路易使用 $\Delta^\downarrow$ 来指示 Δ 中的可废止规则的所有实例的集合。令 $\mathbf{K}$ 为一个背景，就像前面所定义的那样，并且令 T 为 $\Delta^\downarrow$ 的某个子集。T 是一个对于某个命题 h 的一个论证，当且仅当它蕴涵（implies）h 并且它是一致的和极小的（minimal）：

1. $\mathbf{K} \cup T \vdash h$,

---

〔3〕 这里可能有点误会，因为有些作者（比如盖夫勒 [41]）确实使用 ⊢ 这个符号来表示非单调的可推导关系。

第 4 章 论辩的形式化模型

2. $K \cup T \not\vdash \bot$，其中 $\bot$ 指示不一致性，且

3. 不存在 T 的任何子集 S，使得 $K \cup S \vdash h$。

有趣的是，尽管西马里与路易并没有提到这一点，但论证在这里本质上就是关于 h 的溯因性的解释（abductive explanations），其中 $\Delta^{\downarrow}$ 是假设集。在下一章中，我们将会对溯因推理作更为详细的讨论。

由于可能会存在相互竞争的可废止规则，$K \cup \Delta^{\downarrow}$ 可以是不一致的。因此，对任意命题 h 而言，在 $\Delta^{\downarrow}$ 中都可能会存在同时支持 h 和 $\neg h$ 的论证。在普洛克的系统中，主体在这种情况下将不会得到保证地相信其中任意一个命题。在西马里与路易的系统中，如果存在一个论证，它支持 h 且比支持 $\neg h$ 的论证更好，则主体可以相信 h。但是什么时候一个论证比另外一个更好？西马里与路易采用了普尔的特殊性标准 [92]；更特殊的论证就是更好的论证。直觉上，一个论证比另外一个更特殊，如果它依赖于更特殊的证据或信息的话。在哲学上，为了对这一点进行证成，可以假定知识是作为普遍规则和例外而被组织起来的，其中只要存在的信息不足以令一个例外可适用，那么在通常情况下，普遍规则就是可适用的。在法律中，给予较特殊的规则以优先性的原则是无可争议的。不过，有必要追问的是，这个原则独自是否足以对相互竞争的法律论证进行排序。这个问题将会在下一章中得到细致的阐述。

普尔的特别性标准可作如下定义。一个论证结构就是一个有序对 $<T, h>$，其中 T 是对于 h 的一个论证，与前面所定义的一样。需要记住的是，背景 K 被划分为两个部分：必要事实集 K_n 和偶然事实集 K_c。偶然事实都是基础公式；它们对应于证据。一个论证结构 $<T_1, h_1>$ 比另外一个论证结构 $<T_2, h_2>$ 严格更特殊，仅当 T_1 成为对于 h_1 的论证比 T_2 成为对于 h_2 的论证需要更多的证据，即

当且仅当：

1. 对每个基础公式 e 而言，如果 $\mathbf{K}_n \cup \{e\} \cup T_1 \vdash h_1$，且 $\mathbf{K}_n \cup \{e\} \nvdash h_1$，则 $\mathbf{K}_n \cup \{e\} \cup T_2 \vdash h_2$，以及

2. 存在一个基础公式 e，使得
   a. $\mathbf{K}_n \cup \{e\} \cup T_2 \vdash h_2$，但是
   b. $\mathbf{K}_n \cup \{e\} \cup T_1 \nvdash h_1$，且
   c. $\mathbf{K}_n \cup \{e\} \nvdash h_2$

最后这个条件保证了 T_2 不是"平凡的"空论证。此外，e 不需要是该背景的特殊偶然事实集 $\mathbf{K}_c$ 中的元素，注意到这一点很重要。因此，当应用这个定义去对论证进行排序时，人们可以自由选择任意的基础命题令其为 e。在直觉上，这很有道理；"鸟会飞"和"企鹅不会飞"的相对特殊性不应该取决于我们关于某种鸟已经知道的东西。

这里，我们从第九条世界这个背景中找一个例子来说明这种特殊性。根据 A9W §9-105（H），一个可移动的东西就是货物，但货币不是货物。这个例子可以借助这样两条可废止的规则来建立模型：

1. 可移动$(x) \to$ 货物(x)，
2. 货币$(x) \to \neg$ 货物(x)。

如果必然事实集 $\mathbf{K}_n$ 是 $\{\forall x\,(货币(x) \to 可移动(x))\}$，则

$$\{货币(s) \to \neg 货物(s)\}$$

这个论证要比

$$\{可移动(s) \to 货物(s)\}$$

这个论证更为特殊。因为：

1. 满足第一个论证之前件的基础公式只有：货币(s)。在给定

"所有货币都是可移动的"这个"必然事实"的前提下，该公式还推衍出了第二个论证之前件；

2. 可移动(s)是一个基础公式，在给定必然事实的前提下，它使用第二个论证而非第一个论证，推衍出了货物(s)。

我们现在转而讨论西马里与路易关于得到证成之信念的定义。有点令人迷惑的是，这种推导关系与普洛克的得到证成之信念的概念不可相提并论。相反，它相当于普洛克的"得到保证"之信念的概念：恰好这些命题才是理想的主体在记忆和时间不受限制的前提下所相信的东西。

关于得到证成之信念的定义使用了相反论证（counterargument）概念和击败型论证（defeating argument）概念。一个论证结构 $<T_1,h_1>$ 是对 $<T_2,h_2>$ 的一个相反论证，当且仅当存在一个论证结构 $<T,h>$，使得：

1. $T \subseteq T_2$，且
2. $\mathbf{K} \cup \{h_1, h\} \vdash \bot$。

例如，在 $\{a\}$ 这个背景下，$<\{a \to b\}, b>$ 是对 $<\{a \to \neg b, \neg b \to c\}, c>$ 的一个相反论证，因为 $<\{a \to \neg b\}, \neg b>$ 是一个子论证，它使得 $\{a, b, \neg b\}$ 不一致。

不管什么时候这些条件被满足，这两个论证在这个背景下都不可能一致地得到相信，即 $\mathbf{K} \cup T_1 \cup T_2 \vdash \bot$。[4] 然而，两个论证的不一致性并不足以使它们成为彼此的相反论证。反而该定义要求一个论证与另外一个论证的结论相矛盾。例如，在 $\{a\}$ 这个背景中，尽

---

[4] 这个论证很简单。根据关于论证的定义，$T \cup \mathbf{K} \vdash h$ 且 $T_1 \cup \mathbf{K} \vdash h_1$。由于 T_2 是 T 的一个超集，$T_2 \cup \mathbf{K} \vdash h$ 也成立，因为 $\vdash$ 这个关系具有单调性。因此，$\mathbf{K} \cup \{h_1, h\} \vdash \bot$ 蕴涵 $\mathbf{K} \cup T_1 \cup T_2 \vdash \bot$。

管 $\{a, a\to b, a\to \neg b, ...\}$ 显然是不一致的，但 $T_1 = <\{a\to b, b\to c\}, c>$ 并不是对 $T_2 = <\{a\to \neg b, \neg b\to c\}, c>$ 的相反论证，因为 T_1 与 c 并不矛盾。

两个相反论证是彼此竞争的。在西马里与路易的系统中，较特殊的论证反驳了另外一个论证。使用普洛克的反驳概念，在背景 **K** 之中，一个论证 $<T_1, h_1>$ 被称为击败了另外一个论证 $<T_2, h_2>$，当且仅当：

1. $<T_1, h_1>$ 在 $<T, h>$ 中与 $<T_2, h_2>$ 相反；并且
2. $<T_1, h_1>$ 比 $<T, h>$ 更为特殊。

与特殊性不同，相反论证（以及因此击败者）确实依赖于特殊背景中的偶然事实。在收集到关于特殊案件的信息之前，仅仅使用一般性的论域知识（即必然事实），这种击败关系是无法进行计算的。然而，一旦确立了一个论证击败另外一个论证，关于该案件的进一步信息就无法再影响到这个结论。只要看一下关于相反论证的定义，很容易就能看出来，**K** $\cup \{h_1, h\} \vdash \bot$ 根据一阶推导关系的单调性在任意背景 **K'** 中都能得到满足，其中 **K'** $\supset$ **K**。

就像在普洛克的系统中一样，一个被击败的论证可以借助另外一个更特殊的论证来恢复，而这个论证可以击败前一个击败者。要让这样的一个恢复性论证起作用，则需要更进一步的特殊案件的事实。

一个论证 $<T, h>$ 为背景 **K** 中的对于 h 的信念提供了证成，当且仅当再次与普洛克的系统一样，它不能被任意相反论证最终击败且这些相反论证仅仅使用 **K** 中可用的信息就能做出。西马里与路易对证成概念做出了归纳定义，他的定义方式与前面普洛克使用论证层级对得到保证之信念的定义非常相似。我们在这里不需要对详

第 4 章　论辩的形式化模型

细的定义感兴趣。

给定一个可废止的逻辑结构 $<K, \Delta>$，对于命题 h 的信念是得到证成的，仅当存在一个论证结构 $<T, h>$，它为 $<K, \Delta>$ 中的 h 提供辩护。"得到证成"这种关系恰恰是西马里与路易系统中的非单调的推导关系。它是非单调的，因为新增加的证据可能会激活一些论证，如果没有这个信息，这些论证最终就不会被击败。

西马里与路易关于他们的系统所证明的主要定理断定了，在给定一个仅包含有穷多论证的可废止的逻辑结构之前提下，存在一个唯一的得到证成之信念的集合 [116, p. 142]。

然而，我们在这里对于这个定理的证明并不是很感兴趣。它使用了论证树，这让人想起了对话逻辑。给定一个论证结构 $<T, h>$，可以构造出一棵树，其节点都是相反论证和击败者。西马里与路易对于这棵树的描述如下 [116, p. 142]：

> 直到我们获得一棵"树"，这个结构才能被付诸施行，其中这棵树的节点是借助"相反论证"这种关系联结起来的，借助这种关系树根与树干相联结，或者借助其余的层级之间的"击败"关系。这棵树包含了需要被考虑的论证的所有对话结构。

西马里与路易接着解释说，对于 h 的信念是得到证成的，如果在这棵树中从树根到树叶的每个路径的长度都是奇数。[5]

借助博弈论的术语很容易对这段话进行改述。假设存在两个博弈者，即背景 K 中的 $<T, h>$ 的支持者和反对者。在支持者做出开局一步之后，反对者可以断定 $<T, h>$ 的任意相反论证。然后，只允许提出击败型的相反论证。博弈者轮流断定相反论证，直到没有

---

[5] 通过对所允许的步法做出进一步的限制，从而使得最特殊的相反论证成为可能，西马里和路易减少了这棵树的分枝因子。

诉答博弈
―― 程序性公正的人工智能模型

下一步可走。(在这个博弈中，K 中的偶然事实是固定的；博弈者不可以再提出新的证据。) 走最后一步的博弈者获得胜利。然而，与对话逻辑相似，由支持者赢得博弈并不能证明 h 是一个得到证成的信念。反对者可能选了很差的一步来走。在对话逻辑中，仅当反对者使得最佳步骤成为可能，即仅当存在支持者的制胜策略时，其断言才得到证明。在西马里与路易的系统中，情况也是一样的。如果存在一个策略来为支持该信念的论证进行证成的话，那么关于该信念的一个命题就是得到证成的，无论反对者所做的相反论证是什么。

西马里与路易描述了一个计算性程序，该程序用于检查一个命题是否是一个得到证成的信念。要降低这项任务的复杂程度，可废止的规则和必然事实都被限定为霍恩子句（Horn clauses），而偶然事实被限定为基本的原子语句。该程序首先生成了一个支持某命题的论证，然后对这个论证的博弈树进行全面搜索，以便尝试击败它。如果该论证依然未被击败，那么这个命题就是一个可被辩护的信念并且该程序就会终止运行。否则，下一个支持型论证就会产生且以相同的方式得到检验，直到找到一个最终不可击败的论证或者不再存在更多的支持型论证。

西马里与路易关于这个任务的计算性质并没有做出任何论断，但他们很显然关心的是效力问题。他们用其论文的一个小节来讨论"废弃型论证（discarding arguments）"的问题，以便缩减搜索空间的规模。此外，这篇论文中的引理 2.24 的目的在于表明如何降低确定"一个论证是否更特殊于另外一个"的复杂性 [116, p.134]。不幸的是，该论文的作者发现引理 2.24 的证明是错误的。该证明不可能得到纠正。这一点促使路易提出另外一种特殊性定义，该定义使得一条可相提并论的引理能够得到证明 [70]。

第 4 章　论辩的形式化模型

然而，特殊性之计算的复杂性并不是这项任务的复杂性的唯一根源。就像前面提到过的那样，这个系统中的一个论证等价于对得到支持的命题的一种溯因解释。众所周知，计算性的溯因解释是非常难以处理的任务[6]，即便用以表达可废止规则和论域知识（domain knowledge）的语言被限定为霍恩子句［112］。由于这个程序一定是首先生成一些论证，然后才能检测它们是否是击败型论证，故而溯因推理很明显是不可能被避免的一项子任务。因此，确定一个命题是否能够被得到证成地相信，这似乎依然是难以处理的问题，即使用以表达可废止规则和论域知识的语言以这种方式被限定为霍恩子句，以及无需考虑特殊性测试的复杂性。因此，无论西马里与路易的系统具有何种优点，只要它是作为一种不受记忆和时间限制的理想主体之信念的模型，它都不可能被看作是普洛克意义上的得到证成之信念的模型。

西马里与路易的系统的另外一个问题与它的语义学相关。他们既没有提供一种模型论的语义学，也没有提供一个基于论证的基础，就像对话逻辑被用以作为直觉主义逻辑的基础那样。如我们所见，他们确实描述了一种论辩性的（dialectical）博弈来计算得到证成之信念，但是为了用以作为其系统之基础，该博弈的步骤都必须要独立地得到证成。在这个时候，对它们的证成只不过是它们能够被用于计算得到证成之信念。西马里与路易并没有提供一种语义学，而是表明了，当该系统被用于处理关于非单调推理的文献中的一些基准问题（benchmark problems）时，它给出了直觉上正确的答案。也许，这可被看作是一种"基于案例的"语义学方法。

不过，无论这些局限性是否重要，西马里与路易的系统对我们

---

〔6〕　假定 $P \neq NP$。

来说都是非常有意思的，因为它告诉了我们如何为带有可废止规则的论辩建立模型，并将其模型建立为对话逻辑意义上的一种二人博弈。

就像我们针对到目前为止检查过的其他系统所做出的工作一样，我们需要根据话语博弈的那些维度来对西马里与路易的系统进行归类。该博弈的目的是要检测对于公式的信念在给定一个可废止的逻辑结构的前提下是否得到了证成。其资料都是一阶公式和可废止的规则。在博弈开始之前，资料集是借助可废止的逻辑结构来确定的。在博弈期间，不会再添加任何新的资料。博弈的步骤都是对于论证和相反论证的断定。对每个步骤并不受之前所走的步骤的限制，而仅仅受论辩树的结构的限制。没有任何资源上的限制，但只有一个论证集，其中的论证都能够由该可废止的逻辑结构产生。博弈者只有一个，因此无需区分证明的角色或责任。该系统确实支持实质性的论证，因为可废止的信念都不必然为真，但是它并不支持关于可废止的规则的有效性之讨论，而这些规则都是在该可废止的逻辑结构中所假设的。可废止的规则之间的优先性关系同样并没有什么可争议的，它们都是借助与博弈密切相关的特殊性关系得到确定的。

4.4 条件推衍

盖夫勒和珀尔发展了一种基于论证的可废止推理系统[41]，我们将会看到，这个系统与刚刚讨论过的西马里与路易的系统非常相似。主要的不同之处在于，盖夫勒与珀尔为他们的系统提供了一种模型论的语义学。这种语义学便于将该系统与其他几个非单调逻辑进行比较。盖夫勒与珀尔将这些逻辑划分为两个宽泛的类别，即外延性的系统，比如瑞特（Reiter）的缺省逻辑［100］和麦卡蒂的原版的限定逻辑（Circumscription）［75］和较新的条件句系统，比如戴尔格兰迪（Delgrande）的系统［28］、珀尔的系统［88］以及克劳斯（Kraus）、莱曼（Lehmann）和麦吉道尔（Magidor）的系统［62］[7]。每种类型的系统都有其优点，但没有一种类型能包含另外一种类型。外延性系统的一个优点是，新增的不相干的信息不会导致对于某个命题的信念变得得不到保证。另外，条件句系统可以根据这些相互竞争的论证的特殊性自动地对它们进行排序。这些关系在外延性的系统中必须得到明确地编码（encoded），而它们很难维护并且容易出错。盖夫勒与珀尔的主要成果是定义了一种新的非单调的推导关系，它被称为条件推衍（conditional entailment），该关系结合了这两种方法的优点。

按照盖夫勒与珀尔的做法，我们将探讨适用于条件推衍的模型论，然后转向他们的论辩系统，据他们所称，这种系统提供了一种完备的且正确的证明论。最后，我们将简要地讨论一下盖夫勒与珀尔关于这套理论的现实系统的概述，他们借用了德克里尔（de Kleer）的基于假设的真值维护系统［27］。

我们首先考虑经典的一阶谓词逻辑的模型论，因为条件推衍的模型论可被理解为是它的一个变体。经典逻辑是要刻画必然真理的概念：假定某个命题集中的命题是真的，它定义了其他哪些命题也必须是真的。这个概念是借助语言、解释和模型这些概念来精确化的。在谓词逻辑的背景下，一种语言就是一个合式公式集或一个语句集，这些公式或语句能够借助一个给定的特殊的常项、函数和谓

---

［7］ 尽管条件句系统在人工智能领域中是比较新颖的，但它们都能在亚当（Adam）早期关于条件句逻辑的研究工作中找到其根源［1］。

诉答博弈
——程序性公正的人工智能模型

词符号集而得到表达。一个解释就是将语句映射到真值集即 {真，假} 上的一个函数。接下来，一个语句集通常会被称为理论。最后，给定这样一个理论 T，T 的一个模型就是一个解释 I，在这种解释下 T 中的每个语句都是真的。也就是说，I 是 T 的一个模型，当且仅当对于 T 中的每个语句 p 而言，$I(p)$ = 真这一点成立。

逻辑必然性或逻辑后承的概念是用经典的推衍关系来刻画的，它的定义借助了"在所有模型中为真"的概念。换言之，一个公式 p 被 T 所推衍，写作 $T \vDash p$，当且仅当对所有解释 I 而言，如果 I 是 T 的模型则 $I(p)$ = 真。这意味着，如果一个理论 T 没有模型，即如果 T 是不一致的，那么每个公式都被 T 所推衍。

在人工智能领域中，发展非单调逻辑的最初动机源自这样的感觉，即对很多任务来说，比如就一种计划好的、带有关于世界的不完备信息的行动而言，经典逻辑太弱了；它不允许接受足够多的信念。人们要计划他们的事情，不仅需要基于那些与肯定或必然为真的东西相关的坚实知识，还需要基于比如那些与可能为真的东西有关的信息。他们使用"经验法则（rules of thumb）"来"草率地下了结论"，尽管这些结论仅仅是似真的（plausible）。如果拧动钥匙通常能发动汽车，那么如果没有出错的迹象，人们就能得到证成地相信当钥匙拧动时汽车将会发动。所有非单调逻辑都提供了某种方法来表达这种可废止的规则。不过，在被允许的似有道理的推理集中，它们会有所不同。

为了弄清楚在何种意义上经典逻辑弱于非单调逻辑，借助演绎闭包（closure）这个概念会有所帮助。给定某种推衍关系 $\vDash$ 和理论 T，T 的闭包 [写作 $C(\vDash, T)$] 就是所有使得 $T \vDash p$ 的语句 p 的集合。换句话说，该封闭就是被这种逻辑所推衍出来的所有语句的集合。只要对于每个理论 T 而言，$C(\vDash_1, T) \subset C(\vDash_2, T)$ 成立，则

第4章 论辩的形式化模型

⊩$_1$这种推衍关系就弱于⊩$_2$这种推衍关系。反过来说，如果⊩$_1$弱于⊩$_2$，那么⊩$_2$强于⊩$_1$。

设计一个强于经典推衍的"推衍关系"并非难事。例如，人们可以简单地定义该语言的每个语句，使之被任意理论 Γ 所推衍。不过，这样的推衍似乎明显太强了；如果似真性这个概念是有意义的，那就一定会存在某些非似真的语句。非单调逻辑的数量可观，很大程度上归咎于学界对似真性和非似真性之间的界限划在哪里有着相互冲突的直觉。

肖哈姆（Shoham）已经发展了一种模型论的框架来定义非单调逻辑，这种框架采用了关于似真性的另外一些某种程度上更容易比较的直觉 [115]。该框架是以一种关键性的观察为基础的。在一种理论的模型数量和该理论的闭包中的语句数量之间存在着反变关系：模型越少，闭包就会越大。当向理论中添加命题时，能够同时满足所有这些命题的模型就会越来越少。因此，为了加强一个逻辑，需要满足的充分条件就是借助其模型的某个"偏好"子集而非所有模型来定义推衍关系。肖哈姆通过观察说 [115, p.231]："非单调逻辑是将一个标准逻辑与模型上的一种偏好关系相组合的结果。"[8]

说得清楚一点，一个偏好性的模型结构（preferential model structure）就是一个有序对 <**I**, <>，其中 **I** 是一个解释集并且 < 就是这些解释上的一个严格偏序关系。直观上讲，$M < N$ 意味着解

---

[8] 在后面，我们将假定"标准逻辑"就是经典的一阶逻辑；但肖哈姆的框架要比这个更为普遍一些。例如，他是使用模态逻辑的克里普克模型上的偏序关系来定义非单调逻辑的。

诉答博弈
——程序性公正的人工智能模型

释 M 较之解释 N 更受偏好。[9] $\mathbf{I}$ 中的一个解释 M 是语句 p 的一个受偏好的模型（preferred model），当且仅当 M 是 p 的模型，并且在 $\mathbf{I}$ 中不存在一个解释 N 使得 $N < M$ 且 N 也是 p 的模型。最后，语句 p 被理论 T 偏好性地推衍（preferentially entailed），记作 $T \models <p$，当且仅当 p 在 $\mathbf{I}$ 中 T 的每个受偏好的模型中都是真的。

  为了使用肖哈姆的框架来创建一种特殊的非单调逻辑，需要定义模型上的一种严格偏序关系。在［115］中，肖哈姆说明了如何在这个框架下重建一些众所周知的非单调逻辑，包括限定逻辑［75］、摩尔的自认知逻辑［86］的一个翻版以及瑞特的缺省逻辑［100］。严格来讲，这些逻辑都不是他认为的特殊的非单调逻辑，因为它们都没有定义模型上的一种偏序关系。相反，它们可被看作是泛型逻辑（generic logics）或逻辑生成器（logic generators）；它们是将"知识库"映射到一个偏好性的模型结构上的函数。通常，模型上的偏序关系是从形式系统的非逻辑陈述推导出来的。例如，在限定逻辑中，要限定的谓词集必须是挑选出来的。在缺省逻辑中，优先性次序则隐含在缺省规则之中。

  最后，我们准备简略考察一下盖夫勒与珀尔为条件推衍提供的语义学，这种语义学使用了肖哈姆的框架。一如通常那样，模型上的偏序关系是从知识库推导出来的，因此我们首先必须描述他们用以表述可废止规则的方法。就像在普洛克和西马里与路易的系统中一样（这些系统我们在前面都讨论过），知识被划分为证据、严格规则与可废止规则。一个缺省理论就是一个序对 $<\mathbf{K}, \mathbf{E}>$，其中 $\mathbf{E}$ 是表述证据的基本公式的集合。$\mathbf{K}$ 本身是一个序对 $<\mathbf{L}, \mathbf{D}>$，其

---

  [9] 为了避免以后产生混淆，我们在这里使用的是盖夫勒和珀尔的记号。肖哈姆则偏好较大的模型。

中 L 是表述不可废止之知识的闭语句的集合，并且 D 是可废止规则的集合。盖夫勒与珀尔称可废止规则为缺省（defaults）。就像在西马里与路易的系统中那样，缺省都是形如 $p \Rightarrow q$ 的模式，其中 p 和 q 是任意包含模式变元的公式。[10] 通过用语言中的常项替换模式中的变元就能够产生缺省的实例。与在西马里与路易的系统中不同的是，缺省的实例并不是按照日常语句来进行解释的。下面将澄清它们的使用。

作为"方便之举"，盖夫勒与珀尔要求缺省以特殊的格式来表述。例如，"鸟一般都会飞"这个规则必须使用两个表达式来编写：鸟$(x) \Rightarrow \text{bf}(x)$ 这个缺省，以及 $\forall x$（鸟$(x) \wedge \text{bf}(x)) \rightarrow$ 会飞(x)）这个语句。直观上，这些意味着"如果某物是一只鸟则 bf 这个缺省适用于它"和"如果 bf 这个缺省适用于某只鸟则它会飞"。bf 这个谓词可被视为该缺省的名字。[11]

一个缺省理论的假设（assumptions）被表示为 Δ，它就是由这些缺省之名字的所有实例构成的集合。比如，如果 t 是一个常项，则 $\text{bf}(t) \in \Delta$。每个假设都是一个基本的原子语句。如果该缺省理论具有所建议的格式，它的假设就能够从 D 中的每个缺省的结论中抽取出来。

给定了一个具有上述格式的缺省理论 < K, E >，接下来的任务是要定义该理论中的语句的模型上的优先性次序。但是，我们还需要确定，一个缺省理论中的哪些语句可被视为符合这种目的之"理论"。作为初步尝试，我们令该理论为 L∪E，并且要定义模型

---

[10] 盖夫勒和珀尔使用"$\Rightarrow$"这个符号表示实质蕴涵，用"$\rightarrow$"表示缺省规则。在本章将使用相反的符号。

[11] 布鲁卡（Brewka）在 [24] 中使用了这种对缺省进行编码的方式。（还可参见 [24]。）这与麦卡蒂在限定逻辑 [76] 中使用"异常"谓词也很相似。

上的偏序关系以便将它们所包含的假设之数目最大化。由于需要借助上述格式来表述缺省，该理论将会具有把所应用的缺省之数目最大化带来的后果。如果缺省都被用于编写世界正常运转或应该如何运转的方式，这种偏好关系就可以被理解为它将异常情况的最小化了，就像它在限定逻辑中那样。

与限定逻辑、缺省逻辑和其他"传统的"非单调逻辑相似，这种偏好关系将将会导致被盖夫勒与珀尔称为对于缺省的外延性解释。这种解释会抓住某些但并非所有直觉，这些直觉都与何种推理应该是似真的有关。考虑"鸟会飞"这个标准范例，其中 **L** 就是：

1. 鸟$(x) \wedge d_1(x) \rightarrow$ 会飞(x)
2. 企鹅$(x) \wedge d_2(x) \rightarrow \neg$ 会飞(x)
3. 企鹅$(x) \rightarrow$ 鸟(x)
4. 红色的鸟$(x) \rightarrow$ 鸟(x)

谓词 d_1 和 d_2 就是前两个公式的名字，它们表达了"鸟会飞"和"企鹅不会飞"这两个缺省。令证据 $\mathbf{E} = \{$鸟$(t)\}$。然后，$\{d_1(t), d_2(t)\}$ 就是假设集。变元都是受到全称量词约束的。

这些语句都有模型，在这些模型中这两个假设都是真的；同时添加它们并不会导致矛盾。因此，如果受偏好的模型都是这样一些模型，就像前面所建议的那样，它们都是将假设的数目最大化了，那么被这个缺省理论偏好地推衍出来的结论就会是会飞(t)，而非 $\neg$ 会飞(t)。这就是人们可能期望的结果。

此外，将红色的鸟(t)添加到证据集中也不会改变这个结果。当盖夫勒与珀尔写道，关于缺省的外延性解释"把握住了非相干性的论证"时，这就是他们的意思。在这里，是红色的与会飞没有任何关系，因此新增的信息（即这只鸟是红色的）不应该导致之前得到的结论（即它会飞）不再被推衍出来。

第 4 章 论辩的形式化模型

如果我们现在添加企鹅(t)作为证据，会发生什么？与人们可能做出期望相反，现在无论会飞(t)还是¬会飞(t)都不会被偏好地推衍出来。其理由是，只有这两个假设中的一者才能够同时得到一致的相信。受偏好的模型有两类，即包含 $d_1(t)$ 的模型，在这类模型中这只鸟会飞；以及包含 $d_2(t)$ 的模型，在这类模型中这只鸟不会飞。这表明了外延性的非单调逻辑的弱点：它们并没有自动地使用特殊性信息，而这些信息是包含在该缺省理论中的，可以对于受偏好的模型做出进一步的限制。相反，为了在这里得到想要的结果，人们就必须要在该缺省理论中额外添加语句，比如

$$企鹅(x) \rightarrow \neg d_1(x)。$$

按照盖夫勒与珀尔的观点，可以通过采纳对于缺省的一种"条件性解释"作为替代来克服这种局限性，就像在戴尔格兰迪[28]和克劳斯、莱曼和麦吉道尔[62]的非单调逻辑中所做的那样。有一种方式可用于确保一个偏好性的模型结构属于这种类型，那就是证明它满足特定的"可接受性"条件[63]。更清楚地讲，一个偏好性的模型结构 <**I**, <> 相对于一个"背景"**K** = <**L**, **D**> 而言是可接受的，当且仅当：

1. 它是有良好基础的（well-founded）。一个偏好性的模型结构是具有良好基础的，只要对于每个非受偏好的模型 M 而言，都存在一个模型 N 使得 $N < M$；以及
2. **I** 中的每个解释都满足 **L**，以及
3. 对于 **D** 中的一个缺省的每个实例 $p \Rightarrow q$ 而言，都有：
   a) **I** 中存在 p 的一个模型；并且
   b) **I** 中的 p 的每个受偏好的模型也是 q 的一个模型。

一个缺省理论 <**K**, **E**> p-推衍出一个命题，当且仅当在每个

可接受的偏好性模型结构中的 $L\cup E$ 的每个受偏好的模型中，该命题都是真的。[12]

对于 p-推衍关系的这个定义乍看起来可能有点令人困惑，甚至有点含混不清，因为这个定义并没有借助某一个而是借助每一个可接受的模型结构。按照肖哈姆原先的想法，非单调逻辑是借助选择模型上的一个特殊的偏序关系而得以明确的。在他对几个流行的非单调逻辑的重构中，这种选择部分地依赖于缺省逻辑，而该逻辑和一个理论共同决定了模型上的一个单一的偏序关系。可是根据 p-推衍，这一点不再是真的。在这里，推衍不是借助模型上的某一个单一的偏序关系来定义的，而是借助每一个可接受的偏序关系来定义的。这种做法导致的一个后果是，p-推衍关系要强于这种缺省逻辑，而该逻辑的结果则是会明确模型上的某个单一可接受的偏序关系是否被选择了。

不难看出，前面提出的偏好性的模型结构并不是可接受的。其中一个缺省实例就是企鹅$(t)\Rightarrow d_2(t)$。然而，$L\cup\{$企鹅$(t)\}$ 存在一个受偏好的模型，它不是 $d_2(t)$ 的模型，即在该模型中，$d_1(t)$ 和会飞(t) 都是真的。人们可以选择 $d_1(t)$ 这个假设并且拒绝企鹅$(t)\Rightarrow d_2(t)$ 这个缺省，或者选择接受 $d_2(t)$ 这个假设并且拒绝鸟$(t)\Rightarrow d_1(t)$ 这个缺省。如果作第一种选择，就会违背第二个可接受性条件。接下来我们将会看到，盖夫勒与珀尔解决了这个问题，其方法是要求对假设进行排序，从而使得所做的选择总是能保持可接受性。在这种情形下，$d_2(t)$ 需要具备比 $d_1(t)$ 更高的优先性。

---

[12] 盖夫勒和珀尔所使用的"偏好性推衍"和"p-推衍"是同义词。然而，我在这节中用的"偏好性推衍"是在肖哈姆的意义上来使用的，对它的定义借助了任意的偏好性模型结构而非仅仅是可接受的结构。

尽管满足可接受性条件的非单调逻辑使用了特殊性来解决缺省之间的冲突，但它们并不必定要以人们所期望的方式去处理不相干证据的问题。更糟的是，有些条件句逻辑并不认可"连锁缺省（default chaining）"；一个似有道理的语句不能用于推导出其他语句。[13] 盖夫勒与珀尔的主要贡献是定义了较为严格的可接受性标准，该标准可以避免这些问题。满足这些条件的逻辑都明确了一种特殊的可接受的偏好性结构，其中模型上的偏序关系则是由其他建立在针对假设基础上的偏序关系来确定的。

首先，一个优先化的偏好性结构就是一个偏好性模型结构 <I, <>，该结构是借助针对一个缺省理论中的诸假设的严格偏序关系进行扩张得到的。"<"这种模型上的偏序关系是有限制条件的，它需要满足下面这个条件。令 M 和 N 是两个模型。M 比 N 较受偏好，记作 $M<N$，当且仅当对于每个假设 d_1，如果它在 M 中为假而非在 N 中为假，则存在一个更优先的假设 d_2，它在 N 中为假而非在 M 中为假。这种偏序关系的重要性质是受偏好的模型将会拥有最多的假设。这个性质将保持所得之逻辑的外延性特征。

然而，并非所有优先化的偏好性结构都是可接受的，因为针对假设的这种偏序关系并没有被施加任何限制条件。我们在前面的例子中看到，对此是可以提出要求的。在那里，有必要给出"这只企鹅不会飞"这个假设，它更优先于"这只鸟会飞"这个假设。别忘了，这么做的目的在于确保，对每一个缺省实例 $p \Rightarrow d_1$ 而言，在 $L \cup \{p\}$ 的受偏好的模型中，d_1 这个假设都是真的。如果对于每个假设集 Δ 而言，$L \cup \Delta \cup \{p, d_1\}$ 都是不一致的，并且存在一个假

---

[13] 例如，假设存在一个可废止的规则，它说的是带翅膀的东西通常都是鸟。这样的条件句逻辑将允许我们得出这样的结论，即一个带翅膀的东西是一只鸟，但并不能导出它会飞。

设 d_2，它较之 d_1 不那么受偏好，则这个条件就能得到满足。Δ 被说成是与 $p \Rightarrow d_1$ 这个缺省实例相冲突的。

这种观察导致了下面这个可接受性条件。一个关于假设的优先性排序是可接受的，当且仅当对于所有与缺省实例 $p \Rightarrow d$ 相冲突的假设集 Δ，都存在一个假设在 Δ 中，它较之 d 不那么受偏好。一个优先化的结构是可接受的，只要它是有良好基础的并且它关于假设的偏好关系是可接受的。

最后，我们来考察盖夫勒与珀尔的主要定义。一个缺省理论 $<\mathbf{K}, \mathbf{E}>$ 条件性地推衍（conditionally entails）一个命题 p，记作 $<\mathbf{K}, \mathbf{E}> \vdash <p$，当且仅当在每个可接受的优先化结构中的 $\mathbf{L} \cup \mathbf{E}$ 的每个受偏好的模型中，p 是真的。要注意的是，就像 p-推衍一样，条件推衍是借助每一个可接受的结构来定义的。

一个新的推衍关系有趣的地方就在于它所具有的性质。条件推衍以一种直觉上正确的方式不仅处理了不相干证据的问题，还处理了特殊性问题。条件推衍要强于 p-推衍，比如，它允许进行连锁的缺省推理。此外，如果假设谓词都仅仅被用于以前面描述过的方式来对缺省进行编码，那么条件推衍也许就不是太强；至少 p 和 $\neg p$ 不会都被推衍出来，除非它们也都被 p-推衍出来。也就是说，在这种条件下，一个缺省理论在该条件推衍逻辑中是不一致的，仅当它在使用 p-推衍的逻辑中也是不一致的。最后，与其他条件句逻辑相似，条件推衍满足珀尔在 [41, p. 214] 中主张的"关于缺省的任意合理说明必须遵守的一套基本原则"。除了条件性之外，这些原则还包括演绎闭包原则（deductive closure），即该逻辑的强度至少与经典的谓词逻辑一样，以及累积性原则（cumulativity），这大概意味着添加一个可废止的结论作为证据并不会导致任意已经被推衍的语句不再被推衍。[14]

由于条件推衍包括了所有经典逻辑的推衍,它也允许假言易位推理。在关于鸟会飞的例子中,如果证据仅仅是鸟(t),那么该理论不仅推衍出会飞(t),还推衍出 ¬ 企鹅(t)。在研究可废止推理的圈子里,关于这样的推理是否是似真的,存在着一种"直觉上的相互冲突"。例如,我们应该记得,西马里与路易就想要禁止这种推衍。然而,至少在这个例子中,假设知道有一只鸟,它不是企鹅,除此之外不知道任何其他东西,这一点似乎并不违反直觉。这在人工智能与法的圈子里也是一个议题。艾伦 [9] 和帕肯 [96] 在论证实质蕴涵不应该被用于建立法律规则的模型时,都使用了我们不想接受的假言易位推理。艾伦曾提议使用安德森(Anderson)的较弱的相干逻辑 [10] 作为替代。帕肯建议说,法律规则可以被表述为瑞特的缺省逻辑中的推导规则。

我们来看一下条件推衍是如何处理命题版的帕肯的自卫杀人范例的,这个例子使得他拒绝了假言易位推理:

1. 杀人 $\wedge d_1 \to$ 谋杀
2. 杀人 $\wedge$ 自卫 $\wedge d_2 \to$ ¬ 谋杀
3. 受到攻击 $\wedge d_3 \to$ 自卫

这些都是 **L** 中的语句。它们意味着"杀人是谋杀""自卫杀人不是谋杀"以及"如果你受到攻击,那么你进行反击就是自卫"。**D** 中的缺省是:

---

[14] 要注意,在珀尔看来,很多众所周知的非单调逻辑,比如缺省逻辑,对缺省所做的解释因而都是不合理的。瑞特原版的缺省逻辑并不是累积性的(cumulative)。布鲁卡曾发展过一种累积性版本的缺省逻辑 [25],但这两个版本都不能满足珀尔的条件性要求。

诉答博弈
——程序性公正的人工智能模型

1. 杀人 $\Rightarrow d_1$
2. 杀人 $\wedge$ 自卫 $\Rightarrow d_2$
3. 受到攻击 $\Rightarrow d_3$

其中，假设集是 $\{d_1, d_2, d_3\}$。我们令证据 **E** 是 $\{$杀人，受到攻击$\}$。给定这种证据，极大一致的假设集就是 $\{d_1, d_2\}$、$\{d_1, d_3\}$ 和 $\{d_2, d_3\}$，因为不存在一个模型，在其中谋杀和¬谋杀都是真的。不过，模型上的任意排序都是可接受的，只要较之包含 $\{d_1, d_3\}$ 中这些假设的模型，包含 $\{d_2, d_3\}$ 中这些假设的模型更受偏好即可。[15] 可接受性并不要求在 $\{d_2, d_3\}$ 和 $\{d_1, d_2\}$ 之间有一个偏好关系。因此，给定这种证据，无论¬谋杀和自卫，还是它们的否定都没有被条件性地推衍出来。理由是，条件推衍并不要求在这两类模型之间做出选择。这恰恰是帕肯想要避免的问题。他声称¬谋杀和自卫在这里应该被推衍出来。但是在包含 $\{d_1, d_3\}$ 这些假设的、受偏好的这类模型中，第一个规则可被用于推导出谋杀，由它结合第二个规则借助假言易位推理可以推导出¬自卫。

要得到帕肯认为的这个直观上正确的结果，只需要 d_3 较之 d_1 更受偏好就够了。但是"由这些假设所命名的那些规则应该具有这种相对优先性"这个直觉的基础是什么？关于"受到攻击"的且足以为自我防卫进行辩护的这个规则为何要比关于"作为谋杀的杀人"的那个规则更受偏好？一者并不比另外一者更特殊，所以这不是"条件推衍恰当地处理了特殊性问题"这个论断的反例。实际上，这两个规则似乎彼此没有任何关系。因而，只要回想一下，我

---

[15] 为了确定一个可接受的排序，首先要找到每个缺省的冲突集合。在这个例子中，只有一个冲突集，即 $\{d_1\}$，它与第二个缺省相冲突。因此，任意较之 d_1 而偏好 d_2 的排序都是可接受的。

们就应该毫不惊讶地发现，我们其实是可以自由地选择其中一个来避免矛盾的。在这里，要得到想要的结果，可以通过让关于"受到攻击"的那个规则更严格一些，而非仅仅让它是可废止的。但这不会是一种普遍的解决方案。也许在刑法中它是唯一的一个缺省规则；并非所有情形下受到攻击都能为因自我防卫而杀人提供辩护。尽管我们还不完全清楚在这例子中正确的结果应该什么样的，但这里对于条件推衍所产生的怀疑似乎并不合乎直觉。

如何将条件推衍和西马里与路易的系统进行比较？只有当盖夫勒与珀尔的基于论证的证明理论得到描述时，我们才能对此做一个较为彻底的比较，但在此之前，可以先讨论几个观察结果。这两个系统都处理特殊性问题，但我们依然不完全清楚它们对于特殊性的解释在何种程度上是有重合之处的。不幸的是，盖夫勒与珀尔并没有对它们做出比较。虽然西马里与路易没有明确地讨论不相干性的问题，但他们的系统似乎也恰当地处理了这个问题。他们展示了他们的系统是如何处理皇家象的标准（Royal Elephants benchmark）问题的。其中，克莱德是一头非洲象，而且还是皇家象，但这并不禁止得出这样的结论，即它不是灰色的。西马里与路易并没有将他们的系统与珀尔的"基础的原则集"相比较。不过，很明显的是，至少有一个原则没有得到满足，即演绎闭包原则。别忘了，西马里与路易弱化了他们的逻辑以便可以禁止假言易位推理。通过这样的设置，他们的系统便不再强于经典逻辑。

珀尔的原则集需要得到进一步的辩护。我认为，这些原则的价值应该依赖于其逻辑想要实现的目的。如果目的在于为普洛克意义上的理想主体得到保证的信念建立模型，这些原则就是有意义的。但是如果目的在于为得到证成之信念建立模型，它们的意义就很有限了。一个关于得到证成之信念的规范性理论，不可能同时期望主体是"逻辑上全知全能的"。常识推理不仅要受到关于世界的有限且不完善之信息的支配,而且还会受到有限的计算性资源的支配。人们"跳至结论",不仅要受制于信息的短缺,而且还要受制于时间的短缺。

在为条件推衍提供模型论的同时,盖夫勒与珀尔已经发展了一种完备的并且正确的证明论。我们对这个理论特别感兴趣,因为它也采用了关于论证的隐喻。可推导性(derivability)是借助"稳定的"论证来定义的,这类似于普洛克的最终未被击败的论证概念。

给定一个缺省理论 T = <K,E>,命题 p 的一个论证就是一个一致的假设集 Δ,且 p 可以由这些假设推导出来的。也就是说,Δ 是一个论证,当且仅当:

1. L∪E∪Δ ⊬ ⊥
2. L∪E∪Δ ⊢ p

在这里,"⊢"表示经典的可推导性,而"⊥"与通常一样表示虚假或不一致性,对于论证的这种定义与西马里与路易的定义几乎是相同的。在那里,论证就是由缺省的实例构成的一个集合。而在这里,论证则是由假设构成的一个集合,这些假设其实就是所谓的缺省的实例。西马里与路易进一步提出要求说,论证必须是极小的。极小性在这里就是某些论证的一种性质,但不是构成它们的定义的一部分。

如果 L∪E∪Δ ⊢ ⊥,那么这个假设集 Δ 就被称为冲突集。如果只存在有穷多个极小的冲突集,那么一个偏好性的模型结构就是有良好基础的即良基性的。[16]

---

〔16〕 在基于假设的真值维护系统(ATMS)的术语中,极小冲突集被称为"无用物集(nogoods)"[27]。

两个论证 A 和 B 是相互冲突的，当且仅当它们的合并就是一个冲突集：$L\cup E\cup A\cup B \vdash \perp$。在盖夫勒与珀尔的术语中，相互冲突的论证与相反论证是同义词。这与西马里与路易的相反论证概念有所不同，对于后者而言，不一致性是必要条件而非充分条件。需要注意的是，如果 $A\cup\{d\}$ 是一个极小的冲突集，那么 A 就是所有支持 d 的论证的一个相反论证。盖夫勒与珀尔表示，对于一个假设而言，存在着针对它的一个相反论证，当且仅当有一个包含该假设的极小冲突集。

盖夫勒与珀尔使用论证与冲突集概念阐述了四种不同的语法条件，它们足以用来证明条件推衍。[17]这些条件都是正确的，但它们的完备性的程度并不相同。例如，其中第一个引理说的是，如果一个假设 d 没有相反论证，用前面的结果来说，即如果不存在一个极小冲突集 C 使得 $d\in C$ 的话，那么该假设就是被条件性地推衍出来的。这个标准是不完备的，因为当相反论证存在时，它并没有使用特殊性在它们之间做出选择。另一个检验标准确实可以处理一些特殊性论证：如果对于假设 d_1 和所有极小的相反论证集 Δ 而言，存在一个假设 $d_2\in\Delta$，使得按照关于这些假设的所有可接受的优先性关系，d_1 比 d_2 更受偏好，则该假设是被条件性地推衍出来的，注意，这两个检验标准都只适用于假设，而非任意的命题。语法的检验标准适用于按照每个可接受的排序来确立一个假设是否比另外一个具有更高的优先性。这种标准在后面将会得到描述。

接下来还有一个更强的推衍的检测标准，它使用了"击败 (defeat)"概念。一个论证 A 击败了另外一个论证 B，当且仅当它们是相反论证，并且对于 A 中的每个假设 d_1 而言，B 中都存在一个

---

[17] 它们之所以是"语法的"，是因为演算是相对于一阶逻辑而言的。

较为不受偏好的假设 d_2。[18] 如果按照关于假设的每个可接受的优先性次序，一个论证击败了它的所有相反论证的话，那么它就是稳固的（stable）。现在，我们来讨论一下推衍的第一个检测标准，该标准适用于任意命题：一个命题被条件性地推衍出来，如果存在一个稳固的论证来支持它的话。稳固的论证使我们想到普洛克的"最终未被击败的论证"概念，这个概念被西马里与路易用于定义证成概念。正如前面讨论过的那样，西马里与路易的逻辑弱于条件推衍逻辑，其中一个理由就是它禁止了假言易位推理。因此，我们已经知道了这两个系统不是等价的。然而，如果对于假言易位推理的限制被取消的话，稳固的论证是否会等价于得到证成之信念，思考这个问题是很有意思的。但是，就我们这里进一步要实现的目的而言，这个问题其实并不十分重要。

不过，这个检验标准还不是完备的，这表明，条件推衍逻辑强于西马里与路易的系统的原因可能并不在于后者排除了假言易位推理。盖夫勒与珀尔断言 [41，p. 228]，"稳固的论证"这个概念"非常有力并且可以说明大多数由条件推衍所支配的自然推理"。然而，稳固性无法说明特定种类的"选言论证"。为了获得完备性，"稳固的论证"这个概念被扩展为"稳固的防护（covers）"的概念，而一个防护就是可选论证的一个集合，其中每个论证都支持着相同的命题。这里略去细节问题，盖夫勒与珀尔得到了这样一个主要的定理：一个命题被推衍出来，当且仅当它被一个稳固的防护所支持。有趣的是，他们的实现系统并没有处理防护问题。相反，它只负责检查一个命题是否被一个稳固的论证所支持。就此而言，该实

---

[18] 在盖夫勒和珀尔的系统中，反驳（rebuttal）是一个关系概念 [4，p. 231]：B 是 A 的一个反驳，如果它们是相反论证且 A 并不包含 B 的一个击败者的话。

第 4 章 论辩的形式化模型

现系统显然是不完备的。

所有这些推衍的检测标准，除了第一个之外，都要求检查一个假设在假设集中是否比另外一个更受偏好。严格地讲，给定一个假设 d_1 和一个假设集 D，这个问题是否有一个假设 $d_2 \in D$，使得在所有可接受的排序中 d_1 比 d_2 更受偏好。幸运的是，存在一种语法方法来确定这个问题。别忘了，有这么一个缺省实例，即 $p \Rightarrow d_1$。按照关于诸假设的所有可接受的偏好次序，d_1 这个假设比 D 中某个假设更受偏好，当且仅当 $D \cup \{p\} \vdash \neg d_1$。

盖夫勒与珀尔描述了条件推衍的一个实现系统，它充分利用了德克里尔的基于假设的真值维护系统（以下简称"ATMS"）[27]。ATMS 的基本功能之一就是要计算出极小的不一致的假设集，借用 ATMS 的术语可称之为"无用物集（nogoods）"。如我们所见，这些极小的冲突集在条件推衍的每个检验标准中都得到了应用。比如在第一个检验标准中，一个假设被条件性地推衍出来，当（但非仅当）它不是任何无用之物集的一个元素。

这个程序系统的目的是要计算出是否存在一个稳固的论证来支持某个命题。ATMS 可以计算出支持某个命题的极小论证。然而，所有这些极小论证都不必然是稳固的。盖夫勒与珀尔的程序系统反复检查这些极小论证，搜寻这样一个论证，它或者因为没有论证反驳它而是稳固的，或者能够通过用某些论证之命题来对它进行扩张从而使得它变得稳固，而这些论证可击败它的每一个反驳。[19]由于击败者自己可被反驳，这导致了一个递归的计算程序（algorithm），其基础情形就是一个没有任何反驳的论证。

---

[19] 实际上，对于每个支持型论证，[41] 的第 231 页中的伪代码（pseudocode）仅仅考虑了一个单一的反驳，而非所有反驳，这是不对的。或许，这是因疏忽造成。

诉答博弈
——程序性公正的人工智能模型

我们不应该忽视这个程序系统与普洛克使用的系统以及西马里与路易使用的系统之间的相似性。但是，它们之间存在着某些明显的区别。西马里与路易禁止了假言易位推理；所以在这个方面，他们的逻辑是比较弱的。西马里与路易使用了普尔的特殊性标准，而盖夫勒与珀尔使用的则是在条件句逻辑中得到实现的那种特殊性。（我们并不是很清楚这两种形式的特殊性之间的确切关系是什么。）最后，盖夫勒与珀尔，而非西马里与路易，使用了 ATMS 来存储极小论证和冲突集，但这仅仅是改善系统效率的一种方式而已。

在关于非单调论证的文献中至少有一个基准问题（benchmark problem），即耶鲁枪击问题（Yale Shooting Problem），它可以借助西马里与路易的系统而非盖夫勒与珀尔的系统得到解决。这也可能是西马里与路易拒绝假言易位推理的一个后果。有趣的是，削弱作为基础的单调逻辑可以使得某些推理变得似有道理。我们可以在谋杀的例子看到这一点。如果假言易位推理被禁止了，就像帕肯所建议的那样，就不会有任何相反论证来反对关于自我防卫的论证，从而允许推衍出¬谋杀。这可能是条件推衍的一个缺点，但按照肖哈姆的陈述，盖夫勒与珀尔论证说解决耶鲁枪击问题需要使用时序推理（temporal reasoning），人们不应该期望这种推理会被纳入到特殊性范畴之下。

盖夫勒与珀尔指出，这个程序系统对于条件推衍而言并不是完备的，因为它并没有处理这样一种选言论证：为了处理这种论证，防护概念被引入到证明理论中。[20] 还有，尽管盖夫勒与珀尔建议

---

[20] 他们还说，这个程序系统要求承认一种针对诸假设的单一可接受的优先性排序 [41, p.230]。这将会进一步削弱完备性，但不会影响正确性，因为如果受偏好的模型遵循所有可接受的排序，它们的超集就会遵循任意一个这样的可接受的排序。也就是说，对每个公式而言，如果它被所有遵循这种单一排序的模型所满足，那么它也会被这些遵循每个可接受之排序的模型的子集所满足。然而，盖夫勒与珀尔并没有清楚表明这个程序系统为何被认为需要承认这样一种单一的排序。

第 4 章 论辩的形式化模型

说，只要进行某些"额外的改良"，这个程序系统可以变得很有效力，足以满足实践目的，但它所解决的问题毕竟是难以处理的。也就是说，理论上根本不存在一种有效率的计算程序。对于西马里与路易的系统而言，这一点也是真的，并且理由是一样的：即使只借用命题性的霍恩子句来表述论域，在这些系统中所使用的这种溯因推理也是很难处理的。在这里由 ATMS 实施的寻找极小论证和极小冲突集的问题是一种借助溯因推理来完成的任务。这个程序系统的效力是否足以满足某些实践目的，这是一个经验性的问题，但盖夫勒与珀尔并没有提供任何与这个程序系统有关的实践经验的资料。

本节是关于条件推衍的，为了对此做一个小结，我要重申几个要点。盖夫勒与珀尔的主要贡献在于提出了他们的模型理论。如我们所见，西马里与路易的系统也能够以直观的方式来处理特殊性和不相干性的问题，所以这并不是盖夫勒与珀尔的系统的唯一优势。在我看来，模型理论对于条件推衍的价值在于它提供了另外一个视角来看待基于论证的证明理论。在某些情形下，模型理论可以让我们更容易预见到哪些推理被这个系统所允许。它还让我们更容易将这种逻辑与其他拥有模型理论的逻辑进行比较。但是，模型论并没有为条件推衍提供任何意义上的"语义学"或基础。相反，一个可废止逻辑的模型论本身需要借助哲学的论证和范例来进行辩护，而这些论证与范例将会一起有说服力地支持这样一种断言，即该模型论抓住了"似真性（plausibility）"这个概念的直观意义。可是，这种类型的论证只能用于直接支持证明论。一个模型论既不构成一个逻辑的必要之基础，也不构成其充分之基础。这并不是说条件推衍缺乏充分的哲学辩护，而仅仅是说，能够提供辩护的论证和范例必须支持这样的断言，即条件推衍是以一种直观上合理的方式来处理特殊性和不相干性问题的。

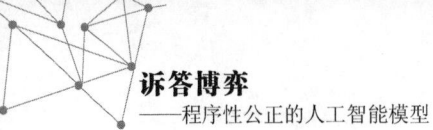

诉答博弈
——程序性公正的人工智能模型

就我们的目的而言，盖夫勒与珀尔的模型的主要缺点是，他们没有做出任何尝试来为被允许的论证步骤提供辩护。（这也是本章讨论过的其他论辩模型的局限性，对话逻辑除外。）相反，话语规则被设计出来，就是要实现这样的目的，也就是要保证：当对于博弈树的穷尽搜索完成时，所有并且只有推导出那些被条件性地推衍出来的语句。实际的论证问题通常不可能以这种方式得到解决。这个问题的一个较好的解决方案不可能要求所有可能的反驳都被击败。反而就像在对话逻辑中一样，提出论证和为主张提供证成之责任应该在当事双方之间进行划分。为了保证在合理的时间内终止博弈，每个当事方仅仅被分配了有限多次的机会来陈述论证。这种证明责任的分配本身需要获得哲学上的辩护。这是下一章致力于处理的问题，我的论辩模型将会在那里得到描述。

当被看作是一种博弈时，条件推衍如何能够匹配我为话语博弈设定的分类模式？条件推衍是一种数学关系，并不带有输入–输出的导向，所以我们将会把注意力集中到盖夫勒与珀尔的定理证明器的实现系统上。与西马里与路易的系统相似，这个博弈的目的是要检测一个公式是否被一个缺省理论条件性地推衍出来。该博弈的资料是由缺省规则和一阶逻辑的公式构成的。这些资料在博弈开始之后不再改变；在博弈期间任何东西都不可以添加到该缺省理论中或者从该缺省理论中从移除。步骤（moves）的种类仅仅包括对于支持型论证、反驳和击败型的相反论证的断定。步骤会受到支持、反驳与击败之间关系的限制，但不会受到那些沿着论辩树的某条路径而实际走出的步骤的限制。除了由论证的论辩图（dialectical graph）所定义的空间之外，不存在资源限制。只有单独的一个博弈者，并且没有角色区分。在该缺省理论中，当信息被给定时，关于命题之真实性的实质性论证将得到支持。该缺省理论中的缺省规则、严格语句以及证据都是无可置疑的。对于缺省之间的优先性关系也不可能产生争论。如我们所见，至少借助这些维度来看，条件推衍和西马里与路易的系统之间没有什么显著的区别。

4.5　相关的工作

本章描述了一些系统，按照我设定的分类模式的那些维度，这些系统很难填补规范性话语博弈的空白。当然，这些系统没有哪一个是明显出于这种目的被设计出来的。尽管埃尔朗根学派的目标很宽泛，但对话逻辑的主要意图是为一阶直觉主义逻辑的定理证明提供一种演算工具。对我们来说，这种逻辑最有意思的地方在于它可以作为我们设计两个博弈者的论辩博弈的起点，以及它可以作为"使用程序性规范而非模型理论作为一个形式化的逻辑系统之基础"这种理念的一个先例。普洛克的奥斯卡尔系统就是关于理性信念的一个规范性模型，用以刻画单个主体关于其知识的反省。这是我们检查过的唯一一个认真对待资源局限性问题的系统。西马里与路易的系统和盖夫勒与珀尔的系统都是目前而言水平最高的非单调逻辑。它们提供了必要的核心技术，可使我们在论辩框架下处理在第九条中能够找到的那些可废止的法律规则。

然而，这些系统给我们留下了几个问题，这些问题在大多数的**法律话语博弈**（Legal discourse games）中大概是必须要得到解决的。这些系统中，没有一个允许在博弈期间引入事实、规则或证据这样的东西，它们也都不支持关于规则的有效性或优先性的讨论。不过，当对法律规则进行排序时，只有特殊性是一个被考虑到的要素。最后，当事双方的角色在法律话语博弈中将起着主要的作用。对话逻辑（Dialogue Logic）是唯一一个拥有多个博弈者并且基于他

诉答博弈
——程序性公正的人工智能模型

们的角色对可允许的步骤做出区分的系统。尽管它为我们提供了某种引导，但在这个方向上，它仅仅是先迈出了一小步。

讨论所有前人关于论辩系统已做的工作当然是不可能的。但为了避免挂一漏万，我想至少还应该简要地提一下另外几个系统。

除了洛伦岑的系统之外，还有另外几个对话逻辑，它们分别是由洛伦兹（Lorenz）［68］，雷舍尔（Rescher）［102］以及麦肯锡（Mackenzie）［71］提出的。与洛伦岑的逻辑相似，洛伦兹的系统与麦肯锡的系统都不支持实质论证。洛伦兹是第一个建议通过限制被允许的回应次数来对资源进行约束的人。麦肯锡的系统首次使用了"备用承诺包（commitment store）"，借助以前的陈述来对当前的步骤做出限制。他的系统允许博弈者收回主张，这还是比较新颖的。雷舍尔的系统比较早地尝试处理可废止论证并且它是第一个用特殊性来对它们进行排序的系统。

尽管比如像［73］和［109］这样的超文本系统并不是像本章中提出的这些形式系统，但不管怎么样，它们是具有相关性的。它们使用了图尔敏的图表来组织和浏览论证。在这些系统中，逻辑上的依赖关系并没有被用于限制或促进论证的发展。它们也没有区分当事各方的角色和利益；因此，并没有体现出"使用话语规范来支配论证步骤"这种理念。

雷曼·艾伦（Layman Allen）曾设计出几个包含几个博弈者的逻辑博弈，比如合式公式证明（Wff 'n Proof）［7］和平易语言博弈（Plain Language Game）［8］。这是几个较早的关于资源分配博弈的例子，它们在博弈者之间划分了证明责任。平易语言博弈的步骤包括：对何种陈述能够在特定的资源限度内得到证明做出断言，向中立的法官提问以及对反对方的主张提出挑战。

在人工智能领域中，特维尔·本奇－卡朋和他的同事们开发了

第 4 章 论辩的形式化模型

两种话语博弈，它们被用于解决如何改进专家系统的解释这个问题。其中一个博弈乃基于麦肯锡的系统［17］，而另一个则基于图尔敏的理论［18］。罗纳德·路易和威廉·陈（William Chen）曾设计过一个论证博弈［69］，它是以本章所描述的西马里与路易逻辑的一个变体为基础的。

在关于法律推理和论证的基于案例的模型（比如［22；12；117］）与关于法律决策程序的模型（比如诉答博弈）之间肯定存在某些有趣的关系值得考察。只有等到在其他场合，我们才能对这两种模型进行彻底的比较，目前在这里可以先做一些评论。在诉答博弈中被建立模型的那些种类的论证步骤是普通型的（generic）；它们并不依赖于用以支持规则的支援之种类。另外，基于案例的模型则发展了一个关于论证步骤之种类的较为丰富的模型，在这些步骤的实施过程中可以使用案例，比如扩大或缩小援引先例的范围。与前一类模型相反，基于案例的模型将它们的注意力集中在那些可使用案例来实施的步骤之种类上了，而没有将这些步骤嵌入到一般的、程序性的论辩模型中去。最后，基于案例的方法为那种由案例生成好论证的行为建立了特有的模型，其中被诉答博弈建立模型的对象都是法律论证的程序性规范。也就是说，基于案例的模型可能对于协助法律人找到好的论证很有帮助，而像诉答博弈这样的模型则更有可能在下面这一点上是很有用的，即促使一个论证去帮助确保程序性的规范得到遵循。总而言之，像诉答博弈这样的模型看起来在很大程度上是赞成关于这些基于案例的法律推理模型的。

最终得到这种成果的研究工作乃肇始于 1981 年，那个时候我曾尝试用专家系统工具（即"EMYCIN"）方法为《统一商法典》的第九条编写一个法律专家系统，这里使用了相同的法律论域。使用 EMYCIN 的规则语言，我无法找到一个令人满意的方式去表达这

诉答博弈
——程序性公正的人工智能模型

个条款中出现的各种可废止规则。两个版本的多用户博客程序（OBLOG）都是我最初尝试开发的可废止法律推理的系统［42；43；44］。在［45］中，我首次提出了一个规范性论证，用以支持使用非单调逻辑研究来进行法律推理。1989年，在菲德勒关于法律推理的理论构造观点的基础上，我开始发展关于法律推理的模型理论。这些成果包括关于争议点识别的溯因理论［46；47］和汇集法律文件的理论构造方法［48］。卡斯滕·施威希哈特（Karsten Schweichhart）的论证构造集［110］也是此期间在我们的团队里开发出来的。

第5章 诉答博弈

法律诉讼程序有很多种，其中每一种都有它自己的规范集。阿列克西的观点是，法律论辩的规范都是对关于普遍的实践性话语的道德规范的具体化（specialization）。如果"具体化"被理解为它是意味着这些普遍规范都是可废止的规则，而且这些规则都可以被那些适用于某种类型的法律诉讼程序的特殊规范所推翻，那么这种理解就是恰当的。类似地，阿列克西提出的法律话语的规则可能还必须要得到完善和改造，以便进一步服务于某种类型的诉讼程序之特殊目的。

在本章中，我将陈述《诉答博弈》这本书的主要贡献，即它为特殊类型的法律诉讼程序提供了一种形式化的、规范性的模型。在按照民事案件的裁决方式能够出现的各种诉讼程序之系列中，诉答是第一个。粗略地讲（不过就我们的目的而言这么讲就足够了），这种诉讼程序的序列可被描画成图5.1中那样。诉答之目的是要确认案件的法律性争议点和事实性争议点，即回答关于什么存在着分歧？法庭调查（discovery）之目的在于搜集证据，这些证据可能与事实性争议的裁决相关。审判（trial）之目的是对法律性争议和事实性争议做出裁决。当然，在法庭调查阶段收集起来的证据会在审判中被提交出来。最终，上诉（appeal）之目的是要复查审判庭的裁决和程序。可能会存在几个等级的上诉，最终由高等法院做出的复查将终止上诉。

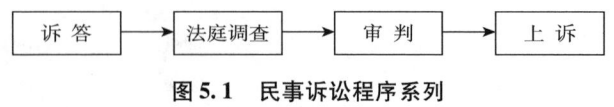

图 5.1 民事诉讼程序系列

在关于法哲学的章节中,强调的主要问题是司法自由裁量权何以能够得到合理地限制,以便在政府的立法部门与司法部门之间保持权力的均衡。如果只有诉答模型,则无法表明司法自由裁量权是何以能够借助公正的程序性规则得到限制的,因为法官并不参与诉答程序。然而,如前所示,诉答不过是诉讼程序系列的一部分,该系列还包括审判和上诉程序,在这些程序中法官要做出裁决。在这一章中,我还将定义一个非常基础的、形式化的审判博弈(Trial Game),以便表明如何借助在诉答期间所确认的争议点以及争议点之间的依赖关系来对法官的自由裁量权做出限定。

借助我对话语博弈进行分类的体系,诉答博弈可被描述如下:

- 该博弈的目的是要确认案件的法律性争议点和事实性争议点。
- 该博弈的"资料"就是可废止的规则和一阶逻辑的语句。
- 用条件推衍的术语来说,该"缺省理论"在博弈开始时并不是确定的,而是可以通过在博弈期间断定可废止的规则、非可废止的规则以及"证据"来得到扩张。
- 存在四种言语行为,即承认、否认与辩护命题,以及断定可废止的规则。
- 博弈者必须接受已知由其主张所导出的后果。通过禁止对已变得不再相关的陈述作进一步的论证,争议点这个概念被用于使商谈集中。
- 需要施加一个资源局限:每个博弈者至多可以做一个论证或相

反论证。
- 存在两个博弈者，即原告方和被告方。博弈者的权利和义务在有限的范围内确实依赖于他或她的角色，因为原告方有责任证明主要的主张。
- 最后，可容许的论证主题不仅包括实质性的主张，还包括可废止规则的有效性和优先性。不过，博弈的话语规则并不在争论范围之内。

即使在这种抽象的层面，博弈的某种新颖的特征可以说是显而易见的。据我所知，这是第一个形式化的博弈，在其中：①可废止的推理被建模为两个说话者之间的对话；②推理被用于迫使博弈者接受已知由其主张所导出的后果；③博弈的目的是要确认争议点，而非对它们进行裁决；④借助争议点这个概念，对话得到集中；以及⑤说话者可以就可废止规则的有效性和优先性进行论证。

本章余下部分安排如下：我们首先将更为细致地描述诉答程序并提出第九条世界（Article Nine World）作为范例。接着，为了表达可废止规则，我们会定义一种形式化的语言，并证明它足以并且便于表述第二章中所确认的那些法律规则之间的各种关系。这种语言的语义学是通过将它映射到条件推衍的缺省理论中来给定的。然后，我们将给出诉答博弈的定义，并且对范例进行形式化。再跟着就是定义一个简单的审判博弈。在这些博弈中所使用的争议点理论依赖于支持主要主张的对话图的结构。之后将讨论这些对话图。最后一节将用于陈述争议点理论本身。

5.1 民事诉答

诉答程序的目的在于确认有待法庭裁决的争议点。我的诉答模

诉答博弈
——程序性公正的人工智能模型

型更接近于美国的民事诉讼程序的普通法实践，而非"现代"法的实践。在普通法中，诉答程序的目的是要将争议点努力降低到最小量。这看似对当事方可以提交的诉答的数量并没有做出限制［20］：

诉答程序

……该程序由当事方执行，以便进行诉讼或起诉，通过交替提交关于他们所持之论点的书面陈述，每次陈述都是对之前提出的东西进行回应，并且每次陈述都服务于一个较为狭窄的争论范围，直到产生出一个单一论点，它被一方肯定而被另一方否定，从而被称为"争议点"，然后在此基础上，他们进入审判环节。

普通法的诉讼程序中的相应的当事方所提出的个别指控（individual allegations），将按照下列不同的名目和顺序，由当事方交替进行：原告方宣告主张（declaration）、被告方抗辩（plea）、原告方答复（replication）、被告方再次答辩（rejoinder）、原告方第二次辩驳（surrejoinder）、被告方第三次答辩（rebutter）、原告方第三次辩驳（surrebutter），在此之后他们不再有任何不同的名目要执行。

在现代法的体系中，民事诉讼程序的规则很典型，不需要当事方在诉答过程中明确地做出法律性的论证；相反，他们仅仅断定或否定"本质性的"事实，而他们相信这些事实使得他们有权力获得法律救济（legal relief），比如对于损害的货币补偿，或者他们相信这些事实构成了一种辩护。通常情况下，可被提出的诉答程序被归结为三点：

1. 原告方首先提交一份起诉状（complaint），他相信他在其中所断定的事实使得他有权力获得法律救济。该起诉还会包括一个获得某种特殊救济的请求。

2. 被告方可以提出一个答辩状（answer），起诉状中的每个断定

第 5 章　诉答博弈

都在该答辩状中得到承认或否认，或者提出一份因为未能陈述主张而驳回起诉的动议，这也就是所谓的抗辩状（demurrer），在其中被断定的一点是法律不再令原告方有权力提出救济要求，即使被断定的事实是真的。如果被告方提交答辩状，他还可以断定那些他相信能够构成积极辩护（affirmative defense）的事实。用我们的术语来讲，这些事实都对某个可适用的规则构成了例外。

3. 最后，如果被告方的答辩包含积极抗辩的话，原告方可以提出一个答复（reply），来回答由被告方在积极辩护或抗辩中所做的任意主张，以便断定其在答辩状中所主张的事实并不构成辩护。

需要注意的是，这种程序并不能说明存在这样的可能性，即原告方可能在他的答复中另外断定了一些事实而这些事实被认为是实际上构成了对于该辩护的辩护。在法律中，这些通常都是对于例外的例外，但现代民事诉讼程序会在原告方作出答复之后终止诉答，尽管这在某种程度上有点专横。与普通法的诉答不同，这里的目的并不是非要提炼和限定有待审理的争议点不可，而仅仅是要确立是否存在一种真正的法律冲突。

诉答博弈模型偏离了民事诉讼程序的现代法，因为我们的目标是要在首要原则的基础上构造出诉答的规范性模型，这些原则乃是受阿列克西的法律论辩的话语理论之启发的结果。

诉答程序的基本目的应该在于确认一个案件的事实性和法律性的争议点，在这一点得到明确之后，我们可以开始考虑哪种话语规范将有助于实现这种目的。正如在本章的引论中所讨论的那样，阿列克西提出的规范被设计出来时，其目的并不是要服务于我们所能想到的一种特殊的法律程序。所以，我们不可以在未经批判的情形下直接接受它们。此外,我们应该还记得,阿列克西承认,对适用于法律论辩的一个话语规范集做出清晰表述的目的之一就是要"更明显地展示它们的缺点"[4, p.17]。为了试图对其中某些规范进行形式化,其中某些缺点就要变得显而易见。我并不打算将阿列克西提出的所有规范都形式化,而是选取了其中一些先开始,这些规范看起来既与诉答程序相关又比较容易进行形式化:

(1.1) 没有说话者可以自相矛盾。

(1.3) 对每个说话者而言,如果他们将谓词 F 应用于对象 a,那么他们必须要准备好将 F 应用于其他在所有相关方面与 a 都相似的每个对象。

(2) 每个说话者都必须在被要求给出理由的时候给出理由来支持其所断定的东西,除非他或她可以提出理由为其拒绝提供辩护之行为来进行辩护。

(2.2) (a) 每个人都可以对任意断言提出质疑。

(3.3) 任意提出一个论证的人都只有义务在出现相反论证的情形下提出进一步的论证。

再说一遍,这几个原则无论如何都没有穷尽阿列克西所提出的那些原则。比如,似乎没有办法形式化这样一个限制条件,即"每个说话者都仅能断定他或她实际相信的东西"。

以一种更接近于或相似于我试图对它们做出形式化之结果的方式来重述这些规范,应该是有好处的:

1. 没有当事方可以自相矛盾。
2. 一个当事方如果承认一个规则是有效的,则必须要准备好将该规则应用于每个满足其前件的对象之集合。
3. 一个支持着某一争议点的论证可以被断定,仅当该争议点已遭到反对方的否定。

4. 一个当事方可以否定反对方所做的任何主张，只要该主张不是他自己的主张的必然后承即可。

5. 如果一个论证支持一个当事方所否定的争议点，则该当事方可以反驳该论证。

6. 如果一个论证支持一个当事方自己的某一主张并且该论证遭到了反驳，则该当事方可以击败该反驳，只要该主张是一个争议点即可。

第一条原则恰好断定了阿列克西的原则1.1。

第二条原则是对阿列克西的原则1.3的运用性的重述。相对于某个规则而言，当两个对象（确切地说是两个对象集）都满足该规则的前件时，它们被看作"在所有方面"都是相似的。不过，需要注意的是，一个例外可能会适用于这两个对象中的一者，而不适用于另外一者。因此，在考虑了所有规则之后，该普遍规则的结论中的谓词完全可能仅仅"适用于"这两个对象中的一个，即便这两个对象都满足该规则的前件。

阿列克西和我都不要求为一个毫无争议的主张提供论证来支持它。不过，阿列克西的原则2要求遭到挑战之主张的支持者提供论证来该主张，而我的第三条原则是允许而不是要求做出这样的支持型论证。此外，阿列克西没有讲明当一个主张尚未受到挑战时是否可以提出一个论证来支持它。在我的系统中，仅当一个主张已经遭到否定并且依然作为一个争议点时才允许提出论证来支持它。

第四条原则就相当于阿列克西的原则2.2(a)。阿列克西允许"每个人质疑任意断言"。我的原则更为严格。只有当事方才可以否定主张，而非仅仅是任意一个人。并且仅当一个主张不是某个当事方自己之主张的必然后果时，该主张才能被该当事方所否定。人们可能会认为阿列克西的原则1.1蕴涵了这里的第二条件。尽管原则1.1禁

止一个说话者断定与自己之前的主张相矛盾的陈述,但我们并不清楚这条原则是否禁止该说话者否定他的那些主张的必然后果。

我的第五条和第六条原则对应于阿列克西的原则3.3。在我的系统中,按照该条原则允许做出支持型论证和相反论证,而按照阿列克西的原则,它们是必须要被提出的。(严格地讲,阿列克西似乎只要求断定击败型的相反论证,而没有讲明是否必须要提出反驳。)与支持型论证的情况一样,反驳和击败型相反论证被允许提出,只要它们所涉及的主张仍然存在争议。

为了完善这一节的引论,也为了便于对诉答博弈模型做出直观的理解,请考虑下面这个假设性的交换陈词(hypothetical exchange of allegations),它涉及第九条在两项担保交易之间的冲突的优先性问题。

原告方史密斯和被告方琼斯都贷款给米勒用于购买油轮,该油轮同时是两笔借款的抵押物。实际的问题是这两个债权人中哪一个将优先从出售该油轮的收益中获得还款。这些事实都没有争议。一个附属性的争议点是史密斯是否完善了他对这只油轮的担保物权。就是从这里开始,我们进入了诉答程序。

原告方:我对于密尔的油轮的担保物权是完善的。

被告方:我不赞同。

原告方:只要占有抵押物,对于货物的担保物权就应该是完善的[《统一商法典》第9条第305款(UCC§9-305)]。我实际占有了密尔的油轮。

被告方:就第9条的目的而言,你何以认为油轮是货物?还有,请证明你实际占有了该油轮。

原告方:根据《统一商法典》第9条第105h款(UCC§9-105h),除了货币和文书(instruments),所有能移动的东西都是

第 5 章 诉答博弈

货物。

被告方： 尽管油轮肯定是可移动的，可根据《统一商法典》，我还是不同意这是成为货物的充分条件。进一步讲，按照《船舶抵押法》，对于油轮的担保物权仅当提交了财务报表才能得到完善。

原告方： 我已经提交了财务报表。但我不赞同你的观点，这并不是《船舶抵押法》要求满足的条件。此外，即使你是对的，《统一商法典》也会具有优先性，因为它比《船舶抵押法》颁布得晚一些。

被告方： 但是《船舶抵押法》是联邦法律，它要优先于像《统一商法典》这样的州立法律，即使州立法律是后颁布的。

在这场交换陈词的最后，有几个争议点得到了确认。控辩双方关于史密斯是否实际占有油轮以及他是否提交了财务报表存在分歧。这些都是事实性的争议点。"按照第九条船舶是否是货物"以及"《船舶抵押法》是否要求提交财务报表以便完善对于船舶的担保物权"在这两点上他们也存在分歧。这些都是法律性的争议点。还有一个争议点是关于"《船舶抵押法》是否优先于《统一商法典》"这个问题的。原告方认为根据"新法优先"原则，《船舶抵押法》没有优先权，因为该原则赋予了较新的规则以优先性。被告方则用"上位法优先"原则来回应，该原则赋予了得到更高权威支持的规则以优先性。最终可能存在的争议点就是这两个原则中哪一个具有优先权。

我们可以将这些争议点划分为三个层面。法律性和事实性的争议点将会处于对象层面。解决对象层面之冲突的原则（比如"上位法优先"原则）将被置于元层面（meta level），而对这些原则进行排序的规则将处在元－元层面上。在诉答博弈中采用了一个较为简单的方法：所有规则都是一阶的对象。冲突是借助用于偏序排列（partially ordering）的规则实例来解决的。如果有需要的话，可以通过给出某个层面上的所有规则来模拟这些层面（这些规则优先于所有处在较低层面上的规则）。下一节将对诉答博弈的规则语言做出描述，这种语言可以实现上述这个方法。

5.2 表达显性例外的语言

盖夫勒与珀尔的条件推衍理论的特征之一就是它使用了特殊性信息来对冲突的可废止规则进行排序。有的人认为这是一种优点。他们论证说，使用像瑞特的缺省逻辑这样的、要求使用者对冲突的规则明确进行排列的系统来维护一个可废止规则集，这项任务过于繁重而且极易出错。其他人（比如麦卡蒂［84］）则论证了刚好相反的观点，他们宣称，使用显性例外可以令确立和维护可废止规则集变得很容易。理想的情形是，该系统应该提供用以表征可废止的法律规则的工具，并且这种表征方式能够反映通常的编写成文法的方式。正如我们在第二章中关于《统一商法典》第九条所见到的那样，这既要求支持隐性例外，又要求支持显性例外。然而，就这一点而言，我们可以做一个经验性的观察：只要扫一眼第九条，就能看到显性例外是普遍存在的。这里有一些我们想要处理的显性例外的例子，都来自于我们的第九条世界：

§9-102（1）：除非关于豁免交易的第9-104节另有规定，本条适用于……

§9-105（h）："货物"包括所有可移动的东西……但不包括货币或文书。

§9-302（1）：除以下情形外，必须提交财务报表以便完善所有的

第 5 章 诉答博弈

担保文书：(a) 根据第 9-305 节之规定，对于被担保方持有之抵押物的担保权益。

需要注意的是，在以上这几个例子中存在着两种类型的显性例外：①这类显性例外陈述的是当另一条款确实适用时这个条款则不适用，比如第一个和第三个例子；②这类显性例外通过明显地陈述该条款不适用的条件从而产生了例外，比如在第二个例子中，货币和文书是由货物之定义而产生的例外。

条件推衍使用了特殊性来对缺省作隐含地排序。盖夫勒与珀尔的系统之所以有吸引力，有这么几个原因，比如它支持对缺省作偏序性的排列，它有模型论的语义学，以及它以论证为导向的证明论很有意思。同样，该系统也引发了这样的疑问，即是否有可能借助某种方法使用特殊性来编写显性例外。对此的回答是：有可能。本节将描述一种方法，而且正如将要证实的那样，这个方法有这样一个优点，即规则可被构造，而其构造方式非常相似于成文法被编写的方式。

在这一节的余下部分，我们假设，读者是熟悉盖夫勒与珀尔的条件推衍理论的，至少要达到第四章所描述的那个程度。

我们开始要定义一个一阶语言。首先，存在一个符号集 S，以及一个三元组 $<R, F, C>$，其中 R、F 和 C 都是 2^S 的元素。2^S 是 S 的幂集。R、F 和 C 分别是谓词、函数和常项符号的集合。R 和 F 中的每个符号都伴有一个整数，来确定它的元数（arity）。常项可被视作 0 元函数，但在使用单独的常项集 C 时，允许相同的符号既被用于表示一个常项，又被用于表示其他元的函数。语言 **L** 就是由 $<R, F, C>$ 所确定的项（terms）和公式的集合。为便于编写第九条的这些例子中的比较复杂的公式，我们将会使用类似于清单语言（Lisp – like）的记号。

定义1（项）

L 的项的集合被归纳定义如下：

1. 变元都是项。
2. 如果 c 是 C 中的一个常项符号，则 c 就是一个项。
3. 如果 f 是 F 中的一个 n 元函数符号，且 t1…tn 都是项，则 (f t1…tn) 就是一个项。
4. 其他都不是项。

闭项（closed term）就是不包含变元的项。

定义2（原子公式）

如果 r 是 R 中的一个谓词符号且 t1…tn 都是项，则表达式 (r t1…tn) 是一个原子公式（atomic formula）。符号 false 是一个原子公式。

定义3（公式）

L 的公式集被归纳定义如下：

1. 原子公式都是公式。
2. 如果 p 是公式，则 (not p) 就是公式。
3. 如果 p 和 q 是公式，则 (if p q) 就是公式。
4. 如果 p1…pn 都是公式，则 (and p1…pn) 和 (or p1…pn) 就是公式。
5. 如果 p 是公式且 x1…xn 是变元，则 (all (x1…xn) p) 和 (exists (x1…xn) p) 就是公式。
6. 其他都不是公式。

这里所包含的联结词之基本集合并没有穷尽所有可能，但任意的一阶谓词逻辑的语句都可以借助这些联结词来表达。

L 的语义是什么呢？盖夫勒与珀尔的条件推衍系统是相对于某种单调的后承关系得到定义的。在他们的论文中，这种关系被假定

第 5 章　诉答博弈

为是经典逻辑的通常的推衍关系，但它可以使用任意的后承关系。为了建立法律论辩的模型，我们有必要使用两种后承关系，它们分别记作⊢和 known，其中 known 是⊢的一个弱化的可判定的子集。下面我们将会对 known 关系做出清晰的定义。对于法律论证的形式化目的而言，选择何种单调的后承关系来刻画⊢并不重要。在本章的余下部分，我们假设它是一种经典的推衍。（在下一章所描述的计算性模型中，我们将使用某种程度上较为弱化的逻辑，以避免经典逻辑的某种计算复杂性的问题。）

大家应该还记得，条件推衍的一个缺省理论（default theory）就是一个序对 $<K, E>$，其中 K 作为背景情境（background context）本身就是一个序对 $<L, D>$。E 和 L 都是语言 L 中的闭公式的集合，它们分别代表了针对特定案例的证据和关于该法律领域的非可废止的一般知识。D 是 Δ 中的缺省的集合。一个缺省就是一个序对 $<p, q>$，被表示为 $p \Rightarrow q$，其中 p 和 q 都是公式，它们可以包含自由变元。我们分别称 p 和 q 为该缺省的前件和后件。一个缺省实例就是用 L 的封闭项系统性地替换自由变元得到的。令 **D** 是 D 的所有实例的集合。一个缺省理论的假设集被表示为 **A**，它们都是 **D** 中的所有缺省实例的后件的集合。这些假设可被视为缺省实例的名字。

条件推衍使用特殊性隐含地对冲突的缺省规则进行了排序。为了取消一个被命名为 d 的缺省实例之可适用性，当某个条件 q 得到满足时，只要将（if q (not d)）添加到 L 中就够了。对缺省实例进行显性排列的问题较为微妙一些。为了赋予假设 d1 相对于另一个假设 d2 的优先性，断定（if d1 (not d2)）是不够的，因为它等价于（if d2 (not d1)）。理解如何对缺省实例作显性排序这个问题的关键就包含在这样的语法检测中，该语法检测被用于确定在所有可接受的优先性序列中，某个假设集 A 中的一个假设 d 是否优先于

另外一个假设 [41, p.220]。如果针对 d 的缺省实例是 p⇒d，那么在所有可接受的序列中，它比 A 中的某个假设更优先，当且仅当 A∪{p}⊢(not d)。因此，要编写 d1 相对于另一个假设 d2 的明显的优先性，只要将 (if (and p d2) (not d1)) 这个公式添加到非可废止的语句集 L 中去就够了，其中 p 是针对 d1 的那个缺省实例的前件。

我们并没有直接按照这种格式编写可废止的规则，不管它们是否拥有显性的例外，而是开发了一种更为便捷的记号来表示这些规则，其语义学是通过一个映射到 K 中的缺省和语句上的一个函数来规定的：

定义 4（规则）

一个规则就是一个五元组 $<d, [x_1,…,x_n], a, c, e>$，其中 d 是一个命名该规则的常项符号，$[x_1,…,x_n]$ 是由 n 个不同的变元构成的一个向量，用于表示该规则的变量（parameters），a、c 和 e 都是公式，可以包含自由变元，它们分别表示该规则的前件（antecedent）、后件（consequent）和例外（exception）。a、c 和 e 中的每个自由变元都是 $[x_1,…,x_n]$ 中的一个元素。为方便起见，一个规则将被表示为

(rule d (x1...xn) if a then c unless e),

或者，如果 e 为 false 时，则可简化为

(rule d (x1...xn) if a then c).

例如，《统一商法典》第九条的第 9-105 节是关于哪些东西是货物的，它在这种格式下可被表达为：

```
(rule s9 -105(x)
    if (moveable x)
    then (goods x)
    unless (or (money x) (instrument x)))
```

这里，s 9-105 是规则的名称，x 是它的唯一变量，(goods x) 是它的后件，(moveable x) 是它的前件，而 (or (money x) (instrument x)) 则是它的例外。

规则的语义是通过下面这种映射给出的，它将规则映射到被用于刻画条件推衍的缺省理论中的缺省和公式上。

定义 5（对规则的解释）

令语言 **L** 包含四个不同的一元谓词（applies、antecedent、ap 以及 backing）和两个函数符号（inst 和 parms）。则对一个规则

```
(rule d (x1...xn) if a then c unless e)
```

的解释就是一个背景情境 <L, D>，其中 L 是这样的公式集：

```
{(all (x1...xn)
    (if (and a (backing delta))
        (antecedent (inst delta
                        (parms x1...xn))))),
 (all (x1...xn)
    (if (and a
            (backing delta)
```

```
                    (ap (inst delta (parms x1...xn))))
              (applies (inst delta (parms x1...xn))))),
(all (x1...xn)
     (if (applies (inst delta (parms x1...xn)))
          c)),
(all (x1...xn)
     (if (and e
              (ap (inst delta (parms x1...xn))))
          false))}
```

以及 D 是包含下列这个缺省的单元素集合：

```
(antecedent (inst delta (parms x1...xn))) =>
(ap (inst delta (parms x1...xn)))
```

给定一个规则 r，其解释就是 $<L, D>$，令 $strict(r) = L$ 且 $defaults(r) = D$。

为了记号的使用便利，令 $I(R)$ 表示对于一个规则集 R 的解释。如果 R 是 $\{r_1, ..., r_n\}$，则

$$I(\{r_1, ..., r_n\}) = \langle \bigcup_i^n strict(r_i), \bigcup_i^n defaults(r_i) \rangle$$

因此，对上述 §9-105 那个范例的解释就是一个背景情境，它包含了下面这个严格语句：

```
(all (x)
     (if (and (movable x)
              (backing s9-105))
```

```
                (antecedent (inst s9-105 (parms x)))))
(all (x)
    (if (and (movable x)
             (backing s9-105))
             (ap (inst s9-105 (parms x))))
        (applies (inst s9-105 (parms x)))))
(all (x)
    (if (applies (inst s9-105 (parms x)))
        (goods x)))
(all (x)
    (if (and (or (money x)(instrument x))
             (ap (inst s9-105 (parms x))))
        false))
```

以及下面这个缺省：

```
(antecedent (ap (inst s9-105 (parms x)))) =>
(ap (inst s9-105 (parms x)))
```

如果该例外已经是 `false`，而非 `(or (money x) (intrument x))`，则这个范例中的背景情境的最后一个语句将会是：

```
(all (x)
    (if false
        (not (ap (inst s9-105 (parms x)))))),
```

这是一个重言式。因此，当一个规则没有例外时，最后这个语句可从该翻译中删除而不会造成任何问题。

诉答博弈
—— 程序性公正的人工智能模型

值得注意的是，我已经有点偏离了盖夫勒与珀尔所建议的对于可废止规则的编写方法。比如，对于像可移动的东西（通常）是货物这样的可废止规则，他们的编码是这样一个语句：

```
(all (x)
    (if (and (movable x)
            (s9-105 x))
        (goods x)))
```

以及一个缺省（movable x）⇒（s9-105 x），其中（s9-105 x）这个原子公式的基础实例就是该规则的一个实例的名字。这些名字的集合构成了假设集，该集合借助条件推衍得到最大化。

另一方面，如果用我的编写方法，按照乌尔里希·容克（Ulrich Junker）的建议[56]，规则实例是用基础的项而非基础的原子公式来命名的，并且假设集是由如下这样的可适用性语句的基础实例构成的：

```
(ap (inst s9-105 (parms x))).
```

下面我们将会讨论这种方法的优点，不过在此之前先给出下面这个定义：

定义6（规则实例）

一个规则实例（rule instance）是由下面这个规则通过使用 **L** 中的一个基础项系统性地替换 x1...xn 中的每个参量得到的：

```
(rule d (x1...xn) if a then c unless e).
```

下面这个项就是该规则实例的名字，该规则实例是通过用 t1...tn 替换被命名为 d 的这个规则中的 x1...xn 这些参量所得到的：

```
(inst d (parms t1...tn)),
```

其中 t1...tn 都是基础项。下面这个公式就是针对这个规则实例的可适用性假设（applicability assumption）：

```
(ap (inst d (parms t1...tn))).
```

在规则实例的命名习惯上的这种变化对于盖夫勒与珀尔的关于条件推衍的理论结果没有任何影响。但在这里，它在实用性上对我们很重要，因为它允许我们对规则实例进行推理而无需放弃一阶逻辑。规则和规则实例在这个系统中都被具体化（reified）了。我们还能够编写对规则进行陈述的规则。此外，规则的性质也可以得到表达。例如，当法律条文（legal statutes）被表征为具有如此形式的规则时，我们可以将这样的性质陈述为它们的制定日期、权威性或来源以及它们出现于其中的法典之条款。如其所是，这种能力使得我们可以处理任何一种例外和原则，以便用于解决我们在第九条中所确认的规则之间的冲突。

对于具体化之作用的第一个例子，需要注意的是，一个支援性条件（backing condition）是包含在规则的翻译中的，而这些规则将被翻译为背景公式。在§9-105 这个例子中，相关的公式是：

```
(all (x)
    (if (and (movable x)
             (ap (inst s9-105 (parms x)))
             (backing s9-105))
        (applies (inst s9-105 (parmes x))))).
```

具体化使得图尔敏在保证和支援之间所做的区分得到处理。保证的功能是由规则来承担的。对一个规则之结论做出的其中一种挑战就是要求该规则提出支援并以此来攻击它。在法律背景下，这通常归结为规则的权威性问题。借用萨斯金德的术语，规则就是一个法律"陈述"，它可以由权威性法律的"明确表达（formulation）"来提供支援 [119, pp. 36–37]。实际上，存在一种话语规则，它允许参与者对一个规则得到了支援达成一致而无需再对它提出争议，就像任何其他主张可能获得承认一样。不过，反对者也可以挑战该规则，在这种情况下，为了能够使用该规则来推导出它的后件，支持者必须要为支援性的主张提出论证，就像所有其他产生争议的主张所处的情况一样。在我们的例子中，(backing s9-105) 这个主张可能会得到承认，但如果它被拒绝了，支持者就必须要用一个论证来支持该支援性的主张，以便可以使用 s9-105 来支持 (goods t)，其中 t 为任意常项。接下来，我们会对这种话语规则做出细致地描述。

这里必须得到支援的规则是 s9-105，而非仅仅是 (inst s9-105 (parms t)) 像这样的一个规则实例。如果一个规则的支援性条件被证明为假，即如果缺省理论条件推衍出 (not (backing s9-105))，那么该规则实际上就要被取消。

为了给出具体化之有用性的另外一个例子，我们要对 §9-302 进行表述，在该条款中 §9-305 明显在例外中被提到了。回想一下，§9-302 的一部分说的是：

> (1) 财务报表必须提交，以便完善所有的担保文书（security instruments），以下这一点除外：(a) 对于处于第 9-305 节规定之下的受担保方所占有的抵押物的担保物权。

在这里，人们如果要对 §9-302 进行解释的话，还需要熟悉 §9-305；"对于受担保方所占有的抵押物的担保物权"这个短语

第5章 诉答博弈

并不是针对§9-302的可适用性所施加的额外条件，而是对于§9-305的前件的一部分所做的多余重述，大概是为了帮助读者确认或记起§9-305。

现在，§9-302可以用下列规则来进行表述：

```
(rule s9-302 (p s g)
   if (and (perfected s)
           (not (file s)))
   then false
   unless (applies (inst s9-305 (parms p s g))))
```

第九条中所使用的法律规则之间的冲突有五种解决途径，在第二章已经明确过：①权威性；②时间；③明确的例外（express exceptions）；④特殊性；⑤适用范围与可适应性规则。我已经表明了明确的例外何以能够在我们的规则语言中得到处理。特殊性是借助条件推衍来处理的。还剩下权威性、时间和适用范围规定有待讨论。规则的具体化使得我们同样有可能对其他解决冲突的这些原则进行表述。

接下来的这个例子将揭示一种同时使用权威性和时间来对相互冲突的规则进行排序的途径。按照已知的"上位法优先"原则，具有较高权威性的规则优先于具有较低权威性的规则。例如，联邦法律优先于州立法律。另外，"新法优先"原则说的是后颁布的规则优先于先颁布的规则。此外，这些原则本身都是可废止的。当它们发生冲突时，"上位法优先"原则就会击败"新法优先"原则。比如，联邦法律就优先于相冲突的后颁布的州立法律。

我们先讨论一些关于规则的公式。如果一个规则实例与另外一个规则实例不都是可适用的话，那它们就是相互冲突的。

```
(all (r1 r2)
    (if (not (and (ap r1) (ap r2)))
        (conflicting r1 r2)))
```

按照我们表述假设的习惯，用于对缺省实例 d1 较之于缺省实例 d2 的明显优先性进行编码的公式就是

```
(if (and (antecedent d1)
         (ap d2))
    (not (ap d1))).
```

为了允许明显优先性以更为方便的方式得到断定，我们在语言 L 中引入了 preferred 这个谓词，并添加了下面这个公式，

```
(all (x y)
    (if (preferred x y)
        (if (and (antecedent x)
                 (ap y))
            (not (ap x)))))
```

该公式等价于下面这个公式：

```
(all (x y)
    (if (and (preferred x y)
             (antecedent x)
             (ap y)
             (ap x))
        false))
```

为了看出这个公式如何能够得到使用，现在让我们来陈述一个规则，它是借助权威性对规则实例进行排序的规则。假设存在相应的谓词，可用于排列权威性和日期。我们令（higher a1 a2）意味着 a1 较之 a2 具有更高的权威性，（before d1 d2）意味着日期 d1 在日期 d2 之前。

```
(rule lex-superior (r1 p1 r2 p2)
    if (exits (a1 d1 a2 d2)
        (and (conflicting (inst r1 p1)(inst r2 p2))
            (authority r1 a1 d1)
            (authority r2 a2 d2)
            (higher a1 a2)))
    then (preferred (inst r1 p1) (inst r2 p2)))
```

在这个例子中，(conflicting (inst r1 p1) (inst r2 p2)) 这个条件并非无足轻重。如果没有它，前面用于表述 preferred 的公式就会蕴涵两个规则实例之间的冲突，即使它们实际上并不冲突。这样一来，我们将不可能在一个论证中同时使用州立法律和联邦法律。

正如前面所解释的那样，在对这种形式化系统中的规则做出解释时，(inst r parms) 这个缺省实例的前件中的一个条件是 (backing r) 这个命题，它的意思是该规则受到很好的支援或有良好的基础。接下来这个公式恰好说的是法律权威就是其中一种支援。(authority r a d) 想要表达的是 r 这个规则是在 d 这个日期由 a 这个权威制定的。

```
(all (r a d)
    (if (authority r a d)
        (backing r)))
```

下面这个公式表述的是借助时间对冲突的规则进行排序的规则，它与借助权威性对它们进行排序的规则相似，但它包含了一个例外，即由更高权威支援的规则是例外。

```
(rule lex-posterior (r1 p1 r2 p2)
    if (exists (a1 d1 a2 d2)
        (and (conflicting (inst r1 p1) (inst r2 p2))
             (authority r1 a1 d1)
             (authority r2 a2 d2)
             (before d2 d1)))
    then (preferred (inst r1 p1) (inst r2 p2))
    unless (applies (inst lex-superior
                         (parms r2 p2 r1 p1))))
```

另外，我们还可以忽略 lex-posterior 存在的例外，并添加另外一个规则在发生冲突的情形下对 lex-posterior 和 lex-superior 的实例进行排序：

```
(rule lex-posterior (r1 p1 r2 p2)
    if (exists (a1 d1 a2 d2)
        (and (conflicting r1 r2)
             (authority r1 a1 d1)
             (authority r2 a2 d2)
```

```
                    (before d2 d1)))
        then (preferred (inst r1 p1) (inst r2 p2))
(rule superior-over-posterior (p1 p2)
    if (conflicting (inst lex-superior p1)
                    (inst lex-posterior p2))
        then (preferred (inst lex-superior p1)
                        (inst lex-posterior p2)))
```

要注意，后面这个规则对 lex-superior 和 lex-posterior 这两个规则进行了排序，因此它仅仅是间接地处理了"对象层级"的相互冲突的规则。

这两种版本的 lex-posterior 规则并不等价。在第一个版本中，对于 lex-posterior 规则的支持也是对于权威性优先于时间这个原则的支持。也就是说，任何一个人，只要他断定了这种版本的规则，就会毫无疑问地承认该规则是从属于 lex-superior 这个规则的。在第二个版本中，权威性优先于时间这个原则作为独立要素被分解出来，并在它自己的规则中得到表述。因此，在这个版本中，一个当事方可以接受 lex-posterior 规则，同时质疑 superior-over-posterior 规则。此外，第一个版本中的那个例外是不可废止的。而在第二个版本中，"权威性优先于时间"这个原则有可能存在例外。

最后，我们在这里举个例子说明如何使用这种模式来表述一个范围规定。《统一商法典》的简化版即第九条世界（A9W）中的§9-102（2）陈述的是"本条款不适用于法定留置权（statutory liens），除非第 9-301 节另有规定。"这个条款可以使用以下这个规则来表述：

```
(rule s9-102-2 (e)
    if (exists (r p c d)
        (and (substantive r)
            (event (inst r p) e)
            (security-interest e)
            (collateral e c)
            (statutory-lien e)
            (authority r A9W d)
            (ap (inst r p))))
    then false
    unless (applies (inst s9-301 (parms e))))
```

在这里，substantive, event, security-interest, collateral 以及 statutory-lien 这些谓词都相对于特定的论域。(substantive r) 意味着规则 r 是一条实体法的规定，而非一个范围规定（scoping provision）。(event r e) 指的是 r 是一个涉及事件 e 的规则实例。(security-interest e) 的意思是 e 这个事件产生了一项担保物权。(collateral e c) 意味着 c 就是该项担保物权的抵押物，而 (statutory-lien e) 说的则是 e 是一项法定留置权。A9W 是一个常项，它指称第九条世界。

需要注意的是，§9-102 是自指性的——它是要规定它自己所出现于其中的这个条款的适用范围，但这一条肯定不是为了说它（即§9-102）不适用于法定留置权。它的意思也许是说，仅当第九条的这些条款影响到对抵押物的物权时，它们才不适用于这样的留置权。(substantive r) 是对于§9-102 的这个表述中的一个条件，它使得该条件得到了明确的表达。

5.3 诉答博弈

现在，我们终于可以对诉答博弈进行形式化的定义了。它将被构造成一个形式的、两人的博弈，类似于对话逻辑。我们将定义"博弈盘"、该博弈之规则所允许的步骤以及一个用于确定何时该博弈结束的终止标准。还将得到定义的是意味着"赢"得这种博弈的东西。如果诉答的最后依然存在争议点时，那么当事双方就都没有赢，而案件则需要接着进行审判。

在开始之前，我们需要做出说明的是，这种博弈是在特定的背景（background）下进行的。（大家应该还记得，I 是前文定义 5 中的解释函数。）

定义 7（背景）

一个背景就是一个三元组 $<\phi, S, R>$，其中 ϕ 是公式，S 是公式集且 R 是规则集。ϕ 是主要的主张，即原告方最终想要证明的主张。S 和 R 分别是由各当事方对此达成一致的公式和规则构成的。这两个集合都可以是空集。S 和 R 共同确定了用于进行条件推衍的初始背景情境（initial background context）K_0。$K_0 = <L \cup S, D>$，其中 $<L, D> = I(R)$。

主要主张也是案件的最终争议点（ultimate issue），只要它还是争议点的话。

在诉答的过程中，该博弈的博弈者只有原告方和被告方。只有在审判的过程中，法官或者法庭才会介入博弈。在诉答过程中可以应用的步骤都是关于不同种类的陈述的断言。

定义 8（陈述）

存在四种陈述（statements），可归纳定义如下：

1. 如果 p 是公式，则（claim p）就是一个陈述。
2. 如果 A 是公式集且 p 是公式，则（argument A p）就是一个陈述。
3. 如果 A 和 C 是公式集且 p 是公式，则（rebuttal A p C）就是一个陈述。
4. 如果 s 是陈述，则（denial s）就是一个陈述。
5. 其他都不是陈述。

这些陈述都不是诉答博弈的步骤。相反，该博弈的步骤都是关于这些陈述的断言。

定义 9（断言）

还存在四种断言（assertions），定义如下：

1. 如果 s 是陈述，则（concede s）就是一个断言。
2. 如果 s 是陈述，则（deny s）就是一个断言。
3. 如果 s 是陈述且 A 是公式集，则（defend s A）就是一个断言。
4. 如果 r 是规则，则（declare r）就是一个断言。
5. 其他都不是断言。

虽然陈述和断言完全地定义了可能的步骤之类型，但是我们还需要给出诉答博弈的规则，以规定何时可以做一种特殊类型的断言以及它在博弈盘上能够产生何种效果（effect）。在这里，博弈盘将被称为记录（record），它是一个法律术语，用以表示诉答过程以及各当事方在法庭上提交的其他文件材料。每个规则都有一个先决条件。如果一个规则的先决条件被该记录所满足，那么博弈者可以选择使用该规则。按照一个规则所定义之效果，该规则的使用将会修改该记录。接下来，我们将给出规则，来定义何时一个断言是允许做但不是必须做的。然而，这并非意味着没有断言是必须做的。恰如下面我们将详细描述的那样，当讨论到控制和终止时，当事方需要轮流回答每个尚未得到答复的相关陈述。当没有相关陈述有待答复时，诉答程序就终止了。

在描述这些产生式规则（production rules）之前，我们需要对在这些规则的先决条件中所使用到的那个记录的结构和诸特定性质进行定义。

定义 10（当事方的陈述）

当事方的陈述是一个三元组 $<O, D, C>$，其中 O、D 和 C 都是陈述集。O 是开放式陈述的集合，这些陈述尚未得到反对方的回应。D 是已被反对方所否认的陈述的集合。最后，C 是被反对方所承认的陈述之集合。

定义 11（记录）

记录也是一个三元组，即 $<b, \pi, \delta>$，其中 b 是诉答博弈的背景 $<\phi, S, R>$，且 π 和 δ 分别是原告方和被告方的陈述。

定义 12（论证）

论证是一个公式集。对于某个命题的论证是一个二元组 $<A, p>$，其中 A 是公式集且 p 是公式。给定一个缺省理论 $<K, E>$，其中 $K = <L, D>$，论证 A 是对于 p 的支持型论证（supporting argument），当且仅当 $L \cup E \cup A \vDash p$。一个论证的主张就是它包含的所有不是假设的公式。

定义 13（相反论证）

论证 R 是针对缺省理论 $<K, E>$ 中的另一个论证 A 的相反论证，当且仅当 $R \cup A \cup L \cup E \vDash \text{false}$。$R$ 是关于 A 的一个击败型相反论证（defeating counterargument），当且仅当它们都是相反论证并且 R 中的每个假设都优先于 A 中的某个假设。R 免受 A 的攻击（protected from），当且仅当 R 包含了一个击败 A 的子论证。最后，关于 A 的一个相反论证 R 是一个反驳，当且仅当 A 并非免受 R 的攻击。

这里关于支持型论证的定义类似于盖夫勒与珀尔对论证的定义 [41, p. 225]，不同之处在于，这里所定义的论证可以由任意的公式构成，而并不局限于假设，而且 $L \cup E \cup A$ 在这里没有必要是一致的。关于相反论证、击败型相反论证和反驳的定义和盖夫勒与珀尔的定义是一样的。为了论述的完整性，这里会将它们重述一遍。[1]

在这里，我们还要给出一些辅助性函数和函数值，在关于断言的规则中会用到它们。每个这样的函数和函数值都是相对于当前的记录状态而被定义的。比如，像"原告方的开放式陈述"这个短语就意味着在当前记录状态下他的陈述是开放式的。

opponent: statements → statements

    该函数将一方的陈述映射到相反一方的陈述上去。记住，π 和 δ 分别是原告方和被告方的陈述，因此：opponent(π) = δ 且 opponent(δ) = π。

rules: 2^{rule}

    该函数是指初始的背景规则集与后来由每一个当事方所声明

---

[1] 这些定义与我在 [47] 中所使用的定义略有不同。在那里，论证乃是我在这里被选称为有效论证的东西。反驳在那里则是盖夫勒与珀尔称之为相反论证的东西，其定义如上。那里的相反论证则是某种特殊的反驳。

的所有规则之集合的合并。由一个当事方所声明的规则之集合就是 {r | (declare r)∈C}，其中 C 是该当事方所承认的陈述之集合。令 Π 为原告方所陈述的规则之集合且 Δ 为被告方所陈述的规则之集合。于是，rules = R∪Π∪Δ。

$K: 2^L \times 2^\Delta$

这表示当前的背景情境。$K = <L \cup S, D>$，其中 $<L, D> =$ I(rules)。

$L: 2^L$

这是当前背景情境即 $<L, D> = K$ 的非可废止的部分。

facts: 2^L

这是当事双方都承认的主张。它们是盖夫勒与珀尔在他们的条件推衍系统中称之为"证据"的东西。被一个当事方所承认的主张是 {f | (claim f) ∈ C}，其中 C 是该当事方所承认的陈述之集合。令 Π 为原告方所承认的陈述之集合且 Δ 为被告方所承认的陈述之集合。于是，facts = Π∪Δ。

$\Theta: 2^L$

这是当前的情境，即背景情境中的非可废止的语句集和事实集的合并。$\Theta = L \cup$ facts。

claims: statements→2^L

这表示一个当事方的主张。如果由该当事方所做的陈述是 $<O, D, C>$，则 claims$<O, D, C> = \{f | $(claim$f) \in (O \cup D \cup C)\}$。

arguments: 2^A

这表示由当事方所做的论证。如果由一个当事方所做的陈述是 $<O, D, C>$，他的论证就是

$$\{<A, c> \mid (\text{argument A c}) \in (O \cup D \cup C)\}$$

与

$$\{<A \cup R, \text{false}> \mid (\text{rebuttal A c R}) \in (O \cup D \cup C)\}$$

这两个集合的合并。令 Π 为原告方所做的论证之集合且 Δ 为被告方所做的论证之集合。于是，arguments = $\Pi \cup \Delta$。

在这个模型中，issue 和 known 这两个谓词起着重要的作用。接下来我们会对 known 做出解释，而对 issue 这个谓词的真正解释比起我在这里要做的来说还需要花费更多笔墨。暂时而言，下列解释应该是够用了。issue (q, p) 是真的，当且仅当公式 q 与证明公式 p 这个目标是相关的。（参见下面的第 5.7 节，那里有更为细致的说明。）

known 这个关系是 $2^{\mathbf{L}} \times \mathbf{L}$ 的子集，比较容易定义。按照我们的设想，known (A, p) 想要表达的意思是已知 p 是由 A 和某个前提集 Θ 推衍得到的。直观上，人们可能会期望，一种知识关系是可判定的，而且做到这一点很容易。一个人自己的知识可以有效地进行检索。如果一个困难的问题必须先得到解决，那么直观上，一个人只有在该问题被解决之后才可以说知道了答案。因此，知识关系应该是推衍关系的某个容易判定的子集。

定义 14（已知关系）

  一个命题的支持型论证就是一个序对 $<G, p>$，其中在情境 Θ 中，$G \cup \Theta \vDash p$。给定这种情境和一个支持型论证集 A，公式 p 已知是由论证 G 推衍得到的，表示为 known$_{<A, \Theta>}(G, p)$，当且仅当：

1. p 是 $G \cup \Theta$ 的一个元素，
2. known$_{<A, \Theta>}(G, \text{false})$，或者

3. 存在一个论证 $<H, p> \in A$，使得对于每个公式 $q \in H$，都有 $known_{<A,\Theta>}(G, q)$。

当该情境和论证集都明确时，我们将舍掉下标，直接写为 known (G, p)。

由于论证与命题性的霍恩子句是同构的，不仅 known (G, p) 是否成立的问题是可判定的，而且其最糟情形下的时间复杂性也是线性的 [29]。

一种明确的知识关系肯定不仅仅要求它是容易处理的。举个极端的例子，空集显然也是任意推衍关系的一个容易判定的子集，但要是建议说没有东西是已知的，这似乎没什么道理可言。也许，知识关系应该是一种后承关系（consequence relation），它满足通常的塔斯基式的性质：

包含性（Inclusion）：

$G \subset$ closure (G)，其中 G 的闭包是所有使得 $known_{<A,\Theta>}(C, p)$ 成立的那些公式 p 的集合。

幂等性（Idempotence）：

closure (G) = closure (closure (G)).

单调性（Monotonicity）：

如果 $G \subset H$，则 closure $(G) \subset$ closure (H).

known 这种关系就是塔斯基涵义上的后承关系。

现在，我们可以来定义那些支配断言的规则了。存在三种类型的断言［承认（concessions）、否认（denials）和辩护（defenses）］；用于支配每种类型断言的规则将一起被给出。总共有十个规则，它们会被编上号，以便将来好进行指代。所有规则都有一个先决条件，那就是：需要得到回应的陈述必须是对方的开放式陈述集中的陈述。如果采取步骤的当事方是 x，这个集合就是用 $<O, D, C> = \text{opponent}(x)$ 中的 O 来指示的。大多数步骤的效果就是从 O 中删除该陈述，并且将它添加到被否认的陈述之集合 D 中去，或者将它添加到被承认的陈述之集合 C 中去。如果对方对于这种新的断言有可能做出回应，那么另一个效果就是将该断言添加到采取步骤的这一方的开放式陈述集中去。

131　　针对单纯的规则宣告（declaration），即对于（declare r）这个形式的断言（其中 r 是一个规则），不需要并且也不允许做出回应。可以进行争论的是这样的主张，即"这个规则受到比如法律权威的支援"。要记住，一个得不到支援的规则不能推导出任何东西。这些支援性的主张都具有如下形式：

(claim(backing r)),

它们可以与其他主张相同的方式得到承认或被否认。

在这里被用于表达产生式规则的语法是非形式的。[2] 每个规则都是由一个陈述样式（statement pattern）、一个先决条件集和一个效果序列构成的。该样式与该陈述相对应而这个步骤就是针对该陈述的一个回应。如果这个步骤是可应用的，则其先决条件必须得到满足。当该步骤被应用时，这些效果将按照它们出现的顺序逐一实现。在每个规则中，p 指的是实施该步骤的那一方的陈述，它是为了要帮助我们记住支持方，而 o 指的是 p 的反对方的陈述，即 $o = \text{opponent}(p)$。还有，为记号使用方便，当事方的开放式陈述、

---

　　［2］尽管在规划语言（planning language）中，比如在 STRIPS [38; 65] 中，还有可能将这些规则形式化为算子，这些产生式规则更为简单一些并且足够实现我们这里的目的。

被否认陈述和被承认陈述都用下标来进行指示。例如，如果 $<O, D, C> = p$，那么 $O_P = O$。实际上，"←" 指示的是赋值。

支配承认的规则有三个。主张、论证和反驳都可以被承认；否认（denials）不可以被承认。承认对某人自己之断言的否认，就会违背自相矛盾的原则。出于相同的原因，只有当一个主张并非已知与做出该承认的这个当事方的其他主张不相一致时，该主张才能得到承认。关于承认，再没有其他先决条件；对于各当事方达成一致之意愿也没有刻意设置任何的障碍。通过承认一个论证或一个反驳，当事方就放弃了做出相反论证的机会。

1. **步骤**（concede(claim c)）

    先决条件

    - (claims c) ∈ O_o
    - ¬known (claims (p) ∪ {c}, false)

    效果

    (1) O_o ← O_o \ {(claim c)}

    (2) C_o ← C_o ∪ {(claim c)}

2. **步骤**（concede(claims A c)）

    先决条件

    - (argument c) ∈ O_o

    效果

    (1) O_o ← O_o \ {(argument A c)}

    (2) C_o ← C_o ∪ {(argument A c)}

3. **步骤**（concede(rebuttal A c R)）

    先决条件

    - (rebuttal A c R) ∈ O_o

效果

(1) $O_o \leftarrow O_o \setminus \{(\text{rebuttal A c R})\}$

(2) $C_o \leftarrow C_o \cup \{(\text{rebuttal A c R})\}$

只存在两个规则来支配否认。只有主张和否认是可以被否认的。论证和反驳不可以被否认，因为当一个论证或反驳被断定时，我们就会要求支持方去证明它。一个当事方可以否认一个主张，仅当它并非是已知由他自己的主张推衍得到的。这是反自相矛盾原则的另外一种应用。通过否认了一个否认，该当事方就将该主张所产生的所有争议点都留给了法庭来审判，并且放弃了提出支持其主张的论证的机会。

否认一个陈述并不等同于主张该陈述的否定，因为这涉及证明责任的划分。一个否认的实际效果就在于要求另一方承担其证明的责任。相反，一个承认则解除了对方证明其主张的责任。

4. **步骤** (deny(claim c))

   先决条件

   - (claim c) $\in O_o$
   - $\neg$ known(claims(p), c)

   效果

   (1) $O_o \leftarrow O_o \setminus \{(\text{claim c})\}$

   (2) $D_o \leftarrow D_o \cup \{(\text{claim c})\}$

   (3) $O_p \leftarrow O_p \cup \{(\text{denial}(\text{claim c}))\}$

5. **步骤** (deny(denial c))

   先决条件

   - (denial s) $\in O_o$

效果

(1) $O_0 \leftarrow O_0 \setminus \{(\text{denial s})\}$

宣布一个规则就是直接将它添加到作为该记录之背景的规则集中去。它只有一个先决条件,那就是不能已经存在其他具有相同名称的规则。(在下面的资格审查中,如果两个规则具有相同的名称,它们就会被视为等同。)

6. **步骤**(declare r)

    先决条件

    - $r \notin \text{rules}$

    效果

    (1) $\text{rules} \leftarrow \text{rules} \cup \{r\}$

最后,存在几种辩护。辩护并不仅仅是否认或承认对方所断定的陈述,而是提出一个论证来反对该陈述。如果对方已经否认了某个主张,则辩护就是要提出一个论证来支持该主张。如果对方已经提出了一个论证,则辩护就是要提出一个反驳型的相反论证。如果对方已经断定了一个反驳,则辩护就是要提出一个相反论证来击败该反驳,或者对该反驳提出一个反驳。

一个辩护通常断定了新的主张。例如,当一个人用(argument A c)这样一个支持型的论证来为一个主张进行辩护时,他不仅断定了 c 是 A 的必然后承,而且还主张 A 中每个公式都是真的。不过,每个主张至多只能被断定一次。如果已知之前某个主张推衍出了 A 中的某个公式,之前的这个较强的主张就是唯一开放的、有待争论的主张。相对于较弱的陈述,不会有任何主张被断定。这个规则鼓励当事方仅仅做与证明一个论证所需要的强度相当的主张。比必要的强度更强的主张应该只有在需要的时候才可以提

诉答博弈
—— 程序性公正的人工智能模型

出来。例如，在任何种类的货物都能满足要求的情境下，人们不应该主张抵押物是消费品，而应该仅仅主张抵押物是货物。如果人们不能证明抵押物是消费品的话，那么就不会再有机会来证明它出于其他某种原因而是货物。

辩护的一个效果就是承认反对方已知由该辩护之论证所推衍出来的所有开放性主张。这仅仅是为了方便，因为否认的先决条件之一是被否认的主张不能是已知由进行否认的这一方的主张推衍出来的。所以，唯一允许的步骤就是承认该主张，这一步因而也是由辩护自动完成的。

论证中的可适用性假设就像主张一样，也没有得到断定。一个规则会因为否认了它的支援而受到挑战，但不会因为驳斥了它的一个实例的可适用性假设而受到挑战。反过来，对一个规则构成支持的做法是为其支援提供论证，而非为可适用性假设提供论证。这些假设包含在对于技术性理由的论证中，而这些理由则与条件推衍实现可废止推理的方式有关。这些理由借助条件推衍而得到最大化。具体细节参见第 4.4 节关于盖夫勒与珀尔的系统的论述。

一个反驳可以但无需断定更多的主张。当没有做出主张时，反驳就断定了被反驳的这个论证是不一致的。比如，(argument A c) 这个论证的一个反驳就是证明 A 是不一致的。相似地，(rebuttal A c R) 这个反驳本身可以通过证明 R 是不一致的而受到反驳。在这里，我们看到了为何反驳会拥有其自己的语法形式而非被表述为 (argument (union A R) false) 的理由。尽管为了做出反驳，人们必须证明 A∪R 是不一致的，但反对方应该被赋予机会通过证明只有 R 是不一致的来进行回击。只要区分了 A 和 R，这种机会就能通过对于反驳的表述而得到保留。

反驳和击败型相反论证可以接受这样一种论证，即它们是"出于论证的目的"才针对该论证做出辩护的。直观上,当给出这样一个辩护时,人们会说"即便你主张的所有事实都是真的,而这种主张正是我所否定的,你还是错的,因为还有其他事实"。比如,假设一个当事方已经论证了第九条不适用于担保交易因为担保物权是根据§9-102(2)由法定留置权所产生的。这个论证提出了三个陈述,其中每一个都可以接受答辩。第一个陈述是这个主张,即该物权是由法定留置权所产生的。第二个陈述是这样的论证,即如果一个物权是由法定留置权产生的,那么它就被排除在第九条之外了。第三个陈述是,第九条为"法定留置权被排除"这个命题提供了权威性。(这就是关于支援的问题。)反对方可以对这些陈述中的每一个做出回应。他可以否认存在法定留置权,否认第九条排除了法定留置权,并且同时在一个反驳中论证:即使法定留置权被排除了,这种担保物权还是被第九条所涵盖的,比如可诉诸第九条即§9-310。这里只有一个限制条件,那就是一个当事方不可以既否认存在法定留置权,又主张它是一种特殊的法定留置权。

在这个系统中,证明责任在各个当事方之中进行划分。提出(argument A c)这个论证的当事方必须证明 Θ∪A⊨c。可是,他不再需要证明 Θ∪A 是一致的。该论证的反对方的责任在于通过断定一个反驳来证明它的不一致性。相似地,断定(rebuttal A c R)这个反驳的当事方必须证明 Θ∪A∪R⊨false,但是他的反对方可以证明 R 单独是不一致性的根源:Θ∪R⊨false。别忘了,反驳是一种相反论证,它不会被它想要反驳的那个论证的某个子集所击败。这里并不是要求该反驳的支持者去证明这种反驳能够经得起所有这些子集的攻击,因为证明责任在当事方者之间同样做了划分。反驳的支持者必须要证明的东西仅仅是,该反驳是一个相反论证并且这种相反论证并非已知被其他论证的某个子集所击败。反对

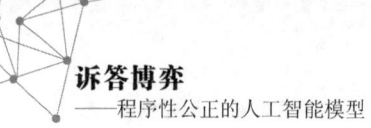

诉答博弈
——程序性公正的人工智能模型

方的责任在于使用更强的推衍关系⊢来证明,所谓的反驳实际上被其他论证的某个子集所击败了。可是,当断定一个击败型的相反论证时,做出断言的那个当事方将承担全部的证明责任,他要证明它是一个击败型的相反论证。

为了确保规则得到遵循,证明一个话语规则的先决条件得到满足的这个责任是由采取这个步骤的那个当事方来承担的,而不是由对博弈进行调解的人(或机器)来承担的。比如,当对话规则的先决条件需要关于一致性的证明时,采取这个步骤的那个当事方就需要提出这样一种形式的证明,以便可以对它有效地进行检查。也就是说,证明的检查问题必须是可判定且易操作的。诉答博弈的规则并没有明确这个条件是如何得到满足的。至少存在两种可能性:①在某种演算中,比如在作为贯穿搜索空间(search space)的一条路径中,证明可被包装为推导规则之应用的一个序列。要检查该种证明,人们仅需要确认每个推导规则之应用都是正确的。②对于证明的表述可以使用一套能够用于运行某种基准定理证明器(reference theorem prover)的设定,比如一种特定的启发式的评估功能、搜索策略的挑选以及像深度或时间限度这样的来源之界限。如果要对证明进行检查的话,调解人只需要使用这些设定来运行该定理证明器即可。支持方被认为是已经满足了其证明之责任,仅当使用了这些设定之后,该基准定理证明器成功地发现了一个证明。

只有当c这个公式是一个争议点时,才可以对(claim c)这个主张、(argument A c)这个论证或者(rebuttal A c R)这个反驳做出辩护。这种限制条件避免了对于不相干之主张和论证的断言,而这些断定将会不恰当地延长诉答过程。不相干的主张和论证可以被否认或承认,以便将它们从需要回应的开放式陈述的集合中移除出去。然而,当在承认与否认陈述之间进行选择时,即使它

第 5 章　诉答博弈

们是无关的，人们也必须要小心谨慎。如果一个主张被承认了，之后就只能允许这样一些主张，即并非已知与它不相一致的主张以及由该当事方所做的或所承认的其他主张。如果一个主张被否认了，之后该当事方就不可以再做出已知可被它所推衍出来的主张。

禁止使用已被否认的主张来进行论证，其目的在于设法阻止顽固纠缠。一个主张只应该在真诚地情况下被否认。可是，真诚（good faith）并不是某种可形式地确定的东西。因此，这个规则带来了这样的危险，即当事方将被禁止使用一个在真诚地情况下被否认的主张，即使他已经被支持该主张的论证说服。为了弥补这个规则中的潜在漏洞，在一个开放式的主张可能在一个论证中被使用之前，该主张必须得到承认。否则，很可能会因为先做了论证然后又否认了在该论证中所使用的主张，从而使得这个规则变得无效。

出于类似的原因，仅当当事方并没有否认一个规则拥有其支援时，该规则才可以在一个论证中应用。

在这个系统中，确切地说，任何陈述都只允许有一个答辩。在技术上，这一点是通过只允许针对对方的开放式陈述集中的陈述做出回应来实现的。由于每个步骤的效果之一都是从开放式陈述集中消除该陈述，所以至多只可能有一个答辩。这种限制条件也适用于辩护。例如，只可以做一个论证来支持一个被对方所否认的主张。每个当事方都有责任使用最好的论证。这个规则的目的是要阻止当事方做站不住脚的论证，因为这种做法只不过是想要拖延解决冲突的时间。不难想象，如果允许较小数量的辩护而非只允许一个辩护的话，这个规则就可以在某种程度上被放宽。

至于论证是否要最小化，不存在任何形式上的要求。换言之，为了做出论证（argument A c），支持方无需先证明不存在 A 的子集 B 使得 $\Theta \cup B \vDash c$。有两个原因来支持这一点。第一，因为支

持方有责任证明 A 中的所有公式，尽可能地保证 A 对其本身而言是有利的。在这里，要实现避免不必要的主张之目的，无需进行形式的检查。第二，当一个反驳因断定了一个相反论证而被击败时，我们知道该相反论证在这种涵义上不是最小化的，因为它是被反驳的这个论证的一个超集（superset）。在相反论证中额外添加公式的目的并非在于证明主张，而是在于击败反驳。

7. **步骤** (defend (denial (claim c)) A)

   先决条件

   - (denial (claim c)) $\in O_O$
   - issues (c, ϕ)
   - ¬(∃q∈A. (claim q) ∈ ($O_O \cup D_O$))
   - ¬known (claims (p) ∪A, false)
   - Θ∪A⊨c

   效果

   (1) $O_o \leftarrow O_o \setminus \{(\text{denial (claim c)})\}$

   (2) 对每个 (claim q) $\in O_o$ 而言，如果 known (claim (p) ∪A, q)，则

   ① $O_o \leftarrow O_o \setminus \{(\text{claim q})\}$

   ② $C_o \leftarrow C_o \cup \{(\text{claim q})\}$

   (3) 对任意 q∈A，如果

   ① ¬known (claims (p), q)，并且

   ② q 不是可适用性假设，

   则 $O_P \leftarrow O_P \cup \{(\text{claim q})\}$

   (4) $O_P \leftarrow O_P \cup \{(\text{argument A c})\}$

第 5 章 诉答博弈

8. **步骤** (defend (argument A c) R)　　　　　　　138

    先决条件

    - (argument A c) $\in O_O$
    - issue (c, φ)
    - ¬(∃q∈R. (claim q) $\in (O_O \cup D_O)$)
    - ¬known (claims $(p) \cup R$, false)
    - $\Theta \cup A \cup R \vDash$ false
    - A 不包含一个已知是 R 的击败型相反论证的子集

    效果

    (1) $O_O \leftarrow O_O \setminus \{$(argument A c)$\}$

    (2) 对每个 (claim q) $\in O_O$ 而言，如果 known (claim $(p) \cup R$, q) 那么

    ① $O_O \leftarrow O_O \setminus \{$(claim q)$\}$

    ② $C_O \leftarrow C_O \cup \{$(claim q)$\}$

    (3) 对任意 q∈R，如果

    ① ¬known (claims (p), q)，并且

    ② q 不是可适用性假设，

    则 $O_P \leftarrow O_P \cup \{$(claim q)$\}$

    (4) $O_P \leftarrow O_P \cup \{$(rebuttal A c R)$\}$

9. **步骤** (defend (rebuttal A c R) {})　　　　　　　139

    先决条件

    - (rebuttal A c R) $\in O_O$
    - issue (c, φ)
    - $\Theta \cup R \vDash$ false

    效果

    (1) $O_O \leftarrow O_O \setminus \{$(rebuttal A c R)$\}$

(2) $C_p \leftarrow C_p \cup \{(\text{argument R false})\}$

10. **步骤** (defend (argument A c R) D)

    先决条件
    - (rebuttal A c R) $\in O_o$
    - issue (c, ϕ)
    - $\neg (\exists q \in D. (\text{claim q}) \in (O_o \cup R_o))$
    - $\neg$ known (claims (p) $\cup$ D, false)
    - D 是 R 的一个击败型相反论证

    效果
    (1) $O_o \leftarrow O_o \setminus \{(\text{rebuttal A c R})\}$
    (2) 对每个 (claim q) $\in O_o$ 而言，如果 known (claims (p) $\cup$ D, q) 那么
      ① $O_o \leftarrow O_o \setminus \{(\text{claim q})\}$
      ② $C_o \leftarrow C_o \cup \{(\text{claim q})\}$
    (3) 对任意 q $\in$ D, 如果
      ① $\neg$ known (claims (p), q), 并且
      ② q 不是可适用性假设，
      则 $O_p \leftarrow O_p \cup \{(\text{claim q})\}$
    (4) $O_p \leftarrow O_p \cup \{(\text{argument} (A \cup D) \text{ c})\}$

以上就完成了对于话语规则集的定义。现在，我们转向控制与终止的问题。诉答是如何开始的？博弈者在每一轮中的义务是什么？诉答过程什么时候结束？当事方中的一方在结束阶段能否"赢"，而无需将案件诉诸庭审？这些都是接下来要回答的主要问题。

就像在通常的博弈中一样，博弈者轮流采取步骤，直到某个终止标准得到满足。被告方走第一轮。（别忘了，原告方的主张

被认为是初始背景情境的一部分。）在每一轮次中，博弈者必须继续采取步骤直到没有相关的陈述再留待答辩为止。不过，不相关的陈述也可以被答辩，只要某个步骤适用于它即可。当轮到一个当事方开始采取步骤但没有相关的陈述留待答辩时，该博弈的诉答阶段就结束了。因此，为了清晰地阐述这些规则，我们首先需要定义相关性。

定义 15（陈述的相关性）

一个陈述是相关的，当且仅当它所陈述的公式是一个争议点。存在四种情形，每种情形都对应着一种陈述。具有（claim c）、（argument A c）或（rebuttal A c D）这种形式的陈述是相关的，当且仅当 c 是一个争议点。最后，（denial s）是相关的，当且仅当 s 是相关的。

现在，我们来用伪代码（pseudocode）将诉答的规则公式化，并将其表达为一个递归的程序：

```
procedure plead (p: statements);
  var s: statements;
  var m: assertion;
begin
  if opponent(p) has relevant open statements then
    begin
      while open relevant statements remain do
        begin
          s := one of the statements;
          m := some move applicable to S;
```

```
            execute m;
         end;
      plead(oppenent(p));
   end;
end;
```

在这个程序中,有两个选择点,即选择一个陈述来针对其做出答辩和选择一个适用于那个陈述的步骤。尽管只有有穷多个开放式的陈述需要做出答辩,但对任意这样的陈述却存在无穷多个可适用的步骤。(比如,可以宣布任意的新规则并且规则的论域是无穷的。)因此,启发式的方法将是进行博弈所需要的,无论该博弈是由人还是由人工智能系统来进行的。

原告方先提出主张,由此启动了诉答博弈,而当事双方通过某个非固定化的程序对于作为背景的语句和规则之集合达成一致。他们将有可能一致赞同该集合包含着关于某个法律领域的整个"知识库"。在最坏的情况下,这些集合会是空的,而博弈就是在"空白背景"下开始的。这就是背景情境的初始状态。需要注意的话,一开始只有原告方的开放式陈述才是主要的主张。

```
const background = (c, S, R);
var plaintiff: statements: = ({(claim c)},{},{});
var defendant: statements: = ({},{},{});
```

然后,由被告方走第一轮来开始该诉答博弈:

```
plead(defendant);
```

在诉答博弈结束时,原告方是"赢家",当且仅当不再存在争议点并且 c 这个主要主张是被 <K, facts> 这个缺省理论通过条件推衍得到的，其中 K 是最终的背景情境。出于这种目的，用于检测条件推衍的单调的后承关系是比较弱的、可判定的 known 关系，而非 ⊢ 这种关系。如果主要主张不是条件推衍得到的（这里同样使用 known 关系），并且不存在争议点有待判定，那么被告方就"赢"了。如果当事双方在这个阶段都没有赢，那这场诉答博弈就会以"平局"收场并且案件将接着进入庭审环节。

借助民事程序法，如果一个当事方赢了诉答博弈，那么他就有资格获得即决判决（summary judgment）。当"关于实质性的事实不存在真正的争议点并且他在法律上有资格获胜"时 [20, p.1287]，即决判决就应该支持这个当事方的主张。

5.4 细节性的案例

本节将使用这一章开始处提出的史密斯诉琼斯这个假设性案件，讨论诉答博弈是如何进行的。在本节所展示的编码是来自于一个实际的博弈副本，该博弈使用了下一章所描述的实现系统来展开。这里还有一些可用于进行系统之间互动的命令，当它们首次使用时，我将对它们做出解释。

让我们回忆一下，米勒是两项贷款的债务人，这两项贷款都是用他的船做担保的，其中一项贷款的债权人是原告方史密斯，另一项的债权人是被告方琼斯。这两项贷款米勒都未能偿还，而实际的问题是这两项担保物权中的哪一个才具有优先性。不过，就提出这个例子的目的而言，我们将集中论述一个附带的问题，即史密斯是否如其所主张的那样，已经完善了他的担保物权。我们假设诉答博弈是因史密斯提起控诉而开始的，在这项控诉中他主张他的担保物权即 s1 是完善的。

```
p:(argument bg
    (set (all (x y)
            (if (and (preferred x y)
                    (antecedent x)
                    (ap y)
                    (ap x))
                false))))
p:(complaint (perfected s1) bg)
```

argument（论证） 这个命令定义了一个论证。这里的 bg 是假定在该博弈开始之前双方博弈者都接受的背景公式集。为了便于表达两个规则之间的优先性关系，它只包含第 5.2 节中讨论过的公式。

complaint（控诉） 这个命令通过在原告方的开放式陈述集中添加主要主张从而启动了该博弈，而这个主要主张就是：s1 是完善的。它还宣布 bg 为背景的构成部分。下面轮到被告方采取步骤：

```
d:(statements)
(claim (perfected s1))
d:(issues)
((perfected s1))
d:(deny (claim (perfected s1)))
```

该被告方采取的步骤首先是从询问信息开始的。**statements（陈述）** 这个命令列出了反对方的相关的开放式陈述。在这里，只有这么一个陈述是主要主张。issues（争议点）这个命令列出了当前争议点之集合，这个争议点同样仅仅是这个主张，即 s1 是完善的。下一个步骤应用诉答博弈的规则 4，否定了该担保物权是完善的。主张 c 只有当并非已知由支持方的主张推衍得到时才可被否认。这一步骤的一个效果是在支持方的开放式陈述集中添加了下列陈述：

```
(denial (claim c))
```

做此添加的目的在于给反对方以机会来提供一个支持型的论证。由于没有更进一步相关的开放式陈述留待答辩，所以就轮到原告方采取步骤。

```
p:(statements)
(denial (claim (perfected s1)))
p:(rule ucc-9-305 (p s g)
    if (and (secured-party s p)
            (collateral s g)
            (goods g)
            (possession g p))
    then (perfected s))
```

这里只有一个陈述需要答辩，那就是被告方对于主要主张的否定。接着，原告方宣布了一个规则，即 ucc-9-305，他相信这是对《统一商法典》§9-305 的一个恰当表述，而该条法律说的是对货物的担保物权可以通过占有来完善。(rule < symbol >...) 这种形式将符号与规则联结在一起，并应用诉答博弈的规则 6 宣布了这个规则。宣布这个规则要想陈述的是，对货物的担保物权可以

219

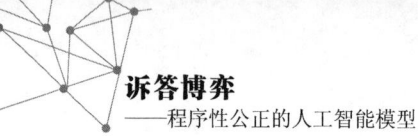

诉答博弈
——程序性公正的人工智能模型

通过占有来完善。规则都被翻译为一些公式和一个缺省,并且被添加到背景语境中去。这个规则的名字之前没有使用过,因为之前用的是其他规则。不存在其他先决条件,而且不需要、也不允许对仅仅得到宣布的规则做出回应。

```
p:(argument a1 (apply ucc-9-305 (smith s1 ship1)))
```

接下来,原告方定义了一个论证,即a1,他使用了一个函数,即apply(适用),该函数通过将一个规则应用于项的一个由项构成的三元组,从而构造了一个论证。这种构造方式仅仅是出于使用上的方便。

```
p:(defend (denial (claim (perfected s1))) a1)
```

原告方是通过断定一个支持型的论证来回应被告方对其主张的否认,他使用了诉答博弈的规则7。这个系统使用定理证明器,查明该论证的确是一个支持型的论证。当断定一个支持型的论证时,这个主张必须是一个争议点。在该论证中,所有公式都不能是已经被反对方所主张的,但可以是被支持方所否认的或至今尚未得到答辩的。该论证可以并非已知与支持方之前的主张不相一致。最后,支持方有责任证明,该论证对于这个主张而言是一个支持型的论证。这一步骤的效果是承认反对方的所有已知由该论证以及支持方的其他主张推衍出来的开放式主张。同样,该论证的所有并非已知由支持方之前的主张所推衍出来的主张(即非假设)都作为新的主张而得到断定,以便由反对方分别进行答辩,就像对该论证所进行的陈述本身的情况一样。接着,轮到被告方采取步骤。

```
d: (statements)
(claim (backing ucc-9-305))
(claim (secured-party s1 smith))
(claim (collateral s1 ship1))
(claim (goods ship1))
(claim (possession ship1 smith))
(argument
    ((possession ship1 smith)
     (goods ship1)
     (collateral s1 ship1)
     (secured-party s1 smith)
     (backing ucc-9-305)
     (ap (inst ucc-9-305 (parms smith s1 ship1))))
    (perfected s1))
```

被告方先是询问原告方的哪些陈述是开放式的以及是相关的。要注意的是,原告方的支持型论证 a1 的主张已被添加到他的开放式陈述集中去了,正如该论证本身一样。

```
d: (deny (claim (goods ship1)))
d: (concede (claim (collateral s1 ship1)))
d: (deny (claim (possession ship1 smith)))
d: (concede (claim (secured-party s1 smith)))
```

在这里,被告方使用该博弈的规则 1 和规则 4,直接否认和承认了其中的一些新主张。仅当一个主张并非已知与支持方的主张不相一致时,它才可以被承认,因为按照话语规范,主张不得自相矛盾。否认的东西不可以被承认。当事方不允许撤回主张。

```
d: (rule sma-1 (s g)
    if (and (collateral s g)
            (ship g)
            (not (filed s))
            (perfected s))
    then false)
```

这里宣布了一条规则，它表述了《船舶抵押法》§1的（假设性）规定。该规定说的是：如果财务报表还没有被提交，那么"对船舶的担保物权是完善的"这种假设就会造成不一致性。

```
d: (argument r1
    (set (ship ship1)
         (collateral s1 ship1)
         (backing sma -1)
         (ap (inst sma -1 (parms s1 ship1)))
         (not (filed s1))))
```

被告方明确地定义了一个论证，即r1。在这里，apply（适用）这个便利的函数可能没法使用，因为被告方并不想承认s1是完善的，这是原告方的主要主张。（difference这个函数在这里将会派上用场，不过它目前还没有得到表达。）

```
d: (defend (argument a1 (perfected s1)) r1)
```

被告方借助于诉答博弈的规则8，用r1反驳了a1。该系统查明了，r1是a1的一个相反论证，并且a1并非已知免受它的攻击。如果要断定（defend（argument A c）R），公式 c 必须是一个争议点，在 R 中所有公式都不可以是反对方未承认的主张，并且 R 不得已知与支持方之前的主张不相一致。支持方有责任证明，R 是一个并非已知被 A 击败的相反论证。如果 R 是空集，那么 A 本身就被证明是不一致的。反驳与击败型相反论证接受这样的论证所包含的主张，即它们是出于论证之目的才反对该论证的，不过它们并不承认这些主张。一个反驳的效果与支持型论证的那些效果相似：所有已知被该反驳推衍出来的开放式主张都得到承认，该反驳中的所有并非已知由支持方之前的主张推衍出来的主张都作为新主张得到断定，以及最后，（rebuttal A c R）这个陈述被断定。不再有其他相关的陈述留待答辩，因而又轮到原告方来采取步骤。

```
p:(statements)
(denial(claim(goods ship1)))
(denial(claim(possession ship1 smith)))
(claim(if(filed s1)false))
(claim(backing sma-1))
(claim(ship ship1))
(rebuttal
   ((possession ship1 smith)
    (goods ship1)
    (collateral s1 ship1)
    (secured-party s1 smith)
    (backing ucc-9-305)
    (ap(inst ucc-9-305(parms smith s1 ship1))))
    (perfected s1)
```

```
      ((ship ship1)
       (collateral s1 ship1)
       (backing sma-1)
       (ap (inst sma-1 (parms s1 ship1)))
       (not (filed s1))))
p: (issues)
((ship ship1)
 (possession ship1 smith)
 (goods ship1)
 (perfected s1)
 (backing sma-1)
 (not (filed s1)))
```

同样，该系统首先询问了反对方的相关的开放式陈述，在这里反对方就是被告方，相关的开放式陈述集就是当前的争议点之集合。

```
p: (deny (denial (claim (possession ship1 smith))))
p: (deny (claim (not (filed s1))))
p: (deny (claim (backing sma-1)))
p: (concede (claim (ship ship1)))
p: (rule ucc-9-105-h (x)
       if (movable x)
       then (goods x)
       unless (money x))
p: (argument a2 (apply ucc-9-105-h (ship1)))
p: (defend (denial (claim (goods ship1))) a2)
```

在被告方的上面这一轮次中,他否定了船舶都是货物以及原告方占有了该油轮。这里,原告方首先使用诉答博弈的规则5,直接否定了被告方对于其占有油轮之主张的否认。否定一个否认,如果没有断定更多的主张,那效果只能是将开放式的陈述留待法庭审判。接着,原告方通过论证根据《统一商法典》§9-105(h)可移动的东西都是货物,来支持他的主张,即船舶是货物。

```
p:(rule lex-posterior (r1 p1 a1 d1 r2 p2 a2 d2)
    if (and (conflicting (inst r1 p1) (inst r2 p2))
            (authority r1 a1 d1)
            (authority r2 a2 d2)
            (before d2 d1))
    then (preferred (inst r1 p1) (inst r2 p2))
    unless (applies (inst lex-superior
                       (parms r2 p2 a2 d2
                              r1 p1 a1 d1))))
p:(argument d1
      (apply lex-posterior
         (ucc-9-305 (parms smith s1 ship1) ca 1972
         sma-1 (parms s1 ship1) us 1960)))
p:(defend (rebuttal a1 (perfected s1) r1) d1)
```

在这里,原告方通过论证《统一商法典》优先于《船舶抵押法》(因为前者较之后者更新[3]),击败了被告方对于其论证的反

---

[3] lex-posterior(新法优先)和 lex-superior(上位法优先)这两个规则中的一长串变量可以通过在它们的前件中使用存在量词而省略掉。只有当变元出现在一个规则的结论或例外中时,它才需要是这个规则的参量。

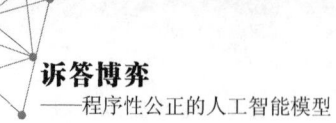

诉答博弈
——程序性公正的人工智能模型

驳,而其论证就是:对船舶的担保物权可通过占有来得到完善。原告方将"上位法优先"原则包含在例外中,这表明他承认它优先于"新法优先"原则。对于击败型相反论证的断定是由诉答博弈的规则10所规定的。

(defend (rebuttal A c R) D) 这一步断定了 D 是对于 R 的一个击败型相反论证,而 R 是对于 A 的反驳。这一步的先决条件和效果类似于反驳的先决条件与后果,除了支持方必须表明 D 击败了 R 这一点之外。如果 D 等价于 A,则 R 就不是对于 A 的反驳,但这一点却并非是已知的。证明"D 击败了 R"的这个责任是由与证明这种击败利益攸关的那个当事方来承担的。因为 D 必须击败 R,而不仅仅是免受其攻击,所以 D 中所包含的假设都必须要优先于 R 中的所有假设。这一步骤的效果是要断定更强的论证,即 (argument (union A D) c),这给了反对方另外一次机会来构造其他反驳。

由于不存在其他相关的开放式陈述,故而轮到被告方来采取步骤。

```
d: (issues)
 ((before 1960 1972)
  (authority ucc-9-305 ca 1972)
  (authority sma-1 us 1960)
  (conflicting
       (inst ucc-9-305 (parms smith sl ship1))
       (inst sma-1 (parms sl ship1)))
  (movable ship1)
  (possession ship1 smith)
  (goods ship1)
```

```
(perfected s1)
(backing ucc-9-105-h)
(backing lex-posterior)
(backing sma-1)
(not (filed s1)))
d: (statements)
(denial (claim (not (filed s1))))
(denial (claim (backing sma-1)))
(claim (backing ucc-9-105-h))
(claim (movable ship1))
(argument
     ((movable ship1)
      (backing ucc-9-105-h)
      (ap (inst ucc-9-105-h (parms ship1))))
(goods ship1))
(claim (backing lex-posterior))
(claim
   (conflicting
       (inst ucc-9-305 (parms smith s1 ship1))
       (inst sma-1 (parms s1 ship1))))
(claim (authority ucc-9-305 ca 1972))
(claim (authority sma-1 us 1960))
(claim (before 1960 1972))
(argument
    ((before 1960 1972)
```

```
(authority sma-1 us 1960)
(authority ucc-9-305 ca 1972)
(conflicting
    (inst ucc-9-305 (parms smith s1 ship1))
    (inst sma-1 (parms s1 ship1)))
(possession ship1 smith)
(goods ship1)
(collateral s1 ship1)
(secured-party s1 smith)
(backing lex-posterior)
(backing ucc-9-305)
(ap (inst lex-posterior
        (parms ucc-9-305 (parms smith s1 ship1) ca 1972
            sma-1 (parms s1 ship1) us 1960)))
(ap (instance ucc-9-305 (parms smith s1 ship1))))
(perfected s1))
```

149　　就像通常那样，被告方先列出了当前的争议点和相关的开放式陈述。

```
d: (deny (denial (claim (not (filed s1)))))
d: (deny (denial (claim (backing sma-1))))
d: (deny (claim (backing ucc-9-105-h)))
d: (concede (claim (movable ship1)))
d: (concede (claim (backing lex-posterior)))
```

```
d:(concede
      (claim(conflicting
              (inst ucc-9-305 (parms smith s1 ship1))
              (inst sma-1 (parms s1 ship1)))))
d:(concede (claim (authority ucc-9-305 ca 1972)))
d:(concede (claim (authority sma-1 us 1960)))
d:(concede (claim (before 1960 1972)))
```

接着,被告方否认或承认了原告方所提出的几个新的主张。针对《统一商法典》§9-305 之表述的支援性主张和"新法优先"原则都得到承认,所以这些潜在的法律性的争议点都被回避了。需要注意的是,关于《统一商法典》§9-305 和《船舶抵押法》的主张,比如§9-305 是 1972 年加州颁布的法律,都已经被提了出来并且得到了承认,而没有在对象层面留下争议点。

```
d:(concede (argument a2 (goods ship1)))
```

在这里,被告方承认了关于"船舶都是货物"的这个论证,因为它们是可移动的,尽管他一开始否定了"ship1 是货物"这个主张。对于论证的承认是由诉答博弈的规则 2 来控制的。一个论证可以在任何时候被承认。被承认的论证必须是已知正确的,因为这是进行论证首先需要满足的先决条件。如果承认一个论证,那就放弃了提出相反论证的机会。

承认这个论证并没有违背反对自相矛盾的规范,因为被告方从未主张船舶都不是货物。他仅仅要求原告方承担证明"ship1 是货物"的责任。否定 p 这个主张与主张(not p)并不是一回事。

```
d: (rule lex-superior (r1 p1 a1 d1 r2 p2 a2 d2)
       if (and (conflicting (inst r1 p1) (inst r2 p2))
               (authority r1 a1 d1)
               (authority r2 a2 d2)
               (higher a1 a2))
       then (preferred (inst r1 p1) (inst r2 p2)))
d: (argument r3
       (apply lex-superior
              (sma-1 (parms s1 ship1) us 1960
              ucc-9-305 (parms smith s1 ship1) ca 1972))))
d: (defend (argument (union a1 d1) (perfected s1)) r3)
```

在这里,被告方接受了原告方的邀请,对"新法优先"原则做出了反驳,他使用的是"上位法优先"原则作为例外。

于是,再次轮到原告方采取步骤。

```
p: (statements)
(denial (claim (backing ucc-9-105-h)))
(claim (backing lex-superior))
(claim
    (conflicting
        (inst sma-1 (parms s1 ship1))
        (inst ucc-9-305 (parms smith s1 ship1))))
(claim (higher us ca))
(rebuttal
    ((before 1960 1972))
```

```
(authority sma-1 us 1960)
(authority ucc-9-305 ca 1972)
(conflicting
    (inst ucc-9-305 (parms smith s1 ship1))
    (inst sma-1 (parms s1 ship1)))
(possession ship1 smith)
(goods ship1)
(collateral s1 ship1)
(secured-party s1 smith)
(backing lex-posterior)
(backing ucc-9-305)
(ap (inst lex-posterior
        (parms ucc-9-305 (parms smith s1 ship1)
            ca 1972 sma-1 (parms s1 ship1)
        us 1960)))
(ap (inst ucc-9-305 (parms smith s1 ship1))))
(perfected s1)
((higher us ca)
(authority ucc-9-305 ca 1972)
(authority sma-1 us 1960)
(conflicting
    (inst sma-1 (parms s1 ship1))
    (inst ucc-9-305 (parms smith s1 ship1)))
(backing lex-superior)
(applicable
    (instance lex-superior
```

```
                    (parms sma-1 (parms s1 ship1) us 1960
                        ucc-9-305 (parms smith s1 ship1)
                        ca 1972)))))
p: (issues)
((higher us ca)
 (conflicting
      (inst sma-1 (parms s1 ship1))
      (inst ucc-9-305 (parms smith s1 ship1)))
 (possession ship1 smith)
 (goods ship1)
 (perfected s1)
 (backing ucc-9-105-h)
 (backing lex-superior)
 (backing sma-1)
 (not (filed s1)))
```

原告方首先列出了当前的争议点和相关的开放式陈述。

```
p: (deny (denial (claim (backing ucc-9-105-h))))
p: (concede (claim (backing lex-superior)))
p: (concede
      (claim (conflicting
          (inst sma-1 (parms s1 ship1))
          (inst ucc-9-305 (parms smith s1 ship1)))))
p: (concede (claim (higher us ca)))
p: (concede (rebuttal (union a1 d1) (perfected s1) r3))
```

第 5 章 诉答博弈

然后,原告方所做的仅仅是否认或承认剩下来的相关的开放式陈述,包括 r3 这个反驳。按照诉答博弈的规则 3,任何反驳都可以被承认,但代价是失去断定一个击败型的相反论证的机会。

在完成上面这一步之后,对任意一个当事方而言,不再有任何相关陈述留待答辩,因此该诉答博弈结束。不过,争议点依然存在,所以该诉答博弈以平局终结:

```
> (issues)
((possession ship1 smith)
 (perfected s1)
 (goods ship1)
 (backing ucc-9-105-h)
 (backing sma-1)
 (not (filed s1)))
```

下面的 show(展示)这个命令列出了一个论证的所有公式。facts(事实)这个符号局限于当前被当事双方共同接受的公式之集合。在这个特殊的博弈结束之时,这些事实是:

```
> (show facts)
((secured-party s1 smith)
 (ship ship1)
 (collateral s1 ship1)
 (movable ship1)
 (before 1960 1972)
 (higher us ca)
 (authority ucc-9-305 ca 1972)
```

```
(authority sma-l us 1960)
(conflicting
    (inst sma-l (parms sl shipl))
    (inst ucc-9-305(parms smith sl shipl)))
(conflicting
    (inst ucc-9-305(parms smith sl shipl))
    (inst sma-l (parms sl shipl)))
(backing lex-superior)
(backing ucc-9-305)
(backing lex-posterior))
```

5.5 审判博弈

在法律论辩的这个模型中，如果诉答博弈最后实现平局，那么该案件接着就会立即进入法庭审判阶段。该模型并没有对这样一些动议和"策略"提供说明，比如那些被设计出来以便调查证据的动议和策略，而证据的法庭调查可以在诉答程序结束之后、审判程序开始之前进行。

另一种简化情形是，在审判中只有一个博弈者，那就是法庭。在实践中，各个当事方通过他们的法定代理人在审判程序中提交证据，为此存在一些详细的程序性的规则。此外，法庭的事实认定和法律认定的功能在这里被结合起来了，尽管它们实际上可以在法官与陪审团之间进行划分。

法庭在这个模型中扮演着相对"被动的"角色。在整个诉答程序中，法律性和事实性的争议点完全是由两个当事方来确定的。法庭的作用被限定为选择接受其中一方的主张。法庭没有基于其自身的主动性来提出论证的自由。

虽然只有法庭这一个博弈者，审判还是可以被建模为一个博弈，尽管它的模型要比诉答程序的模型简单得多。在这里，该博弈盘被称为"诉讼（proceedings）"，它包含了对诉答过程的记录。

定义 16（诉讼）

诉讼是一个三元组 $<r, A, R>$，其中 r 是对诉答过程的记录，A 和 R 是公式集，它们分别用于表达被法庭接受（accepted）和拒绝（rejected）的主张。

该博弈的步骤只有两个；法庭可以决定接受或决绝某个主张。

定义 17（裁决）

存在两种裁决（decisions），被归纳定义如下：
- 如果 c 是一个公式，则 (accept c) 就是一个裁决。
- 如果 c 是一个公式，则 (reject c) 就是一个裁决。
- 不存在其他裁决。

被接受的公式变成了事实集的一部分。从技术上讲，在诉答程序中所使用的关于 facts（事实）的定义需要修改，以便包括被法庭接受的主张以及被各当事方所承认的主张。争议点要使用这种新的定义来进行确定。

定义 18（审判中的事实）

facts 是参与双方都承认的主张以及法庭所接受的主张。如果记录是 $<b, \pi, \delta>$，则

$$\text{facts} = \{f \mid (\text{claim } f) \in (C_\pi \cup C_\delta) \lor f \in A\}.$$

法庭没有只选择任意一个有争议的主张进行裁决的自由。相反，这些步骤的先决条件被设计出来就是要尽最大可能减少争议点的数量，从而让法庭的注意力集中于那些争议点，它们必须最终被提出来以便对案件做出裁决，以及便于确保由各当事方所做的所有相关论证都没有被忽略掉。出于这个目的，有效争议点（active issue）这个概念就被引入进来。它起的作用与诉答程序中的相关陈述概念的作用相似。有效争议点将在第 5.7 节中得到定义。

产生式规则（production rules）在这里规定了何时一个裁决是可适用的，以及做出的裁决具有何种效果。

154　步骤 (accept c)

　　先决条件

　　　● c 是一个有效争议点。

　　效果

　　　1. $A \leftarrow A \cup \{c\}$

步骤 (reject c)

　　先决条件

　　　● c 是一个有效争议点。

　　效果

　　　1. $R \leftarrow R \cup \{c\}$

当没有其他步骤可进行时，即当没有剩余任何有效争议点时，审判程序就结束了。同样借助伪代码，我将用于引导审判过程而规定好的程序表述如下：

```
const r: record = (b, pi, delta), where b is (c, L, D);
var A: set of L = {};
var R: set of L = {};
while there are applicable decisions do
  begin
    select an applicable decision;
    make the decision;
  end;
```

在审判结束之时，法庭应该做出支持原告方的判决，当且仅当主要主张 c 是由 <K, facts> 这个缺省理论条件推衍出来的，其中 K 是记录的最终背景情境。否则，法庭就应该做出支持被告方的判决。正如在确定一个当事方是否有资格在诉答程序结束后获得即决判决时一样，条件推衍在这里是要使用可判定的 known（已知）后承关系而非较强的⊦关系来确定的。

在这个模型中，法庭有多大的自由裁量权？一方面，法庭有以任意由它选定的方式来对争议点做出裁决的自由。在这里，该模型肯定赋予了法庭过多的自由裁量权。较为实际可行的模型至少应该提出关于证据的法则。比如，可能会有这样一个限制条件，即在审判过程中，某个支持一个主张的证据至少必须在法庭可以接受该主张之前提交出来。另一方面，在这个模型中，各当事方完全负责对于事实性和法律性的争议点的描述。法庭并不被允许基于其自身的主动性来提出论证。此外，法庭必须认真处理各当事方做出的所有论证，只要它们具有相关性。

在讨论法哲学的那一章中，我论述过，法律判决不需要被表述为演绎证明。我的主要观点是：对于划定司法自由裁量权之界限以及

使得裁决接受复查而言，单单演绎证明既不充分也不必要。它不充分，是因为法庭应该有义务认真处理各当事方所做的论证，而且应该不被允许仅仅假设某一方的主张是要得到证明的。它不必要，是因为应该允许那些省略型论证，在这样的论证中毫无争议的前提将不会得到陈述。在这章中提出的模型就上述这几点而言仍然是可靠的。

5.6 论辩图

围绕一个主张产生的争议点依赖于赞成和反对该主张的论证之论辩结构（dialectical structure）。这一节将严格定义这种论辩结构。需要提醒一下的是，论证是一个公式集。令 $\mathbf{A}$ 指示论证涉及的论域（domain）。这里，我们对以下几个函数进行定义：

supports: $\mathbf{L} \rightarrow 2^{\mathbf{A}}$

支持函数，用于计算某个公式的最小支持型论证的集合。

rebuttals: $\mathbf{A} \rightarrow 2^{\mathbf{A}}$

反驳函数，用于计算一个论证的最小反驳的集合。

defeaters: $\mathbf{A} \rightarrow 2^{\mathbf{A}}$

击败函数，用于计算一个论证的最小击败型相反论证的集合。

给定一个公式 p，这三个函数可用于构造 p 的论证和反驳的完整的论辩图。这种图的每个节点都是一个公式集。这种图的根是一个单元集，即 $\{p\}$。该图的其余部分可被划分为不同的层（layers）。处于第一层的论证都是 p 的最小的支持型论证。下一层是由对这些支持型论证的反驳构成的。第三层则是由针对这些反驳的击败型相反论证构成的，等等。

本章一开始曾讨论过对船舶的担保物权是否得到完善的例子，

第 5 章 诉答博弈

下面的图 5.2 揭示了贯穿于该例子之论辩图的一条路径。

我们首先来定义 supports（支持）这个函数。我们将表明这种定义的过程是一种良基性的（well-founded）、但很容易处理的溯因解释过程。

supports：$L \rightarrow 2^A$ 这个函数是从公式到该公式的已知最小的一致性论证的映射。作为首次尝试，我们可以考虑将 supports（支持）定义如下。给定论证集 A 和情境 Θ，$S \in$ supports(p)，当且仅当

1. known(S, p)，
2. ¬known(S, false)，
3. ¬$\exists T (T \subset S \land$ known$(S, p))$。

我们很容易就能证明，使用这个定义来计算一个公式的支持型论证集的问题与从一个命题性的霍恩子句集中寻找一个公式的溯因"解释"问题是同构的。确切地讲，令 <A, supports> 是一个结构，其中 A 是论证集。该结构中的 supports（支持）这个函数可以由 <C, explanation> 这个结构中的 explanation（解释）这个函数来进行模拟，其中 C 是一个命题性的霍恩子句集。

一个字符（literal）或者是命题符号 p，或是它的否定即 ¬p，前者被称为正字符，后者被称为负字符。命题性的霍恩子句通常被定义为至多带有一个正字符的字符集。一个子句 $\{p, \neg q_1, ..., \neg q_n\}$（其中 $n \geq 0$）与 $p \lor \neg q_1 \lor ... \lor \neg q_n$ 这种具有析取形式的公式在解释上是等价的。这样的公式当然等价于 $q_1 \land ... \land q_n \rightarrow p$ 这个实质蕴涵式。一个确定的霍恩子句恰好只有一个正字符。接下来，我们将注意力限定到确定的霍恩子句上，这种子句可以较为方便地表达为序对，即 <$\{\neg q_1, ..., \neg q_n\}, p$>，其中 n 可以是 0。

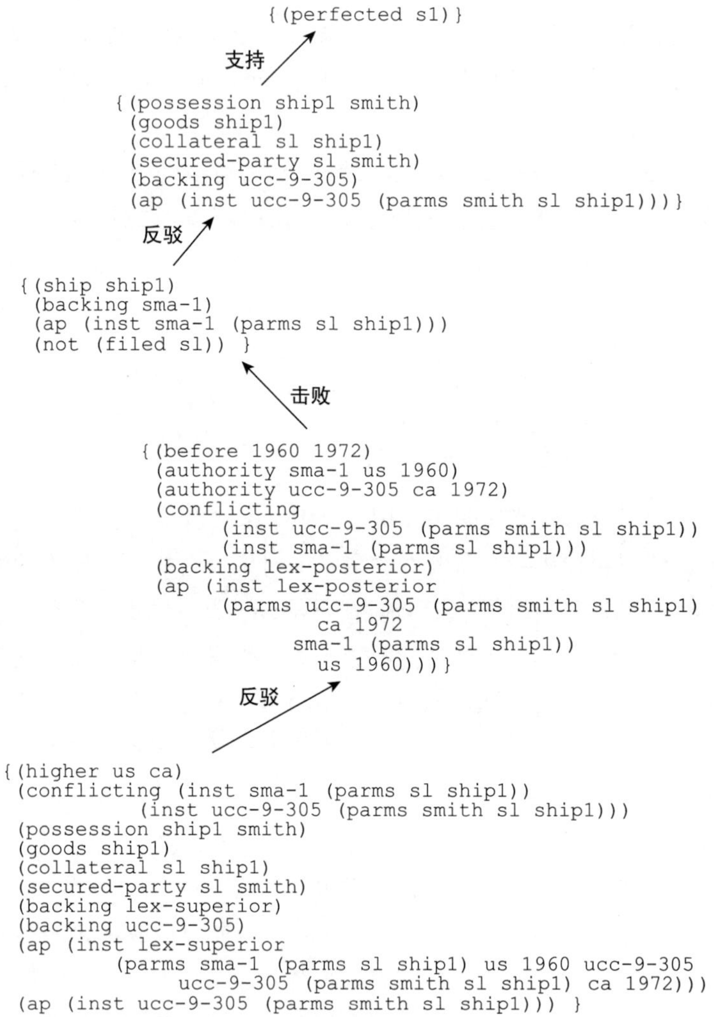

```
                    {(perfected s1)}
            支持 ↗
        {(possession ship1 smith)
         (goods ship1)
         (collateral s1 ship1)
         (secured-party s1 smith)
         (backing ucc-9-305)
         (ap (inst ucc-9-305 (parms smith s1 ship1)))}
     反驳 ↗
 {(ship ship1)
  (backing sma-1)
  (ap (inst sma-1 (parms s1 ship1)))
  (not (filed s1)) }
                  击败 ↖
            {(before 1960 1972)
             (authority sma-1 us 1960)
             (authority ucc-9-305 ca 1972)
             (conflicting
                 (inst ucc-9-305 (parms smith s1 ship1))
                 (inst sma-1 (parms s1 ship1)))
             (backing lex-posterior)
             (ap (inst lex-posterior
                  (parms ucc-9-305 (parms smith s1 ship1)
                         ca 1972
                         sma-1 (parms s1 ship1))
                         us 1960)))}
          反驳 ↖
{(higher us ca)
 (conflicting (inst sma-1 (parms s1 ship1))
              (inst ucc-9-305 (parms smith s1 ship1)))
 (possession ship1 smith)
 (goods ship1)
 (collateral s1 ship1)
 (secured-party s1 smith)
 (backing lex-superior)
 (backing ucc-9-305)
 (ap (inst lex-superior
      (parms sma-1 (parms s1 ship1) us 1960 ucc-9-305
             ucc-9-305 (parms smith s1 ship1) ca 1972)))
 (ap (inst ucc-9-305 (parms smith s1 ship1))) }
```

图 5.2　论辩图中的一条路径

有了这些准备工作之后，explanation（解释）这个函数可以被定义如下。

第 5 章 诉答博弈

定义 19（命题性的霍恩子句溯因解释）

给定一个命题性的确定的霍恩子句集 C，命题字母 p 的溯因解释（abductive explanations），表示为 explanation (p)，都是所有满足以下条件的命题字母的集合 E：

1. $E \cup C \vDash p$，并且
2. $E \cup C$ 是可废止的，并且
3. 不存在 E 的一个子集 D，使得 $D \cup C \vDash p$。

这个定义类似于瑞特与德克里尔在 [101, p.184] 中给出的关于"最小支持"的定义，不同之处就在于他们的定义针对任意的子句，而非仅仅针对确定的霍恩子句。

现在，很容易创造一个结构 $<C$, explanation$>$ 来模拟 $<A$, supports$>$ 中的 supports（支持）这个函数。首先，构造一个从 A 的论证集到命题性霍恩子句集的双射 f。这只需要用命题字母命名 A 中的每个公式即可。令 f^{-1} 为 f 的反函数。然后，S 是公式 p 的最小的支持型论证（A 中存在对于 p 的一个论证），当且仅当存在一个命题字母集 $\{q_1, \ldots, q_n\}$，使得：

$$S = \bigcup_{1}^{n} f^{-1} P_i$$

其中，

$$\{q_1, \ldots, q_n\} \in \text{explanation}\,(f(p))$$

这个构造结果并没有表明一个公式的最小支持型论证的确定问题可被看作是溯因解释的问题，它的有趣之处在其他方面。正如巴特·塞尔曼（Bart Selman）与莱韦斯克（Levesque）[112] 所讨论的那样，由一个命题性的霍恩子句集产生命题字母的溯因解释，这个问题是 NP - 完全的问题（NP - complete）。（在最坏的情形下，

诉答博弈
——程序性公正的人工智能模型

能够存在以指数方式计算的那么多的这样的解释。）因此，如果使用上述定义的话，那么一个公式的最小的支持型论证的发现问题也就是 NP-完全的问题。塞尔曼与莱韦斯克已经证明了由一个命题性的霍恩子句集发现一个单独的、非平凡的解释的问题可以在 $O(kn)$ 时间内解决，其中 k 是命题字母的数目且 n 是该霍恩子句集中的字符出现的次数。但这个结果在这里对我们并没有帮助，因为我们感兴趣的是检测一个公式是否是争议点，这要求在最坏的情形下，所有最小的支持型论证都要得到检查。

这个结果是令人不安的。人们可能仅仅接受这一点，即不存在有效的算法来计算最小的支持型论证，因此无法检测一个公式是否是争议点，也就这样了。可是这与我对争议点概念的直观是相矛盾的。在关于某个主题的争论中，各当事方都知道产生了什么样的争议点。重新考虑这些争议点并不是什么难题。构造论证和反驳可能是困难的，甚至是不可判定的，但追踪已经做出的论证以及论证与争议点之间的依赖关系，应该是比较容易的事情。如果用民事诉讼程序来打个比方的话，这应该就是法庭的书记员（clerk）的工作。各当事方在诉答程序中所做的论证都被书记员记录在案，他应该能够报告该诉答程序的记录，包括列出争议点。这应该是一个简单的簿记工作。解决任意不可判定的或疑难的问题之责任应该在各个博弈者之间进行公平分配，而非指派给书记员。因此，与其承认生成支持型论证的问题是不可处理的，我认为这个问题其实暗示着论辩模型可能包含了缺陷。

导致这种令人头疼的计算复杂性问题的根源一定是前面给出的关于 supports（支持）的临时性定义的第三个条件，它与最小性有关。前两个条件只检查了一个三元组是否是该 known（已知）关系的元素，如前所述，这是容易处理的线性复杂性问题。为了确保该问题是容易处理的,我们可以弱化这种最小性(minimality)的要求。我们不再要求不存在 E 的子集 D 使得相应的公式 p 由 D 推衍出来,相反,我们仅仅要求各当事方对 p 所做的论证中不存在比 E 更小的论证。这就将发现最小论证的责任由书记员身上转移到各当事方身上,于是我们有了下面这个定义。

定义 20(支持)

给定论一个证集 A 和一个情境 Θ,论证 $S \in \text{supports}(p)$,当且仅当:

1. $\text{known}(S, \phi)$,
2. $\neg \text{known}(S, \text{false})$,
3. $\neg \exists T\ (T \subset S \land\ <T, p> \in A)$。

如果接受这种易处理版本的最小支持型论证的概念,我们将会失去什么?它带有这样的风险,即各当事方将会浪费资源来论证一些主张,而这些主张可能已被表明与主要主张是无关的。不过,由于每个当事方都担负着证明其主张的责任,自然就会存在一种动机去避免无关的主张。因此,从实用的观点来看,一个当事方可能已经试图去解决的这个疑难问题,书记员就没有必要再尝试去解决了。

如果使用最小支持型论证的这种容易处理的定义,它与溯因之间的关系也会消失吗?也许最小支持型论证可能被视作一种塞尔曼的涵义上 [113] 的那种非完全的溯因。可是,这种刻画并不相当令人满意,因为"完全"这个形容词在这里似乎不太恰当。一个公式的最小支持型论证并不是某个"完全"的溯因解释集的子集。(实际上,它们是最小支持型论证的超集,是使用与命题性霍恩子句的溯因相同构的定义生成的。)相反,我要论证的是,support(支持）这个函数本身就是较为抽象的溯因概念的一个容易处理的实例。

为了澄清这个概念，我们需要对溯因给出一种抽象程度合适的定义。按照《哲学百科》（*Encyclopedia of Philosophy*）[31, vol.5, p.57]，溯因是：

> ①一种三段论式推理，其大前提是已知为真，但其小前提仅仅是可能的。②被 C. S. 皮尔士（C. S. Pierce）用以命名这种类型的推理：它们从一个给定的事实集得到对于这些事实的解释性假设。

第二种定义现在仍然得到广泛使用 [26; 60; 94]。在这里，溯因是从关于世界如何运作的普遍知识推出被观察到之结果的可能原因或解释的过程。也就是说，根据这种观点，溯因是对诊断（diagnosis）的另外一种称呼。它是一个任务或是一类问题，而非一种特殊种类的形式推理。从这个观点看，谈论如何演绎地解决溯因问题并非是不融贯的 [32]。

然而，其他人却使用纯形式的标准，将演绎、溯因和归纳对立起来。比如，赫克托·莱韦斯克（Hector Levesque）就接受了这样的观点 [64, p.1061]：

> 使用 C. S. 皮尔士的术语，给定语句 α、β 和 $(\alpha \to \beta)$，人们可以考察的运算有三种：人们可以从 α 和 $(\alpha \to \beta)$ 演绎得到 β；人们可以从 α 和 β 归纳得到 $(\alpha \to \beta)$；人们还可以从 β 和 $(\alpha \to \beta)$ 溯因得到 α。
>
> 溯因可以被看作是一种假设性推理。询问由 β 可以溯因得到什么，就是在寻找一个 α，它与背景知识联合在一起足以解释 β。当 α 和 β 都是关于物理世界的时候，通常这意味着为一个被观察

第 5 章　诉答博弈

到的结果 β 寻找一个原因 α……但是并非所有溯因都与因果相关。如果我们碰巧知道马克是 3 岁或者 4 岁，他还不到 4 岁这个事实并不能解释他是 3 岁这一点，尽管在给定已有知识的情况下，前者可以蕴涵后者……

莱韦斯克接着借助"认知"状态下的命题的"最简单解释"概念，提出了关于溯因的一个非常普遍的描述。每种特殊形式的溯因都有一个"信念算子"和一个解释上的偏序，其中在该序列中最小的解释被看作是"最简单"的解释。例如，莱韦斯克提议让一个解释中的不同字符的数量作为简单性的衡量标准。

我想在这里提出一种类似的使用溯因的方法。令 A 指示论证涉及的论域，即 2^L。一个溯因结构就是一个四元组 $<L, \vDash, <, e>$，其中：

1. L 是某种逻辑语言（即一个可能无穷的公式集）；
2. $\vDash$ 是 $A \times L$ 上的一个后承关系；
3. $< : L \rightarrow 2^{A \times A}$ 是从公式到论证上的严格偏序的一个映射（对于公式 p 而言可表示为 $<_p$）；
4. $e : A \times L \rightarrow 2^A$ 是满足下列性质的一个函数。$E \in e(A, p)$，仅当：
   a. $E \cup A \vDash p$，
   b. $E \cup A \nvDash \text{false}$，且
   c. 不存在论证 D 使得
      i. $D \cup A \vDash p$，
      ii. $D \cup A \nvDash \text{false}$，且
      iii. $D <_p E$。

在这里，原则性的创新就是令"解释"上的排序依赖于有待解释的公式。

诉答博弈
——程序性公正的人工智能模型

上述这种表达方法的普遍性对于把握几种通用形式的溯因而言是足够了。例如，命题性的霍恩子句的溯因就是这样的溯因结构，即 $<L, \vdash, <, e>$，其中 L 被限定为命题性的霍恩子句，而 $D <_p E$ 当且仅当 $D \subset E$。在这里，e 是一个偏函数（partial function）：e (C, p) 得到定义，仅当 C 是确定的霍恩子句集且 p 是一个命题字符。需要记住的是，像这样的表达方法仅仅陈述了如何定义一类结构的性质。特殊的实例可以满足附加的限制条件。

在对于命题性的霍恩子句溯因的解释上的排序关系，在语义上是偏向性的，因为它偏好最小的公式集，而这些公式推衍出了要解释的公式。推衍是一个语义概念。可是，在溯因的很多应用中，解释上的偏好关系是借助纯语法标准来进行定义的。莱韦斯克继续论证说，语法标准对于把握某种简单性概念而言是必要的 [64, p. 1063]。

大卫·普尔的理论家系统（Theorist system）也使用了语法的方法来对解释进行排序；受偏好的解释仅仅是由从一个假设集（hypotheses）推导出来的公式构成的 [94; 92]。一个理论家结构就是一个四元组 $<L, F, H, f>$，其中 L 是一种逻辑语言，F 是 L 的一个闭公式集，它被称为"事实"，H 是一个假设集。一个脚本（scenario）就是 H 的一个子集 D，使得 $D \cup F$ 是（在经典逻辑的涵义上）一致的。在普尔的系统中，对公式 p 的每个解释 $f(p)$ 都是一个脚本 D，使得 $D \cup F$（在经典逻辑的涵义上）推衍出 p。因此，一个理论家结构 $<L, F, H, f>$ 就是一个溯因结构 $<L, \vdash, <, e>$，其中 $\vdash$ 是经典的推衍，$D <_p E$ 总是假的，并且 $e(F, p) = f(p)$。需要注意的是，在理论家系统中，解释没有被排序。还有，就在前面的例子中一样，e 在这里是一个偏函数；它仅仅是针对 F 而得到定义的。

作为最后一个例子，这里要讨论的是适用于我的最小支持型论

第 5 章 诉答博弈

证理论的溯因结构。给定一个论证集 A 和一个情景 Θ，该溯因结构是

$$<L, \text{known}_{<A,\Theta>}, <, \text{supports}>,$$

其中，L 是出现在 A 中的一阶公式的集合，而 $D <_p E$ 当且仅当 $D \subset E$ 并且 $<D, p> \in A$。

rebuttals（反驳）和 defeaters（击败）这两个函数还有待定义。这些都是最小的已知的论证，它们相应地被假定为反驳了一个论证或已知击败了一个论证。

这些定义使用了盖夫勒与珀尔的语法检测标准，该标准用于检测在一个假设集中一个假设是否必然优先于某个假设，不同之处在于我们这里的检测标准使用可判定的 known（已知）关系来代替了 ⊢ 关系。

一旦已知一个论证击败了另外一个论证，将不会再有新增加的关于推理的解释要求收回这个结论，因为该 known（已知）关系是单调的。不过，要记住，一个论证是另外一个论证的反驳，其必要条件是后者这个论证并不包含前者那个论证的击败型相反论证。所以，当使用这种较弱的 known（已知）关系来检测其他论证是否免受攻击时，一个论证反驳了该其他论证，这一点仅仅是被假定的。如果在添加了其他推理之后，变成了已知它是免受攻击的，那么这个假定就应该被收回。

定义 21（反驳和击败者）

令 A 和 B 为论证，A 和 B 是已知的相反论证，当且仅当 known($A \cup B$, false)。A 是 B 的一个已知的击败型相反论证，当且仅当它们是已知的相反论证并且对于每个假设 $d \in A$ 而言，都有 known($\{q, d\} \cup D$, false)，其中 q 是针对假设 d 的那个缺

省实例的前件且 D 是 B 中的所有假设的集合。A 已知免受 B 的攻击，当且仅当 A 包含了一个已知击败了 B 的子论证。A 是 B 的一个假定的反驳，当且仅当它们是已知的相反论证且 B 并非已知免受 A 的攻击。

$A \in \text{rebuttals}(B)$，当且仅当：

1. 假定 A 是对 B 的一个反驳，并且
2. 不存在 A 的子集，该子集被假定是对 B 的一个反驳。

$A \in \text{defeaters}(B)$，当且仅当：

1. A 已知是 B 的一个击败者，并且
2. 不存在 A 的子集，该子集已知是 B 的一个击败者。

5.7 争议点概念

争议点这个概念在很多地方已经得到使用：在辩护的先决条件之规定中、在相关陈述的定义中以及在审判博弈的有效争议点的讨论中都使用到了这个概念。在本节中，争议点概念将会得到形式定义。这里所提出的争议点理论是对我之前工作的一种改进［46；47］。不过，有几个重要的区别，这首先应该归功于采用盖夫勒与珀尔的条件推衍系统作为可废止推理的基础。[4] 既然使用了条件推衍，争议点概念就不能再限定到支持某个公式的最小论证中的那些公式上。反驳和击败型相反论证中的命题也必须要纳入到考虑范围之内。比如，不要忘了击败型相反论证集都是最小支持型论证集的超集。

---

［4］ 正是依赖于大卫·普尔在［93］中的工作，我才认为可废止的法律推理可以使用溯因来建立模型。然而，现在很明显的是，这种可能包含溯因的可废止推理太过局限而不足以为在第九条中所发现的各种各样的例外建立模型。

不管怎样，最小性依然发挥着作用。现在我们感兴趣的是最小的相反论证，以及最小的支持型论证。例如，如果 A 是一个论证且 D 是对于 A 的一个反驳，那么直观上，命题 p 就应该是因为 D 而产生的一个争议点，仅当 $D \setminus \{p\}$ 不是对 A 的一个反驳。

还有另外一种复杂情况需要考虑。假设 $\{a, b\}$ 是唯一支持 c 的论证。a 和 b 都被否认了。为了对于 a 的否认进行辩护，一个支持型论证 $\{d, e\}$ 被提出来。这两种主张也都被否认了。没有相反论证再被提出来。那么关于 c 的争议点是什么？根据 [47] 中的争议点理论，答案恰恰是 $\{a, b\}$，因为这些都是 c 的最小支持型论证的全部元素。在我们的论辩的话语模型的情境中，直观上这似乎是错误的。为了允许支持者有机会为支持 a 的论证中的那些公式提供辩护，这些公式肯定也应该是争议点。这些考虑导致了关于争议点的一个新定义。

一个主张的争议点依赖于在该主张的论辩图中出现的诸论证。该论辩图的确切结构并不重要。由一个主张的最小支持型论证开始，通过重述该论辩图中的相继的层，"联合（join）"这个函数构造了该主张的论辩图中的所有论证的合并（union）。

定义 22（联合）

下面这个函数

$$\text{successors}: 2^A \to [2^A]$$

生成了支持型论证集的后继层（successor layers）。令 S 为一个支持型论证集 $\{A_1, \ldots, A_n\}$。如果 S 是空集，则 $\text{successors}(S)$ 就是空序列。否则，令 R 为 S 中的每个论证之反驳的合并，即

$$R = \bigcup_{1}^{n} \text{rebuttals}(A_i)$$

并且 D 是对每个反驳的击败者的合并，即

$$D = \bigcup_{1}^{n} \texttt{defeaters}\ (A_i)$$

然后，

$$\texttt{successors}\ (S) = R, D, \texttt{successors}\ (D)$$

令 append 指示序列的链接（catenation）。现在有

$$\texttt{join}\ (p) = \bigcup_{1}^{n} D_i$$

其中，

$[D_1, ..., D_n] = \texttt{append}\ (\texttt{supports}\ (p), \texttt{successors}\ (\texttt{supports}\ (P))$

公式 q 是针对某个主张 p 的争议点，当且仅当 q 是一个主张，它并非已知可由得到承认之公式构成的情境 Θ 推导出来，并且它是 p 的论辩图的元素，或者在递归的意义上讲，它是针对该图中的某个公式的争议点。

定义23（争议点）

公式 q 是相对于目标公式 p 的一个争议点，表示为 issue (q, p)，当且仅当

1. q 是一个主张，
2. $\neg \texttt{known}_{<A, \Theta>}\ (\varnothing, q)$，并且
3. a. $q = p$，
   b. $q \in \texttt{join}\ (p)$，或者
   c. $\exists r \in \texttt{jion}\ (p).(\texttt{issue}\ (q, r))$。

我以前的理论有"一个小毛病"[47, p.106]，在这里得到了纠正。在那里，反驳并不提出争议点。只有并非已知不一致的论证中

第 5 章 诉答博弈

的命题才是争议点，而根据定义，反驳都是不一致的。新的定义检测了一个公式是不是任意的反驳以及支持型论证的元素。

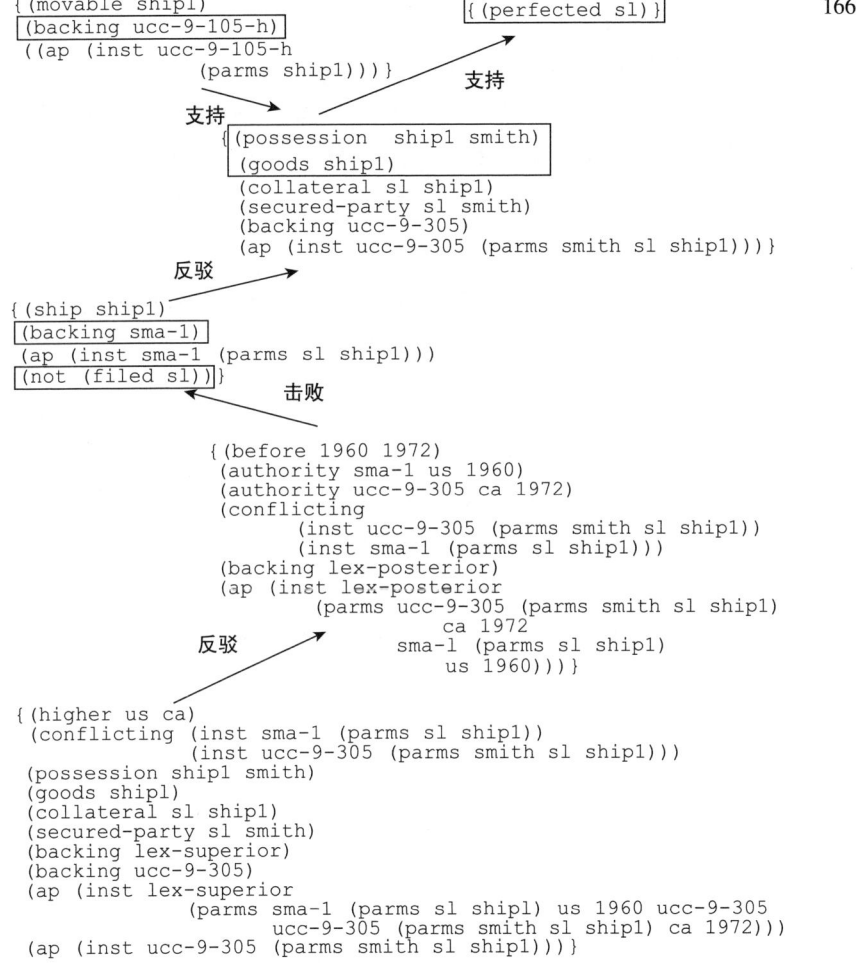

图 5.3　与 (perfected sl) 有关的争议点

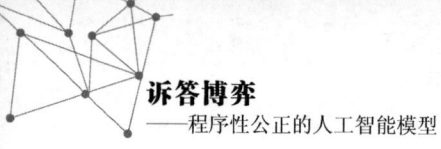

诉答博弈
——程序性公正的人工智能模型

在图表5.3中，关于（perfected s1）的争议点已经得到强调。这个图表展示了（perfected s1）的论辩图以及它的其中一个争议点，即（goods ship1）的论辩图的相关部分。要注意的是，对于可移动的东西都是货物这个命题而言§9-105（h）是否具有权威性的问题就是与（perfected s1）相关的一个争议点，因为它在（perfected s1）的论辩图中是一个争议点。在这些图中所有其他公式都不是争议点，这是因为它们都已知是该情境（即得到承认的公式之集合）的一个后承，或者是因为它们都是可适用性假设。

在审判博弈的模型中，法庭可以对一个争议点做出裁决，仅当它是有效的争议点。这个限制条件被设计出来，是要达到两个目的：

1. 为了将成本最小化和避免对不必要的法律性争议点进行裁决，那些最有可能使得其他争议点失去意义的争议点应该首先得到裁决。这一点可以通过要求支持型论证中的争议点在反驳中的争议点之前得到裁决来实现。如果支持型论证中的一个争议点被裁决对它的支持者不利，那么对它的反驳将变得失去意义。因此，在论辩图中的较高层面上的争议点应该先于较低层面上的那些争议点受到考虑。

2. 法庭应该有义务处理由各当事方提出的相关论证。因此，如果支持争议点 p 的论证 A 已经被做出，A 中的争议点应该在 p 可以直接被裁决之前就得到裁决。然而，一旦 A 中的争议点得到裁决了，p 就会停止作为一个争议点而且不再需要裁决。

为了理解这些目标是如何能够实现的，我们首先需要定义一个论证的叶片（leaves）。给定一个公式和 supports（支持）这个函数，就可以生成公式的一个与或图（and/or graph）。（如果该公式没有支持型论证，则在该图中只有一个节点，那就是根节点，即该公式本身。）要注意，这些与或图和关于该公式的论证的论辩图是相互正交的（orthogonal）。论辩图中的每个公式都有自己的与或图。这样的与或图的一个叶片就是一个在该论辩图中没有后继的节点。一个论证的叶片就是该论证中的每个公式的与或图的叶片的合并。

定义 24（论证的叶片）

令 $\{p_1,\ldots,p_n\}$ 为一个论证。一个论证的 leaves（叶片），即 leaves：$2^L \to 2^L$ 递归地定义如下：

$$\text{leaves}(\{p_1,\ldots,p_n\}) = \bigcup_1^n l(p_i),$$

其中，辅助性的函数 l 被定义如下：
如果 supports$(p) = \emptyset$ 则 $l(p) = \{p\}$。否则我们令

$$\{S_1,\ldots,S_n\} = \text{supports}(p)$$

则

$$l(\{S_1,\ldots,S_n\}) = \bigcup_1^n \text{leaves}(S_i)。$$

论证之论辩图的一个层中的有效争议点都是关于那一层中的所有论证的叶片之合并的主张。审判程序中的有效争议点都是第一层中出现的有效争议点，这一层包含了针对主要主张的完全论辩图的有效争议点。

定义 25（有效争议点）

令 first：$(2^A \to A) \times [2^A] \to A$ 是一个函数，它遍历 2^A 序列以寻找第一个论证集，$2^A \to A$ 这个函数将该论证集映射到一个非空的论证上去。如果第一个论证集被找到了，那么 first 这个函数就会复原（return）这个论证，否则就会复原空论证。令 active：$2^A \to 2^L$ 为下面这个函数。如果 L 是论证的论辩图的

一个层 $\{A_1,\ldots,A_n\}$，则 active (L) 是这个合并中的争议点之集合：

$$\bigcup_1^n \text{leaves}\,(A_i)。$$

现在，令 ϕ 为审判程序中的主要主张，S = supports (ϕ)，并且

$$[L_1,\ldots,L_n] = \text{append}\,(S, \text{successors}\,(S)),$$

则该程序的有效争议点就是

$$\text{first}\,(\text{active},[L_1,\ldots,L_n])。$$

回到我们讨论的例子上，下面的图 5.4 展示了 (perfected s1) 这个主要主张的论辩图的第一层中的论证的与或图，这个主要主张的论辩图在前面图 5.3 中已得到展示。这个与或图恰好是一个树形图，其中的争议点被凸显出来。（其他所有公式都已得到承认或者是可适用性假设。）由于该图确实包含了争议点，只有它们才是在审判程序开始之处的有效争议点，而且它们必须首先得到裁决。

这些争议点之一就是一个法律性的问题，即 (backing ucc-9-105-h)，而其他的争议点则是事实性的问题，即 (possession ship1 smith)。在这个模型中，关于事实性的争议点和关于法律性的争议点在语法上被区分开来。只有法律性的争议点才是支援型的主张。占有的问题也可能包含了法律性的争议点，但各当事方并没有做出论证来提出这样的争议点，所以在这个案例中只留下了关于事实性的问题。审判博弈并没有对法律性争议点和事实性争议点进行排序。在一个更为精细的模型中，也许事实性争议点应该首先由陪审团尝试进行审理，以避免关于法律性的问题进行不必要的裁决。在我们的例子中，如果案件事实的审判者的裁决是原告

方并没有占有该船，那么所有其他争议点就变得失去了意义，而且原告方就败诉了。

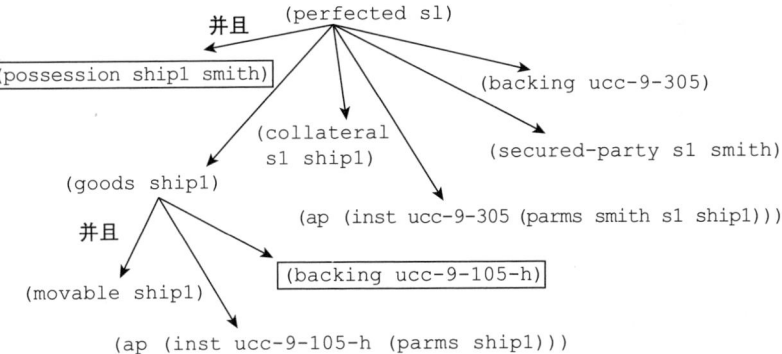

图 5.4　审判博弈开始时的有效争议点

第 6 章 标准 ML 语言中的实现系统

本章将解释实现诉答博弈的一条途径。目的仅仅在于提供足够的细节，以便可以让任意人工智能程序员以他们所选择的编程语言来重现该博弈。

我自己的实现系统是用标准 ML 语言来编程的 [50; 87]，这种函数式程序语言可以以很多方式与 Lisp 家族的语言，比如 Common Lisp 和 Scheme 语言相比较。尽管 Lisp 在人工智能编程上的应用比标准 ML（即 SML）语言要广泛得多，不过 SML 语言的几个特点令我青睐于用它来完成编程的计划：

1. 它拥有表达力丰富的多态类型系统（expressive polymorphic type system），比起通常的 Lisp 语言的系统，该系统允许更大一类的录入错误在编译时能够被发掘出来。类型声明（type declarations）是可选择的；它们是编译器（compiler）推导出来的。虽然这种类型系统在某种程度上要比 Lisp 语言的系统更受限制，但在实践中这并不是问题。SML 语言的类型系统很好地包容了表达力与安全性。

2. 它拥有高级的模块系统（module system），该系统允许程序以非常类似于代数规格（algebraic specifications）的方式被设计出来并且被组织化。这种模块系统还支持类型安全（type-safe）、独立编译和信息隐藏。

第 6 章 标准 ML 语言中的实现系统

3. 有几个好的编译器可以用，包括 Standard ML of New Jersey[1]，它是一个非常出色的、免费的且轻便的编译器。

这一章的余下部分将做如下安排。下一节将为 SML 语言的模块系统提供一个非常简短的概览。接着，还会对模块以及它与我的诉答博弈的实现系统的关系进行概述。最后，有几节要用于较为详细地描述该语言系统的每个主要的模块。

6.1 标准 ML 语言的模块系统

由于 SML 语言并不广为人知，我将尽可能少地假定关于这种语言的知识。不过，我还是要假定的是，读者对于一般的函数式编程是熟悉的。要获得关于 SML 语言的更多信息，波尔森（Paulson）的《工作程序员的 ML 语言》(*ML for Working Programmer*)[87] 就是很好的编程手册和关于该语言的导论。

SML 语言的模块系统很可能是该语言的最不为人熟悉的部分。在模块层面存在三种语言构造物：

结构（Structures）：

一个结构就是值、类型与例外构成的聚合物（collection）。结构还可以包含子结构。也就是说，结构可以按照层级组织起来。值（value）可以是任意对象层面的资料，包括函数，函数都是"第一类"对象。这里所解释的、像结构这样的例外、类型和模块层面的构造物都不是值。

---

［1］ 这个编译器可用于大多数 Unix 工作站和的麦金塔电脑（Macintosh computers），它们借助 Internet FTP 连接，可由 research.att.com 链接，在 dist/ml 这个目录下。

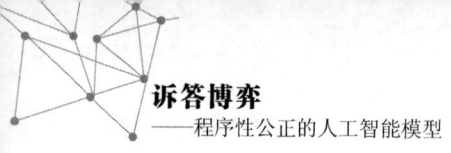

诉答博弈
——程序性公正的人工智能模型

签名（Signatures）：

一个签名就是对结构的一种描述。不同于某些模块系统的界面，签名不需要与单个的结构相结合。相反，任意数量的结构都可以匹配或满足一个签名。反过来，一个结构可以满足不止一个签名。这很像逻辑学中的公式与模型之间的关系。

函子（Functors）：

一个函子就是从结构到结构的一种映射。函子都可被看作是模块层面的函数。

为了能够让这些概念更加清晰，我在这里举一个标准的例子，用于说明queue（队列）这个抽象的数据类型。在这里，队列有一个可能的签名：

```
signature QUEUE =
 sig
   structure E :ELEMENT
   type queue
   exception EmptyQueue
   val empty_queue : queue
   val enqueue : queue -> E.element -> queue
   val empty : queue -> bool
   val dequeue : queue -> (E.element * queue)
   val front : queue -> E.element
 end;
```

符合QUEUE这个签名的结构有一个子结构E，对于队列的元

第6章 标准 ML 语言中的实现系统

素类型而言,还有一个例外,即 EmptyQueue(空队列),一个构造函数(constructur function),即 empty_queue,以及其他四个关于队列的运算。运算 enqueue(入队)负责将一个元素添加到队列中,运算 empty(清空)负责检测一个队列是否有元素,运算 dequeue(出队)负责返回到该队列前端与余下部分所构成的序对,以及运算 front(前端)负责返回到前端要素而没有移除它。如果该队列是空的,那么 EmptyQueue(空队列)这个例外就是由 dequeue(出队)和 front(前端)产生出来的。

signature(签名)确定了一个模块的语法。如果在代数规格的形式语言中,还会有可能对这种签名的模块的语义做出形式化的规定。在 SML 语言中,该语义是借助自然语言的描述来给定的,就像我在这里对 QUEUE 这个签名所做的那样,我可能会通过明确参考 SML 语言中的实现系统来增加这种语义。

这里给出的是一个简单的结构,它实现了使用列表的整数队列。(在 SML 语言中,一个整数的列表被表达为比如 [1, 3, 4] 这样的形式。)就我们的目的而言,没有必要在细节上来理解这个编码。不过,函数可以使用与数据结构相匹配的模式在 SML 语言中得到定义,注意这一点可能是有趣的。

```
structure Queue1 =
struct
    structure E =
        struct
            type element = int
        end
    type queue = E.element list
```

```
exception EmptyQueue
val empty_queue = []
fun empty [] = true
  | empty _ = false
fun enqueue []x = [x]
  | enqueue q x = q@[x]
fun dequeue [] raise EmptyQueue
  | dequeue (hd::tl) = (hd,tl)
fun front [] = raise EmptyQueue
  | front (hd::tl) = hd
end;
```

173　　　一个 SML 语言的编译器能够检测出 Queue1 确实是匹配 QUEUE 这个签名的。正如前面提到的那样，它还匹配其他签名，比如 sig end 这个空签名，或者 QUEUE 这个签名的任意部分，例如

```
sig
   type queue
   val empty : queue -> bool
end
```

Queue1 这个结构被限定到整数的队列上。为避免不得不重新实现其他类型的元素队列，一个 SML 语言的函子（functor）可用于从实现系统中抽象出元素类型。例如：

```
functor ListQueue(E : ELEMENT) =
struct
    structure E = E
    type queue = E.element list
    exception EmptyQueue
    val empty_queue = []
    ...
end;
```

ListQueue（队列列表）这个函子可被用于产生任何种类要素的 QUEUE 结构。例如，为了建立串的队列的一个结构，我们可以录入以下编码：

```
structure StringQueue =
    ListQueue (struct
                    type element = string
               end);
```

对于 SML 语言的模块系统的这种描述应该足以满足我们这里的目的之所需。SML 语言的其他特点只有在为了澄清诉答博弈的实现系统的某个方面所必要的时候才会得到解释。

6.2 模块概览

在这里，我们最感兴趣的是下面这六个函子：

Cil.
这是麦卡蒂的子句型直觉主义逻辑（Clausal Intuitionistic Log-

ic）的一个定理证明器［80；81］。

Rules.

这个模块实现了我的语言，该语言用于显性例外的可废止规则，并且这个模块还负责将这些规则映射到条件推衍的缺省理论上去。

Mrms.

这是我的最小理由维护系统（Minimal Reason Maintenance System）。它储存定理并计算出一个公式的最小支持型论证，就像我的易于处理的溯因理论所定义的那样。

Record.

这个模块实现了对于记录的表述，这是诉答博弈的"博弈盘"，包括各当事方的陈述和背景。它还包括不同的、用以询问每一步之后的记录状态的函数。

Ce.

这是盖夫勒与珀尔的可废止的条件推衍逻辑的一个定理证明器。在诉答博弈中，这个模块还负责检测已提出的论证是否是反驳或击败型相反论证。

Clerk.

这个模块负责对诉答博弈做出调解。它管理记录的存取以及检测一个步骤的先决条件是否在允许该记录按照该步骤的效果进行修改之前得到了满足。

要构建诉答博弈的一个可执行的软件，这些函子都要得到应用，就像图6.1中所展示的那样。借助其功能性，一个函子可被看作是一个源代码生成器（source code generator），比如 yacc，这是一种 Unix 语法分析器的生成器实用程序（parser generator utility）。

第 6 章 标准 ML 语言中的实现系统

（然而，这里实际上并没有生成源代码。）如果考察了这种方式，应用函子来设计可执行软件的过程就类似于使用较为常规的语言生成、编译和链接模块。

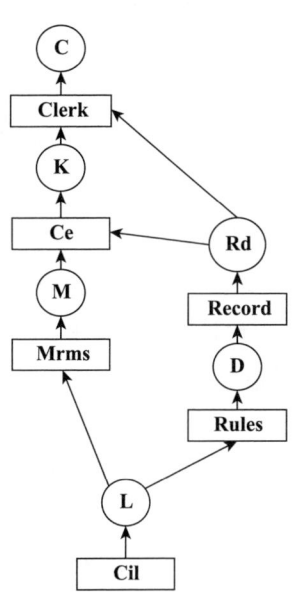

图 6.1 主要函子和结构

在该图中，方框表示函子，圆圈表示结构。这个图表只提供了诉答博弈的主要函子和结构的一种粗略的概览。并非所有在结构中可用到的东西都是使用该结构的函子所必需的。例如，Ce 这个函子只需要在 Rd 这个结构中可使用的一小部分工具，而 Rd 这个结构则是用于表达记录的。下面将会对这些函子需要和产生的东西作更为细致的解释。

该图表这么画是为了让最高层的模块都处于顶端。结构 C 是诉答博弈的主结构。它包含了用于进行博弈的读取 – 评估 – 打印循环

(read – eval – print loop）的交互式编程环境。（一种图表式的用户界面是相当有用的，但目前还没有得到实现。）

尽管用自顶向下或自底向上的设计方法来描述这些模块都是可能的，我还是选择了后者。这种方法有这样一个优点，那就是每个特征都将在被使用之前得到解释。

6.3 Cil——子句型直觉主义逻辑的定理证明器

大家应该还记得，要对主张 p 的一个支持型论证 A 做出断定，支持方有责任证明 $A\cup\Theta\models p$，其中 Θ 是由得到承认的诸公式构成的当前情境。还有，当断定论证 A 的一个相反论证 D 时，支持方有责任证明 $D\cup A\cup\Theta\models\text{false}$。

由于承担证明责任的是支持方而非调解人，严格来说，这里并不需要定理证明器。（别忘了，该模型所起的作用是诉答博弈的调解人，而非其中的某个博弈者。）只要有一个证明检查器（proof checker）就足够了。不过，定理证明器也可用于检查证明。与其将证明表示为证明树或者贯穿某个搜索空间的路径，我们可以以这样一种方式来表示论证本身，即借助这种方式定理证明器将在资源限度的范围内找到一个证明，而且在诉答博弈开始时就已经对这样的资源限度达成了一致。

对诉答博弈的形式化说明并没有规定使用何种逻辑来实现我们的目的。唯一的形式化限制条件就是，所使用之逻辑的推理关系必须是塔斯基式的涵义上的后承关系。Pure Prolog 逻辑，即不带有命令式特征、却带有出现检查（occurs – check）功能的 Prolog 逻辑，就是这样的逻辑。因此，一个速度较快的 Prolog 编译器是否会出于我们的目的而得到采用，这个问题很有意义。

第 6 章 标准 ML 语言中的实现系统

不幸的是，答案是否定的，理由有这么几个：

1. 一阶谓词逻辑的一个确定的霍恩子句子集是在 Pure Prolog 中得以现实化的，但这个子集它对于我们的目的而言还不具备足够的表达力。没有一个确定的霍恩子句集是不一致的，所以这就不可能用来表达相反论证。
2. 我们需要某种方式来对论证进行管理和比较，这些论证都是公式的集合。然而，一个 Prolog 程序在这种涵义上只不过一个单一的论证。
3. 在 Prolog 程序中使用的简单的、深度优先（depth – first）的搜索策略很容易受到该程序中的子句的顺序的影响。子句的顺序包含了关键的控制信息。即使在尝试证明平凡的定理时，一个不当选择的顺序也可能会导致 Prolog 程序无法终止。在这里，这是不可接受的，因为对于论证进行的有效力的集合运算并不会这些集合中保持公式的顺序。

当然，Prolog 是符合一般目的的编程语言，而非仅仅是或首要地是一个定理证明器。因此，通过在 Prolog 语言中编写一个定理证明器来克服所有这些局限性应该是可能的。实际上，这是一个经常被推荐的策略。对于那些偏好在 Prolog 语言中编程的人来说，这可能是一个很有吸引力的选择，但是以这种方式使用时，Prolog 并没有提供任何特别的优点来取代像 Lisp 或标准 ML 这样的函数式语言。Prolog 的内置的合一化算法（built – in unification algorithm）、搜索策略和数据库特征都将不得不在 Prolog 语言中得到重新实现，以便编写诉答博弈所需要的那种定理证明器。

既然决定了在标准 ML 语言中实现更为强大的定理证明器，我们还要选择恰当的逻辑。我选的是麦卡蒂的子句型直觉主义逻辑（CIL），因为这是对 Pure Prolog 的保守性扩张，但它具有诉答博弈所需要的额外的表达力。特别是，CIL 支持单调形式的否定，这正是表示相反论证所需要的。这种逻辑的定理集是经典逻辑定理集的子集，所以就像 Pure Prolog 一样，CIL 的定理证明器可被视为经典逻辑的不完全的证明器。不过，它的不完备性并不是临时性的概念，而是借助麦卡蒂的直觉主义语义学得到了良好定义的概念 [80]。

针对这里给出的 CIL 证明器让我们感兴趣的那个部分，有一个标准 ML 签名。这个签名的构成要素将会在下面得到详细解释。

```
signature CIL =
sig
    type term

    val bottom : term ( * "false" in surface syntax * )
    val constant : symbol -> term
    val number : int -> term
    val term : { args : term list ref,
                 arity : int ref,
                 symr : symbol ref } -> term

    type wff

    val atom : term -> wff
    val all : symbol list * wff -> wff
    val implication : term * wff list -> wff

    type formula

    structure F : sig
```

```
                         type element
                         val bottom : element
                         val eq: element->element->bool
                         val less: element->element->bool
                  end
    sharing type formula = F.element

    val intern : wff -> formula
    val extern : formula -> wff
    val eqFormula : formula -> formula -> bool
    structure C : SET
    sharing type formula = C.E.element

    type context
    sharing type context = C.set

    val initialDepth : int ref
    val depthLimit : int ref
    val step : int ref

    exception Fail
    val entails : context -> formula -> bool
end
```

CIL 的语言也是一阶逻辑的子集。前面提到的 term（项）和 wff（合式公式）这两个类型的构造函数定义了这种语言的抽象语法。CIL 允许子句的句干中出现嵌入式蕴涵和全称量化，本质上讲，这扩展了 Pure Prolog 语言。与前面一样，子句和嵌入式蕴涵的句头都被限定为原子公式。就我给出的具体语法而言[2]，（not p）仅仅是（if p false）的语法外衣而已。

情境都是公式的集合，由子结构 C 来管理。

出于下面所讨论的那些原因，一个公式并不被表示为 wff（合式公式），而是被表述为公式列表中的索引。intern（内部）和 extern（外部）这两个函数被用于对 wff（合式公式）和 formula（公式）的值进行转换。

子结构 F 和共享限制（sharing constraint）被用于表述这样一点，即 formula（公式）这个类型是从底部元素开始进行偏序排序的。在后面，这个信息将被用来设计一个理由维护结构，以便存储 CIL 证明。

对于我们的目的而言，CIL 这个签名中的最重要的函数就是 entails（推衍），该函数使用迭代深入（iterative deepening）的策略，搜索从公式集到公式的一个证明。当 entails（推衍）这个函数在深度界限内无法发现一个证明时，它就会提出 Fail（失败）这个例外。迭代深入是一个策略，它联合了深度优先搜索算法的空间实效性和广度优先算法的完备性。在到达 initialDepth（初始深度）这个界限之前，搜索按照深度优先原则进行。如果一个证明还没有被发现，搜索就会再次进行，由于使用 step（步级）函数增加了限度，搜索就有了深度更大的界限。这个程序会不断重复，直到找到一个证明或者达到了 depthLimit（深度界限）。这种策略的缺点当然就是在每次迭代深入搜索时，该空间的上部分都会再次得到搜索。

---

〔2〕 在这一章所描述的模块中，有一些包含了语法分析器和打印器，用以读写某种类似这样的可读的具体语法。由于语法分析是常规技术，我就不再对这些实用程序做进一步的讨论，在展示各种签名时也不再提到这些程序。

Cil 这个函子实现了一个结构，该结构提供了 CIL 这个签名所具有的便利。在诉答博弈中使用的定理证明器的结构被称为 L，它的构造如下：

```
structure L = Cil (struct
                    val maxterms = 20000
                    val maxvars  = 100000
                 end)
```

在这里，maxterms（最大项）和 maxvars（最大变元）这两个值明确了分配给定理证明器复制项和逻辑变元的最大数量。这些上限仅仅是必要的，因为所确定的尺寸阵列（size arrays）被用于实现变元约束性阵列和复制项堆（heap of copy terms）。

与在 Prolog 语言中一样，Cil 这个实现系统使用了从待证目标开始的反向链接。不过，经验表明，这通常并不是子句式直觉主义逻辑的一个非常有实效的策略。只要回想一下，就不难看出原因。假定一个公式是 (if (if p q) r)，而要证明的目标是 r。存在两种方式来证明 (if p q) 这个嵌入式蕴涵。第一种方式是，p 被添加到背景情境中，并且尝试证明 q 或者 false（假）。也就是说，如果在这个扩展后的背景情境中证明 q 的尝试失败了，该系统将试图找到对于 false（假）的一个证明。

乍看起来，似乎这没有什么问题，因为 false（假）是一个原子公式，就像任意其他原子公式一样。然而，这确实是一个实践性的问题，理由有两个：

1. 由于子句的句头必须是原子公式，像

```
(all (x) (if (instrument x) (not (goods x))))
```

这样的公式必须被表述为

```
(all (x) (if (and (instrument x) (goods x)) false))
```

这意味着，与其他谓词相比，通常将会有更多公式需要用 `false`（假）来表述。

2. 需要提醒的是，像 `(not p)` 这样的否定性的子目标恰好就是 `(if p false)` 的语法外衣。因此，比起其他任意公式而言，通常还会有更多的尝试被用来证明 `false`（假）。

借用搜索的术语，如果进行一个以目标为导向的、关于 `false`（假）的证明的搜索，在该搜索过程中的分支系数（branching factor）就会很高。有一个项目大概很有意思，那就是为 CIL 设计一个证明器，它使用反向链接去证明除了 `false`（假）以外的所有目标，一如平常那样，但可以使用正向链接去证明矛盾的东西。

关于实现系统，还有其他一些的实现提示（implementation hints）值得一提。对于函子 Cil 的实现是以梅尔（Maier）和沃伦（Warren）的著作［72］中所描述的数据结构和算法为基础的，这是为了更有效地实现 Prolog 语言的解释器。根据我的经验，这种实现系统的表现肯定要比那样得到的实现系统要好，即那些使用了 Lisp 和 Scheme 语言教科书中所解释的典型方法去实现 Prolog 语言而得到的系统，因为其代价是增加了复杂性。这些方法只适合于教学目的。我从梅尔和沃伦的著作中吸取的一个建议是对项和变量的连接物的存储明确进行管理，不再依赖于 SML 语言的自动存储管理［即垃圾收集（garbage collection）功能］。这就是为何要使用 SML 语言的术语将复合项的领域表述为可变数据结构集的原因了。

我在前面曾承诺过，要解释为何公式不使用 `wff`（合式公式）这个数据类型而使用合式公式列表的索引来进行表述。如果公式直接用 wff（合式公式）这个数据类型来表述，那么关于论证的集合运算就会浩大得令人难以忍受。通常的集合运算，比如检测一个集合中的元素关系或者形成两个集合的并集，都需要对要素的等价性进行检测。如果公式的等价性被定义为结构的等价性，那么这种检测在最坏的情形下就会要求递归地应用这两个合式公式的整个抽象的语法树。如果借助列表，等价性的检测就要涉及两个整体的简单比较。

在 Prolog 语言的实现系统中，通常要借助公式句头中的谓词，并且有时候还要借助它的某些自变元将该公式编入索引。这就可以避免尝试将某个目标与背景情境中每个公式的句头统一起来。只有那些包含相同谓词的公式是需要考虑的。在 CIL 中，人们不仅需要考虑单一的公式数据库，还要考虑动态变化的数据库，因为公式都被假设性的断定为证明了嵌入式蕴涵。结构 C 负责管理公式集，它之所以被实现，是为了让所有集合运算保持这种有效的索引编撰功能。

6.4　Rules——规则语言翻译器

需要记住的是，在我给定的语言中，规则被映射到条件推衍缺省理论的背景情境中。例如，

```
(rule s9 -105 (x)
      if (movable x)
      then (goods x)
      unless (or (money x) (instrument x)))
```

这个规则就被映射到下面这个公式集和一个缺省上。其中，这个公式集是

```
(all (x)
    (if (and (movable x)
             (backing s9-105))
        (antecedent (inst s9-105 (parms x)))))
(all (x)
    (if (and (movable x)
             (backing s9-105)
             (ap (inst s9-105 (parms x))))
        (applies (inst s9-105 (parms x)))))
(all (x)
    (if (applies (inst s9-105 (parms x)))
        (goods x)))
(all (x)
    (if (and (or (money x) (instrument x))
             (ap (inst s9-105 (parms x))))
        false))
```

而这个缺省则是

```
(antecedent {ap {inst s9-105 (parms x)))) =>
(ap {inst s9-105 (parms x)))
```

Rules（规则）这个函子将一个 CIL 结构映射到 RULES 这个结构中。也就是说，给定 CIL 的一个定理证明器，它产生了一个可用以管理可废止规则的结构。这里是该函子的签名：

```
signature RULES =
sig
    structure L : ClL
    structure R : SET ( * Rules * )
    structure D : SET ( * Defaults * )
    type default
    sharing type D.element = default
    type rule
    sharing type R.element = rule
    type formula
    sharing type formula = L.formula
    val rule : symbol
            * symbol list
            * L.wff list
            * L.term
            * L.wff list -> rule

    val name       : rule -> symbol
    val parameters : rule -> symbol list
    val antecedent : rule -> L.wff list
    val consequent : rule -> L.term
    val unless     : rule -> L.wff list

    val eq : rule -> rule -> bool

    type backcontext
```

```
val backcontext : L.C.set * D.set -> backcontext
val strict      : backcontext -> L.C.set
val defaults    : backcontext -> D.Set

val meaning : rule -> backcontext
val combine : R.set -> backcontext

val instance   : symbol * (L.term list) -> L.term
val assumption : formula -> bool

exception Precondition
val precondition : backcontext -> formula ->
                   formula list
end
```

首先，存在三个子结构，L、R 和 D，分别用于表示 CIL 的证明器、规则集和缺省集。

其次，存在一个用于表示规则的构造函数 rule（规则）和几个访问函数（accessor functions），即 name（名称）、parameters（参量）、antecedent（前件）、consequent（后件）以及 unless（除非），用于表示规则的构成部分。还有一个等价性谓词，即 eq（等价）。两个规则是等价的，如果它们具有相同的名字。这就避免了借助规则的结构来进行比较。

这里还提供了背景情境。就规则而言，存在一个构造函数 backcontext（背景情境）和一些选择函数，即 strict（严格）和 defaults（缺省），它们分别用于表示背景情境中的非可废止的公式和缺省。

meaning（意义）这个函数是将一个规则翻译到背景情境中

去。而 `combine`（整合）这个函数则对一个规则集进行同样的翻译。

最后，还有一些有用的东西：`instance`（实例）这个函数被用于构造命名规则实例；`assumption`（假设）这个函数被用于检测一个公式是否是一个可应用的假设；以及 `precondition`（先决条件）这个函数，它被用于从背景情境中检索一个缺省实例的先决条件。

使用适用于 CIL 的证明器 L，诉答博弈中的 RULES 这个结构就可产生如下：

```
structure D = Rules (L)
```

对于 `Rules`（规则）这个函子的实现是非常简单直接的。已经有大量的工作投入到实现针对规则之表面语法的分析器上，故而在这里我们没有必要对此感兴趣。唯一值得提及的细节是，用于管理规则集的结构 R 是使用平衡树（balanced trees）来实现的（参见 [111]）。

6.5 Mrms——最小理由维护系统

Mrms 这个函子实现了我称为最小理由维护系统的东西。它提供了诉答博弈中的一些关键性的功能服务，包括存储由 Cil 定理证明器所做的推理，以及计算最小支持型论证和最小不一致性论证。这些最小论证都是计算某个主张之论证的论辩图所需要的，并且在论证的与或图的计算中也需要它们。反过来，这些图则被用于计算争议点和有效争议点。`known`（已知）这种后承关系的实现也使用了 MRMS（即最小理由维护系统）。

由 Mrms 这个函数产生的结构满足下面这个签名：

```
signature MRMS =
    sig
        structure D : DATUM
        structure E : SET
        structure S : STREAM

        type datum
        type environment

        sharing type datum = D.element = E.E.element
            and type environment = E.set

        val env : datum list -> environment

        val justify : environment -> datum -> unit

        val reset : unit -> unit

        val derivable : environment -> datum -> bool

        val inconsistent : environment -> bool

        val nogoods : unit -> environment S.stream

        val supports : datum -> environment S.stream
    end
```

对于那些熟悉德克里尔的基于假设的真值维护系统（ATMS）[27] 的人来说，在这个签名中使用的术语都是从 ATMS 那里借用来的，这一点大概比较明显。事实上，只要满足这个签名，ATMS 就可以被实现。不过，MRMS 的语义学显然与 ATMS 的语义学不同。在这里对 ATMS 和 MRMS 做细节性的比较可能不太恰当，因为我们的目的在于解释实现诉答博弈的方法。出于这种目的，简要地描述 MRMS 为上面这个签名提供的语义学应该就足够了。在这一节

第 6 章 标准 ML 语言中的实现系统

的末尾处我再将之与 ATMS 进行一个非常简单的比较。

子结构 D 定义了理由维护系统所管理的数据类型。在诉答博弈中,这种数据将会是 CIL 公式,但是 MRMS 被设计出来却是要独立于特殊类型的被管理的数据的。所需要的一切不过就是定义等价性,还需要存在一个独特的要素,即 bottom(底部)这个要素:

```
signature DATUM =
sig
    type element
    val bottom : element
    val eq : element -> element -> bool
end
```

在 MRMS 这个签名下,类型 datum(数据)是 D.element 的代名词。

在诉答博弈中,bottom(底部)要素是 L.bottom,这是 CIL 的术语,表示不一致性。[同样,在公式的表面语法中,L.bottom 是用 false(假)来表示的。]

子结构 E 管理数据集。环境类型仅仅是 E.set 的代名词。对环境而言,存在一个构造函数,即 env(环境),它将一个数据列表映射到一个环境上。列表中重复的东西将被忽略掉。

通过使用 justify(证成)这个函数断定所谓的"证成(justifications)",数据之间的依赖关系在 MRMS 中得以保存。在诉答博弈的应用中,证成都被用于存储 CIL 证明。例如,对于 L.entails A f 的证明可以通过执行 justify A f 来进行存储。

每个证成都改变了 MRMS 的内在状态。要注意的是,MRMS 的结构实现了一个单一的理由维护对象。不存在这样的理由维护的数据类型。reset（重置）这个函数主要是通过消除所有证成，重新初始化了这种内在状态。

存在四种类型的信息询问。函数 derivable（可推导）用于检查一个数据是否依赖于某个环境。在我们的应用中，如果 derivable A f 是真的，则 L.entails A f 也是真的。同样，MRMS 被用于存储 CIL 证明。但是，它并不是一个简单的存储器，因为它还在其自身基础上进行某些简单的推理。很明显，在 MRMS 中给定证成集的前提下，derivable A f 当且仅当：

1. f∈A，或者
2. MRMS 中包含了一个证成，即 justify D f，使得对 D 中的每个命题 p 而言，都有 derivable A p。

类似地，inconsistent A 当且仅当：

1. bottom∈A，或者
2. MRMS 中包含了一个证成，即 justify D bottom，使得对 D 中的每个命题 p 而言，都有 derivable A p。

这些证成都可以被看作是命题性的霍恩子句。从这个观点看，由公式集 A 与那些在 MRMS 中借助证成来编码的命题的合集，公式 f 在命题逻辑的意义上被推衍出来，当且仅当：

1. derivable A f，或者
2. inconsistent A。

与 CIL 不同，命题性的霍恩子句的可推导性是可判定的，并且可以有效地得到判定 [29]。这就解释了，为何在尝试使用 CIL 寻找一个证明之前咨询一下 MRMS 是很重要的。

还剩下两个函数需要解释，那就是 nogoods（无用物）和 supports（支持物）。函数 nogoods（无用物）恢复了一个最小的不一致的环境流。[一个流（stream）就是需要被计算的那些要素构成的一个序列。] 很显然，一个环境 A 是在 nogoods () 中的，当且仅当：

1. inconsistent A,
2. 在 MRMS 中不存在一个证成即 justify D bottom, 使得 D⊂A。

函数 supports（支持物）与此类似。一个环境 A 是在 supports f 中的，当且仅当：

1. derivable A f;
2. 并非 inconsistent A;
3. 在 MRMS 中不存在一个证成即 justify D f, 使得 D⊂A。

我简要地将 MRMS 与德克里尔的 ATMS 系统的区别概述如下。在一个 ATMS 系统中，存在这三个具有析取关系的数据类型：预设（presumptions）、假设（assumptions）和其他。一个预设 p 隐含地由一个空环境所证成，这就好像是人们已经断定了 justify [] p 一样。ATMS 的可推导性和一致性检测对于假设集而言是完备的。例如，即使对于 A 是其某个子集的 D 而言，justify D f 已经得到断定，但只要 D 包含了某些数据并且这些数据并没有被宣布是假设，那么 derivable A f 就可以是假的。另外，借助 ATMS 系统来计算的无用物（nogoods）与支持物（supports）被限定为只由假设构成。塞尔曼与莱韦斯克已经证明了，哪怕仅仅是由一个假设集来计算单个的无用物或支持性的环境，这种计算问题都是难以处理的 [112]。每次一个证成得到断定的时候，针对已经得到断定之证成的所有结论，ATMS 系统都会计算出所有的无用物和支持物。因此，每次一个证成得到断定的时候，ATMS 系统都要试图去解决很多难以处理的问题。

而从另一方面来看，MRMS 要解决的问题则更为简单一些，因为无用物和支持物的集合并没有被限定为某个假设集的子集。MRMS 系统的所有运算无论在理论上还是在实践中都是高效的。这不是说 MRMS 在所有应用方面都优越于 ATMS 系统。根据塞尔曼与莱韦斯克的观点，在支持物和无用物的集合必须只能由假设构成的应用中，ATMS 系统也可能同样表现得很好。幸运的是，诉答博弈并不需要借助 ATMS 系统。

我们现在把注意力转向 Mrms 的实现系统。这种实现系统将一个匹配下列签名的结构映射到一个 MRMS 系统上。

186
```
sig
    structure D :
        sig
            type element
            val bottom : element
            val eq : element -> element -> bool
            val less : element -> element -> relation
        end
    and Env : SET
    sharing type D.element = Env.E.element
end
```

子结构 D 就是一个 DATUM 结构，其中的元素都借助 less（较少）这种关系得到了偏序排序。子结构 Env 负责管理环境。

标准 ML 语言的强项之一在于，像 Mrms 这样的一个模块可以随心所欲地得到实现。Mrms 的实现系统并不依赖于数据的类型或用于管理环境的方法。在诉答博弈中，针对子句式直觉主义逻辑的

MRMS 系统是借助一条单一的编码串来生成的，具体如下：

```
structure M = Mrms (structure D = L.F and Env = L.C)
```

在这里，被管理的数据都是 CIL 公式，而环境则都是公式集。尤其要注意的是，数据并没有被限定到基础的原子公式集上。

6.6 Record——诉答博弈的博弈盘

诉答博弈的博弈盘被称为记录。记录这个函子将一个 RULES 结构映射到一个用于管理记录的状态以及对关于这种状态的各种信息询问做出回应的结构上去。对这个函子的实现本身简单直接。本小节仅仅对它所满足的 RECORD 这个签名进行描述。

首先，由 RULES 这个结构输入的某些结构和类型都被重新命名，以便使它们更容易在这里得到使用。

```
structure D : RULES
structure L : CIL
structure R : SET
structure C : SET

sharing L = D.L
    and R = D.R
    and C = D.L.C

type formula
sharing type formula = L.formula

type argument
sharing type argument = C.set
```

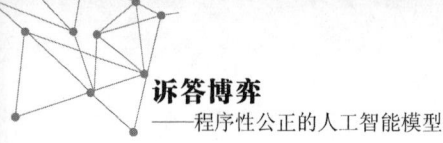

诉答博弈
——程序性公正的人工智能模型

这里的 D 是一个新名字,用以表示输入的 RULES 结构。L 只是 D.L 的一个缩写,也就是说,它是 CIL 定理证明器的另外一个名字。R 和 C 分别负责管理规则集和公式集。类型声明(type declaration)直接使得我们不必要在 RECORD 这个结构中再使用受限定的名字(qualified name)。例如,人们可以只录入 formula(公式)来代替 L.formula。

需要提醒的是,存在四种陈述,它们可以在标准 ML 语言中被归纳定义如下:

```
datatype statement =
    Claim of formula
        | Argument of argument * formula
        | Rebuttal of argument * formula * argument
        | Denial of statement
```

像这样的一个 SML 语言的 datatype(数据类型)声明详尽地定义了类型的构造函数。访问函数不需要定义,因为模式匹配可以在 SML 语言中被用于挑选一个 datatype(数据类型)函数值的部分。通常,用于 datatype(数据类型)的构造函数的名字都是以大写字母开头的。

一个当事方的陈述是由他的开放式陈述、被承认的陈述和被否认的陈述共同构成的一个三元组:

```
structure StSet : SET
sharing type statement = StSet.E.element

datatype statements =
    Statements of StSet.set * StSet.set * StSet.set
```

第 6 章　标准 ML 语言中的实现系统

背景（background）是由一个公式、一个非可废止的公式的集合以及一个可废止的规则的集合共同构成的，其中这个公式就是该诉答博弈的主要主张。

```
datatype background = Background of formula *
C.set * R.set
```

现在要考虑的是记录，它本身是一个三元组，由背景、原告方的陈述和被告方的陈述构成。

```
datatype record =
    Record of background * statements * statements
```

最后，还有几个函数，它们是用来对记录进行信息查询的：

```
val K : record -> D.backcontext
val L : record -> C.set
val facts : record -> C.set
val Theta : record -> C.set
val rules : record -> R.set
val uissue : record -> formula
```

这里的 K 就是该记录的背景情境，L 是非可废止公式的集合。facts（事实）都是参与得到当事双方承认的公式。Theta 是当前的情境（context），即 facts（事实）和 L 的并集。函数 rules（规则）负责检索当前的可废止规则的集合。最后，uissue（争议点）则是该记录中的主要主张。

在诉答博弈的规则定义中，如果能够查询某个步骤的支持方和反对方的陈述，这将会是非常方便的。下列这些函数提供了这种服务。

诉答博弈
—— 程序性公正的人工智能模型

```
datatype party = Plaintiff | Defendant
val opponent : record -> party -> statements
val proponent : record -> party -> statements
```

完整的 RECORD 签名现在已经得到了解释。需要提醒的是，D 是一个 RULES 结构。在我给出的诉答博弈的实现系统中所使用的这个 RECORD 结构是使用 D 来生成的，具体如下：

```
structure Rd : sig
              include RECORD
                  val r : record ref
                  val p : party ref
              end =
struct
    structure R = Record (D)
    open R

    val p = ref Plaintiff

    val initStatements =
        Statements (StSet.empty_set,
                    StSet.empty_set,
                    StSet.empty_set)

    val r = ref (Record (Background (bottom,
                                    C.empty_set,
                                    R.empty_set),
```

```
                    initStatements,
                    initStatements))
end
```

由 Record（记录）生成的这个结构是完全可适用的；它没有内在状态。结构 Rd 在这里用 r 和 p 这两个基准点（references）扩展了这个结构。r 表述诉答博弈的这个记录。该基准点因博弈期间所采取的步骤而发生改变。p 指的是轮到其采取步骤的那个博弈者。

6.7 Ce——条件推衍的定理证明器

盖夫勒与珀尔的非单调逻辑被称为条件推衍，它在诉答博弈的规则中得到广泛使用。一个论证是否被允许，这取决于它是否是支持型论证、反驳或是击败型相反论证中的一种。此外，一个当事方是否有资格在诉答程序结束时获得即决判决，部分地取决于其主要主张是否被当事双方所承认的公式条件推衍出来。

我对条件推衍的定理证明器的实现是以盖夫勒与珀尔的描述为基础的［41，pp. 230-231］。不过，在他们的实现系统中，论证被限定到可应用性假设的集合上去并且 ATMS 系统被用于管理这些论证之间的依赖关系。在诉答博弈中，论证可以由任意公式构成，而不仅仅是可应性假设。此外，如前所述，溯因的计算复杂性问题是借助 ATMS 系统来解决的，但这种复杂性高得让人难以接受，而且就我们的目的而言，这么做也没有什么必要。幸运的是，实现条件推衍的定理证明器是可能的，因为该证明器并不会受到这些局限性的限制。这种实现系统很新颖，并且也是实现诉答博弈所需要的，故而我们会在这一节的后面对它的某些细节进行描述。首先，这里会概

要地介绍有待实现的条件推衍的签名:

```
signature CE =
sig
    structure S : STREAM
    type argument
    type formula
    val supports  : formula -> argument S.stream
    val defeaters : argument -> argument S.stream
    val rebuttals : argument -> argument S.stream
    val entailed  : formula -> bool

    val preferred: formula -> argument -> bool
    val counters : argument -> argument -> bool
    val dominates: argument -> argument -> bool
    val protected: argument -> argument -> bool
    val defeats  : argument -> argument -> bool
    val rebuts   : argument -> argument -> bool
end
```

需要提醒的是,条件推衍的定义是相对于一种后承关系和一个缺省理论而言的。在 CE 结构中,作为基础的后承关系和缺省理论都是隐含的。每个 CE 结构都有一个缺省理论,但它们的实现系统在如何表达这个理论上可能会存在差异。与通常情况相一样,这里的这个签名仅仅明确了条件推衍的证明器的必要部分。与这个签名相匹配的结构可以提供附加的工具来构造或运用该缺省理论。

这个标签中的其余那些函数对于熟悉条件推衍的证明论的人来

说应该不需要再作过多解释了。主要的函数就是 entailed（被推衍），它检测一个公式是否是被该缺省理论条件推衍出来的。

在细致地解释这个签名中的函数 Ce 是如何被实现的之前，让我们先展示一下它在诉答博弈中是如何应用的。

```
structure K : CE =
    Ce (struct
            structure Rms : MRMS M = M
            open Rd
            fun evidence () = Rd.facts (!r)
            val assumption = D.assumption
            exception Precondition
            fun precondition f =
                (D.precondition (K (!r)) f)
                 handle D.Precondition =>
                     raise Precondition
    end)
```

这个缺省理论是借助 MRMS 系统和函数 evidence（证据）来表述的。通过对 MRMS 系统中的辩护做出断定，该缺省理论的背景情境中的非可废止公式得到表述。作为基础的后承关系也是借助 MRMS 系统中的 derivable（可推导）与 inconsistent（不一致）这两个函数来表示的。为了检测一个公式是否是可应用性假设，还需要一个函数，那就是 assumption（假设）。同理，为了计算由可应用性假设所命名的缺省实例的先决条件，就需要 precondition（先决条件）这个函数。如果该公式并不是可应用性假设，那么就应该提出 precondition（先决条件）的例外。

值得注意的是，在 MRMS 系统中，证据也许并没有被编码。如果是这样的话，就会令我们无法区分证据和背景情境中的公式。当计算假设与假设之间优越性关系（dominance relations）的时候，根据条件推衍的语义学，只有背景情境中的信息才可以得到考虑。

在我的应用中，所使用的理由维护系统就是在这一章的前面提到的 M 结构。背景情境是从 Rd 这个结构中的记录 r 计算得到的。assumption（假设）和 precondition（先决条件）这两个函数则是借用结构 D 中的与 RULES 同名的那个函数来定义的。

对于那些只对在诉答博弈中如何使用条件推衍感兴趣的人而言，上述信息应该足够充分了。为了那些对实现系统细节感兴趣的人，这一节的余下部分将会用于解释实现 Ce 这个函子的一种途径。

首先，这里有一些合适的缩写，用以表示我们将要使用的那些结构。

```
structure S = Rms.S
structure C = R.C
type argument = Rms.environment
type formula = Rms.datum
open Rms
```

其中，S 是公式流的一个结构，而 C 负责管理公式的集合。Rms 是开放式的，以便它的构成要件可以得到使用而无需对它们的名称做出限定。

接下来的两个函数都是局部有用的东西。它们的作用仅仅是分别选择一个论证的假设和主张。要记住，所有并非假设的东西都是主张。

```
fun assumptions (arg : argument) : argument =
    C.filter R.assumption arg
fun claims (arg : argument) : argument =
    C.filter (fn w => (not (R.assumption w))) arg
```

在对于缺省的每一个可接受的优先性排序中，函数 preferred（优先）用于检测一个公式集中的某个公式是否优先于任意其他公式。这是对于盖夫勒与珀尔关于优先性的语法检测的直接实现。因此，不同于盖夫勒与珀尔自己的实现系统 [41, p. 230]，这里我们并不需要"进而承诺有一个单一的最小可接受的优先性排序"。

```
fun preferred (wff1 : formula) (arg : argument): bool =
let val pre = (precondition wff1)
              handle Precondition => []
in
    inconsistent (C.union (C.set (wff1::pre)) arg)
end
```

还要注意的是，证据并不包含在这种不一致性检测中，因为对于缺省的可接受的优先性排序仅仅依赖于背景情境。

一个论证优越于（dominates）另外一个论证，当且仅当第一个论证的每个假设都优先于第一个论证的某个假设。空论证优越于每个论证。

诉答博弈
——程序性公正的人工智能模型

```
fun dominates (arg1: argument) (arg2 argument): bool =
let val A1 = assumptions arg1
    val A2 = assumptions arg2
in
    C.empty (C.filter (fn w => not (preferred w A2))
                      A1)
end
```

不同于盖夫勒与珀尔的实现系统，这里的论证既可以包含主张，也可以包含假设。这些主张是被作为假定添加到缺省理论的证据集中的。直观上，当试图证明（rebuts arg1 arg2）时，人们会为了论证而接受 arg2 的主张，并且即使这些主张被接受了，假设 arg1 的主张也被接受了，那么 arg2 还是会被 arg1 反驳。出于这个目的，我在下面会定义一些运算，它们都与变元的当前值 E 相关，这个值将包含这些假定（hypotheses）与证据的并集。

```
val E = ref (evidence ())
```

两个论证是相反论证，当且仅当它们合起来与 L 和证据 E 的并集不相一致。与检测优先性的时候不同，这里要考虑的是论证的主张和证据。在这种编码中，L 是隐含的；它在 MRMS 系统的证成中得到了明确编码。

```
fun counters arg1 arg2 : bool =
    inconsistent (C.union arg1 (C.union arg2 (! E)))
```

为了计算反驳和击败型相反论证，我们将使用实现系统层面的两个概念：最小冲突集（minimal conflict sets）和基本击败序对

(basic defeat pairs)。最小冲突集是最小的、与 $L \cup E$ 不相一致的假设（assumptions）之集合。MRMS 系统中的 nogoods（无用物）就是最小的不一致的公式集，但这些集合可以包含主张，即那些不是可应用性假设的公式。不过，无用物集可被用于计算最小的冲突集，就像如下这样。首先，别忘了，证据集 E 中的公式都是被假设为真的。如果一个无用物集 D 包含了 E 中的公式，那么 $D \cap E$ 就一定是不一致的。如果 $D \cap E$ 只包含假设的话，那么它就是一个最小冲突集。另一方面，如果它包含了主张，它就不是一个最小冲突集；一致性可以得到恢复，只需要通过确定这些主张中任意一个是假的即可，而不需要在诸可应用性假设中做出选择。

```
fun noContestedClaims arg =
    C.empty (C.difference (claims arg) (!E))
fun conflictSets () =
    S.map (fn arg => C.difference arg (!E))
        (S.filter noContestedClaims
            (nogoods ()))
```

由 conflictSets（冲突集）这个函数来计算的这个冲突集都是最小的。

一个最小冲突集 c 可以划分为一个集合序对，即 (c0, c1)，使得 c1 是 c 的最大的子集，它优越于 c0。如果 c1 不是空集，那么 (c0, c1) 就是基本击败序对。一个论证的所有最小反驳者和击败者都可以由基本击败序对的集合计算出来的。

接着来要定义的是 basicDefeatPairs（基本击败序对）这个函数。广度优先搜索（Breadth-first Search）被用于对最小冲突集进行划分。用于实现这种搜索的编码是常规性的,因此在这里就省略不提了。

```
fun basicDefeatPairs ():(argument * argument) S.stream =
    let fun partition (nogood : argument) :
            argument * argument = ...
    in
        S.filter (fn (_,sl) => not (C.empty sl))
            (S.map partition (conflictSets ()))
    end
```

剩下来的大部分函数中还有两种需要得到描述,一种假设了那些假定已经被添加到证据集中了,被表示为 foo,而另一种负责将这些假定添加到证据集中去,被表示为 foo'。添加假定的那些函数都是局部性的,隐藏在函子 Ce 的实现系统中。

借助 extend1 和 extend2 这两个函数,很容易定义这种先将假定添加到证据集中的函数。

```
fun extend1 f arg1 =
    (E := C.union (claims arg1) (evidence ());
    let val result = f (assumptions arg1)
    in
        E := evidence ();
        result
    end handle x => (E := evidence (); raise x))
fun extend2 f arg1 arg2 =
```

```
(E := C.union (claims arg1)
              (C. union (claims arg2) (evidence ())));
let val result = f (assumptions arg1)
                   (assumptions arg2)
in
    E := evidence ();
    result
end handle x => (E := evidence (); raise x))
```

给定了基本击败序对,现在计算一个论证的最小击败型相反论证就容易了。

```
fun defeaters'(arg:argument):argument S.stream =
  S.map (fn (_,cl) => C.difference cl arg)
        (S.filter (fn(c0,_) =>C.subset c0 arg)
                  (basicDefeatPairs ()))
val defeaters = extendl defeaters'
```

一个论证 arg1 免受另外一个论证 arg2 的攻击,当且仅当 arg1 包含了一个击败 arg2 的子集。

```
fun protected' arg1 arg2 : bool =
  exists ( fn arg3 => C.subset arg3 arg1)
         (defeaters' arg2)
val protected = extend2 protected'
```

计算反驳可能要更困难一些,因为在最坏的情形下,处理最小冲突集要通过两关：一旦找到一个相反论证，则要再次检查该相反论证是否（已知）是并非免受攻击的。

```
fun rebuttals' arg =
let fun f (nogood, str) =
    if not (C.empty (C.intersection
                        nogood arg)) then
        let val r = C.difference nogood arg
        in
            if not (protected' arg r) then
                S.stream (r, str)
            else
                str
        end
    else
        str
in
    S.accumulate f (S.empty_stream ())
                    (conflictSets ())
end
val rebuttals = extendl rebuttals'
```

195　　如果对于一个论证的每个反驳，都存在一个击败型相反论证的话，那它是 stable（稳固的）。

```
fun stable'(arg :argument):bool =
    forall (fn r =>
                exists (fn d = >stable'(C.union arg d))
                    (defeaters' r))
            (rebuttals' arg)
val stable = extend1 stable'
```

出于计算条件推衍的目的,一个公式的最小支持型论证的前提都是 MRMS 系统的支持型论证的可应用性假设,它们中并不包括受到争论的主张并且它们与证据集并非(已知)不相一致。证据集中的公式是由空论证来支持的。

```
fun supports(wffl : formula) : argument S.stream =
    if C.member wffl (!E) then
        S.singleton C.empty_set
    else
        (S.filter (fn arg =>
                        not (inconsistent
                            (C.union arg (!E))))
            (S.map assumptions
                (S.filter noContestedClaims
                    (Rms.supports wffl))))
```

人们可能会认为,这里所发现的与证据集不相一致的 MRMS 系统中的支持型论证能够从 MRMS 系统中被剔除掉。可是,大家一定还记得,MRMS 系统对缺省理论的背景情境中的非可废止公式集 L 进行了编码。在给定该证据集的前提下,尽管论证 A 可能并不令人满意的,但如果将这个论证从理由维护系统中剔除掉,实际上就会改变 L,这可能会导致对缺省之间的优越性关系所做的计算是不正确的。

如果一个公式被一个稳固的论证所支持,那么它就是由条件推衍得到的。

```
fun entailed (wff1 : formula) : bool =
    exists stable (supports wff1)
```

条件推衍的这种实现系统应该是正确的并且是完备的。正确性可从盖夫勒与珀尔的引理 5.6 得出来 [41, p. 227],该引理说的是如果一个命题被一个稳固的论证所支持,那么它就是由条件推衍得到的。当基底逻辑(underlying logic)支持选言三段论时,这种检测就不是完备的。不过,我猜想在这里它是完备的,这是因为 MRMS 系统并不支持选言三段论式的证成。如前所述,MRMS 系统中的证成与确定的命题性的霍恩子句是同构的。

前面讨论的三个函数,即 supports(支持物),rebuttals(反驳物)和 defeaters(击败物),都被用于生成论证的论辩图。不过,当检查诉答博弈中的每个步骤的先决条件时,将会存在这样的场合,在该场合下只需检查一个给定的论证是否击败或反驳了另外一个论证。defeats(击败)和 rebuts(反驳)这两个函数承担了这项工作。

```
fun defeats' A1 A2 =
    (counters A1 A2) andalso
    (dominates A1 A2)
```

第 6 章 标准 ML 语言中的实现系统

```
fun rebuts' A1 A2 =
    (counters A1 A2) andalso
    (not (protected A2 A1))
val defeats = extend2 defeats'
val rebuts = extend2 rebuts'
```

我们已经完成了对 Ce 这个函子的实现。这个实现系统在某种程度上要比盖夫勒与珀尔的系统更为复杂，因为我们得小心翼翼地将证据与背景情境中的公式区分开来，并且允许论证包含任意公式，而非仅仅包含可应用性假设。为了避免进一步将问题复杂化，这里省略了改善系统性能的特定的可能做法。例如，计算基本击败序的代价可能就很大。在这里所展示的实现系统中，基本击败序对的计算首先是为了生成一个论证的反驳，再者就是为了生成相反论证。在诉答博弈中，被允许的步骤之集合依赖于当前的争议点之集合。计算争议点需要遍历主要主张的整个论辩图，因此在这个实现系统中，一旦要考察该论辩图的每一个层级，就需要对基本击败序对做出多余的计算。为了避免这种冗余，如果能够存储这些基本击败序对那就好了。但是，由于这些序对依赖于相应的缺省理论，包括被作为假定添加到证据中的无论什么样的公式，人们都必须要小心，因为当该缺省理论发生改变时，这些被存储的序对都要得到恰当的更新。CE 这个签名和这种实现系统也可以用一个函数来扩展，而该函数则是被用来计算针对某个主张的争议点的。这里的这个实现系统就可以消除对击败序对所做的多余的计算。这种选择有着概念性的缺点，即争议点与条件推衍本身没有任何关系，而仅仅是与其中的一个应用相关而已。

6.8 Clerk——诉答博弈的调解人

Clerk（书记员）这个函数是诉答博弈中最后一个有待描述的模块。它的主要责任是对诉答博弈中的步骤做出调解，以便确保该博弈的规则没有遭到违背。这个函数是将匹配如下这个签名的一个结构映射到了另外一个结构上：

```
sig
    structure Rd : RECORD
    and K        : CE
    sharing type Rd.argument = K.argument
        and type Rd.formula  = K.formula
end
```

而那另外一个结构就是与下列这个签名相匹配的结构：

```
signature CLERK =
sig
    structure Rd : RECORD
    structure Str : STREAM

    open Rd Str

    datatype assertion =
       Declare of D.rule
      | Concede of statement
      | Deny of statement
      | Defend of statement * argument
```

```
    val known: C.set -> formula -> bool
    val entails: C.set -> formula -> bool
    val successors : argument stream ->
                     argument stream stream
    val issues: unit -> C.set
    val issue : formula -> bool
    val relevant : statement -> bool
    val summaryJudgment : unit -> party option
    exception Objection
    val move : party -> assertion -> unit
end
```

在我的诉答博弈的实现系统中，Clerk（书记员）这个函数是使用下面这个编码来生成的：

```
structure C = Clerk (structure Rd = Rd and K = K)
```

函数 Clerk（书记员）还提供了一个简单的用户界面，以供进行该博弈，这仅仅包括了一个命令语言和一个读取 - 评估 - 打印循环的编程环境，对于我们这里的目的而言没有多大的意思。

在上面的 CLERK 这个签名中，结构 Rd 与输入结构一样，都具有 RECORD 这种结构。结构 Str 提供了这样一些序列，它们的元素都只是有必要生成的。这两个结构都是开放式的，以至于它们的标识符（identifier）都无需添加限定修饰符。比如，我们直接写 statement（陈述）而非 Rd.statement，以及用 stream（流）来替代 Str.stream。C 和 D 这两个结构都是 RECORD 这个

诉答博弈
——程序性公正的人工智能模型

结构得到的，它们分别用于表示公式集和规则集。

数据类型 assertion（断言）只不过是借助标准 ML 语言对诉答博弈中的断言的形式定义所做的字面翻译而已。

函数 known（已知）实现了为诉答博弈选定的基底逻辑的一个可判定的子集，在我的实现系统中，这个基底逻辑就是子句型直觉主义逻辑。该子集的实现直接使用了如下这个理由维护系统，即 M：

```
fun known (Gamma:C.set) (phis:L.formula) : bool =
let val context = C.union (Theta (!r)) Gamma
in
    (M.derivable context phis) orelse
    (M.inconsistent context)
end
```

需要提醒的是，参考符号 r 指向了诉答博弈的当前记录。

函数 entails（推衍）就是对子句型直觉主义逻辑（CIL）中的定理证明器 L 这种推衍函数的一个"包装"。它负责存储在 M 中被证明器 L 找到的证明。（按照下面的编码，我们要注意，不要将结构 L 与函数值 L 混淆了。为函数值和结构命名的语言环境在标准 ML 语言中是分离开来的。结构 L 是 CIL 的证明器；函数值 L 是 RECORD 这个函数的值，该函数用于计算记录的背景情境中的非可废止公式。）

```
fun entails (A : C.set) (f : L.formula) : bool =
    if L.entails A f then
        (M.justify (C.difference A (L (!r)))) f;
```

300

```
        true)
else
        false
```

值得注意的是，该证明在它被存储之前可通过从论证 A 中移除公式来增强，而这些公式同样是该背景情境中的非可废止公式集 L 中的公式。

函数 successors（后继）生成了论证的论辩图的层。它不同于前一章的说明，但不同之处仅仅在于它是从论证的一个流而非论证之集合的一个序列返回到一个流。理论上讲，一个层上的论证并未被排序。但是，在实践中它能够较为高效地一次只在一个层上生成一个论证。使用流就可以实现这一点。

函数 issues（争议点）负责计算针对该记录的主要主张的争议点的集合，即 uissue (!r)。这个函数是通过直接对前一章中的争议点之定义进行编码来实现的。issue（争议点）这个函数只负责检查一个公式是否是争议点集合中的一个元素。

如果一个陈述涉及一个争议点，则它就是相关陈述。对 issue（争议点）这个函数的实现很简单，但这确实使用了与在 SML 语言中得到归纳定义的数据类型相匹配的模式来定义函数的一个典型范例：

```
fun relevant (Claim c) : bool = issue c
  | relevant (Argument (_,c)) = issue c
  | relevant (Rebuttal (_,c,_)) = issue c
  | relevant (Denial s) = relevant s
```

函数 summaryJudgment（即决判决）只负责检查当事双方

诉答博弈
—— 程序性公正的人工智能模型

中的一方是否有资格获得即决判决。option（选择）是 SML 语言中的一个习语，用于构造任意函数值，或作为一种选择，即不构造任何东西。

```
datatype 'a option = NONE | SOME of 'a
```

比如如果原告方有权获得即决判决，那么 summaryJudgment () 就会返回到 SOME Plaintiff（某原告方）。

这个模块最有趣的函数是 move（步骤）。它用于检查，在执行一个步骤以及对记录进行修改之前，诉答博弈的可适用规则的先决条件是否得到满足。函数 move（步骤）是借助情形（cases）来定义的，这些情形都具有得到归纳定义的 assertion（断言）这种数据类型。诉答博弈的每个规则都存在一种情形。模式匹配（pattern matching）被用于选择可适用的规则。如果可适用的规则的先决条件未被满足，就会产生例外即 Objection（反对）。由于这些规则的先决条件和效果也是直接可以得到实现的，因而下面只对该实现系统作简单的介绍。诉答博弈的规则 1 负责管理何时主张可被承认，我会将这个规则的编码完全展示出来。其他规则的实现方法与此类似。要注意的是，诉答博弈的规则 9 和规则 10 都与击败型相反论证的断定相关，它们在这里都被合并到一种情形中去，因为空集无法通过模式匹配来识别。

```
exception Objection

fun move (p : party)
        (Concede (cl as (Claim c))) : unit =
    let val os = opponent (!r) p
```

```
            val ps = proponent (!r) p
    in
        if (StSet.member cl (openStatements os))
            andalso
            (not (known (C.add c (claims ps)) bottom))
        then
            (update p
                (proponent (!r) p)
                (Statements
                (StSet.remove cl
                    (openStatements os),
                StSet.add cl (conceded os),
                denied os)))
        else
            raise Objection
    end
| move p (Concede (s as (Argument _))) = ...
| move p (Concede (s as (Rebuttal _))) = ...
| move p (Deny (cl as (Claim c))) = ...
| move p (Deny (s as (Denial _))) = ...
| move _ (Declare r) = ...
| move p (Defend (s as (Denial (Claim c)), A)) = ...
| move p (Defend (s as (Argument (A, c)), D)) = ...
| move p (Defend (s as (Rebuttal (A, c, R)), D)) = ...
| move _ _ = raise Objection
```

以上就是我的诉答博弈在标准 ML 语言中的实现系统的全部概要。很多细节在介绍的时候都被省略了，比如语法分析和命令解释程序就没有得到详细说明。但不管怎样，以上介绍现在应该足以让我们明白，再现诉答博弈系统是如何做到的。

第7章 结论

诉答博弈是阿列克西关于法律论辩的话语理论的一个技术性模型。民事诉答程序的规范是借助一些规则的先决条件和后果来建立模型的,而这些规则在诉答过程中都被用于做出特定种类的主张和论证。该模型并没有建立或构造法律论证。它并不是法律人的法律推理行为的模型[1]。对于诉答博弈的模型,我做出了分析性的、经验性的和规范性的断言。假设大家还记得诉答博弈的目的和对象的话,我们现在就来尝试对这些主张在何种程度上受到该博弈的支持这个问题进行评估。

分析性断言

分析性断言都很少受质疑。诉答博弈是一种存在论证,它证明了司法自由裁量权能够借助诉答过程中所构造的记录中的争议点和论证来进行限制,即相互冲突的论证可以通过按照特殊性、权威性和时间这样的原则进行排序来解决,而争议点的概念可以用于将诉答过程集中。很难想象谁会觉得接受这些是不可能的。

---

[1] 有的人可能会质疑,诉答博弈是否应该被看作是一种人工智能模型,因为它并没有建立智能行为的模型。但是,"人工智能"是另外一个开放理解的词项,它不应该受限于其字面意思。人工智能可被理解为研究包括交流在内的认知过程之计算机模型。从这个观点来看,计算论辩学(computational dialectics)就是人工智能的一个分支,它专注于研究交流的规范性模型。(还可参见 [49]。)

诉答博弈
——程序性公正的人工智能模型

经验性断言

谨慎地说,我仅仅断言有的法律实际上被构造成了带有例外的可废止规则的集合。第九条很明显就是这样一个范例。回顾一下前文,即使不借助像诉答博弈这样的形式模型,第九条拥有这种结构,这一点也应该是很显然的。不过,传统的法律逻辑学家已经争论了很长时间,他们是如此强烈地反对除单调的、一阶的经典逻辑之外的其他任何形式的逻辑,以至于像第九条这样构造的法律看起来似乎是畸形的。其实,像罗迪格这样的学者实际上早已经论证过,例外并非确实存在,法律的那种表面组织结构只不过是笨拙地(如果尚且恰当的话)表达了一个适合于单调逻辑的无例外的规则集。诉答博弈进一步支持了这样的观点,即这种传统的表面结构反映了规则的深层分析性的结构,人们借助这些规则进行直接地推理和论证。

第九条的规则不仅是可废止的,而且还是"高阶的":有的条款不仅指涉担保物权论域中的对象,比如货物这样的对象,还指涉其他法律规则和原则。通过将规则具体化,诉答博弈展示了表达这种结构的一条途径。

规范性断言

我的三个规范性断言是最强的,并且可能也是最富争议性的。其中,第一个断言是,演绎论证单独而言对于法律裁决的证成既不是必要的也不是充分的。法官应该考虑到当事双方在诉答过程中提出的争议点和所做的论证。尽管阿列克西也是这种传统的证成理论的支持者,但诉答博弈表明了他的论辩理论是如何可能支持一种更为恰当的证成概念的。

接着,我在这里还论证了,鉴于法律的规范性目的以及解决冲突的目的,法律规定应该使用可废止的规则来进行表达。诉答

第 7 章 结 论

博弈为我的这个论证提供了更进一步的支持，因为它展示了，当法律规定以如此方式来构造时，即当并非首先按照单调逻辑的方式将该法律规定"公理化"为一种理论时，法律推理是何以能够理性地进行的。

最后，我断言司法自由裁量权应该借助公正的程序性规则，而非借助哈特在简单案件和疑难案件之间直接作出的区分来进行限定。对于该断言的支持更多地来自于那些证成了诉答博弈之规则的道义论证和伦理论证，而非来自于诉答博弈模型本身。像通常那样，该模型的重要性在于赋予理论以活力。或许该模型将会鼓舞人工智能与法领域中的一些对明确司法自由裁量权之限度感兴趣的学者，引导他们超越法律推理的关系模型以及相关的明确性概念，去寻找关于正义的更好的程序性模型。

在陈述这些断言以及为它们进行辩护的时候，我曾试图避免武断地强调诉答博弈模型的技术性细节。只要大家还记得所有模型都是抽象之物，那就不应该奇怪为何法律论辩的某些重要方面（如果有的话）在该模型中只得到了不充分的说明。对人工智能与法这个圈子而言，最明显的局限性是无法说明在成文法之外借助案例进行的论证。尽管阿什利的基于案例的论辩模型就是一种经验性的模型，它涉及法律人如何使用案例来构造论证，但是我怀疑这种模型是否包含了什么重要的洞见，而这些洞见可能对于构造针对借助成文法以及案例进行的论证之模型是有用的。海波系统（HYPO）的三层论证（3 - Ply Arguments）拥有一种分析性的结构，类似于支持型论证、反驳与击败型相反论证。正如借助那些被映射到适用于条件推衍的缺省理论中去的规则，成文法已经得到了表达一样，也许我们能够找到一种编码方法来表述案例以及它们的范围，这种方法同样允许我们将案例映射到缺省理论中去。我们已经看到了，盖

诉答博弈
——程序性公正的人工智能模型

夫勒与珀尔的针对缺省的优先性关系的语法检测方法可以被用于建立关于缺省的任意明显的偏序关系之模型,而不仅仅是建立我们想要的特殊性的关系之模型。我们是否能够找到一种表达方法,它可以将案例表达为缺省理论并且它使用这种语法检测方法对案例和反例恰当地进行了排序?

诉答博弈模型的另外一个局限性是,它并没有对法律论辩中的理念(ideals),即主题(topoi)、比喻和目的的使用做出明确说明。这与前面提到的涉及基于案例的推理的局限性相关。我们可以将所有这些问题归属于一般性的支援理论的讨论范围。或许像自由这样的一种理念可以以类似于一部成文法、一个案例或一个原则的方式被用于支援一个法律规则。冲突规则的排序问题可以还原为这些不同种类的支援的排序问题。这些种类的论证在诉答博弈中确实都是可能的,但我不敢肯定是否应该存在特殊的话语规则用以支配每一种支援。

回顾前文,我选择条件推衍作为诉答博弈的基底逻辑并非没有问题。最严重的问题是:它在众多标准中过于偏向用特殊性这个标准来解决规则之间的冲突问题。在法律领域中,大多数人赞同的是,由较低权威颁布的较特殊的法律并不会推翻由较高权威颁布的较普遍的法律。例如,一部特殊的州立法律并不会推翻联邦宪法。条件推衍的另外一个问题在于它具有极大的复杂性。诉答博弈的基本观点并不难理解,但它们会被条件推衍的复杂性所遮蔽。不管怎样,我还是没有看到有什么理论可以与条件推衍一样提供所需的服务而至少不会遭遇类似的问题。

最后,诉答博弈只不过是沿着通向完全解释司法自由裁量权之限度的路径迈出的另外一步而言。正如其名称所示,它仅仅是诉答的一个模型,在诉答过程中,法官还不是诉讼程序的参与者。尽管

第7章 结 论

　　就像我想要确证的那样,诉答程序确实限定了自由裁量权,但它并不是唯一的限制。对于自由裁量权的完全处理可能还包含了关于一些话语规范的研究,这些规范支配着像审判和判决的写作这样的活动。

　　到目前为止,在这个结论中,我们已经讨论了诉答博弈模型对于法哲学的贡献。尽管这部专著起初是为了将人工智能应用于解决法律问题,但这对人工智能领域而言也是有一些贡献的:

1. 据我所知,诉答博弈是对话论辩的第一个形式模型,在其中,①争议点和相关性的概念被用于集中对话范围;②容易操作的推理关系被用于迫使博弈者承认其主张的某些后果;③论辩的目的是确认争议点,而非对主要主张做出裁决[2];以及④论证之间的冲突可以通过关于任意"层级"上的可废止规则的有效性和优先性的论证来解决。

2. 诉答博弈的规则语言支持对于包含显性例外的可废止规则的一种自然表述。对规则进行排序的原则很容易就能在该语言中得到表达。

3. 诉答博弈对于非单调逻辑的领域而言也做出了贡献。本书讨论的法律范例很好地表明了特殊性只不过是对冲突规则进行排序的众多原则中的一个原则而已。这些原则都被证明是依赖于论域的,这不得不令人怀疑,非单调逻辑学界寻找一种普遍的优先性原则并在一个逻辑中进行形式地表达的这个努力能否有结果。相反,在诉答博弈中,我开发了一种编码方法,可以对论域理论中的多种优先性关系进行编码。最后,通过在其利益受裁决影响的当事各方之间划分证明责任,诉答博弈模型揭示了

---

〔2〕 安妮·加德纳的模型也能识别争议点,但并不是在对话语境中。

我们是如何避免各种用于表达诉答程序的逻辑所面临的不可判定性或不易操作性问题的。

4. 类似地，诉答博弈告诉我们，在它的某些应用中，什么可以用来实际地解决知识的获得问题：那就是在该系统的各类使用者之间对进行表述（reprensentation）的责任和权力做出划分。

5. 我提出了一个新的溯因理论并证明它包含了现有的一些溯因系统，比如普尔的理论家系统。一个公式的最小的支持型论证的计算问题在这个理论中被表明是一种溯因问题。这种溯因问题很有意思，因为它是容易处理的，而它的解决方案并非不重要。

6. 这种容易操作的溯因理论把我们导向了一个全新的、高效的理由维护系统，即最小理由维护系统（MRMS）。它是一个全新的、高效的工具，可用以存储推理以及在给定一个论证集的前提下计算这些公式的溯因性支持。基于应用性的需要，MRMS 系统可能是 ATMS 系统的一个最有吸引力的替代品。

7. 最后，诉答博弈模型的实现系统的特色在于，它刻画子句型直觉主义逻辑和条件推衍的几个新的定理证明器。

尽管诉答博弈的目的是理论性的，但也存在实践性的发展分支。这种博弈证明了，一个机器可以监测一段商谈，从而帮助确定某个对话规范是否得到遵循。这样的一种调解系统（mediation system）在那些其使用者拥有冲突性的利益和观点的论域中可能更具实践性，也更为适合。这样的系统在某种程度上也应该更容易实现，因为对知识进行编码的责任在其所有使用者中得到分配，而非仅仅由该系统的开发者来承担。当利益发生冲突时，这样的系统还可以较少地引起争议，因为访问和修正知识库的权力都被赋予给了那些受到该系统的裁决之影响的使用者。在法律应用中，调解系统

第 7 章 结 论

都不是"电脑法官",而是较为受限的电脑书记员(computer clerks)。在这个模型中,法官仍然是人。

在法律推理的话语模型这个领域中,未来的研究工作有着非常多的机会。一个人工智能系统进行诉答博弈或者通过帮助一个进行该博弈的人去寻找论证和选择步骤来支持他,而这样的人工智能系统会是个有趣的挑战。我已经提到过一些可能的扩展性工作,比如尝试寻找一种统一的规范性解释去说明如何借助成文法和案件进行论证。然后,还有其他几种法律语言博弈有待研究,比如法庭调查、审判、上诉和仲裁。研究仲裁将是一种特别有意思的挑战性工作,因为它的目标在于令当事方妥协折中和达成一致,而非在于使其中一方完全获胜并使另一方付出代价。或许我们可以设计出一种形式的话语博弈,它可以恰当地处理由正题、反题、合题构成的这个著名的三位一体问题。

附录A 第九条世界

在本书中使用的这些范例都基于"微观世界"版本的第九条,而非基于具有全部复杂性的真实的第九条,就像维诺格拉德(Winograd)所设计的、在著名的积木世界(blocks world)中进行交谈的SHRDLD系统一样,该系统的各种变化版本在人工智能的规划(planning)研究中持续发挥重要的作用[130]。我们称这种"微观世界"版本的第九条为"第九条世界",或者简称为"A9W"。我们的目标是建模一个简化版的第九条,尽管对于解决现实的担保交易问题而言这肯定不太恰当,但它保留了一些特征,这些特征都是阐述我的法律论辩模型所需要的。[1]这些特征有哪些呢?我的目的是要理解应该如何构造法律论证,以及如何由一个存在冲突的成文法集合对法律论证做出挑战。不过,仅仅考察微观世界版的成文法中的冲突是不够的。它们冲突的方式应该与第二章中所确认的各种方式相同。因此,显性的与隐性的冲突、综合性的冲突、范围规定、权威等级之间的冲突等,都将在A9W中被保留下来。

A9W与其说是不正确的,不如说是不完备的。对于解决优先

---

[1] 不过,那些熟悉SHRDLU系统的人认为将会发现,A9W要比积木世界更为复杂、也更为真实一些。

性问题来说，它应该是合适的，至少首先是近似于合适的，除非抵押物的类型恰好是我所忽略的那种类型，比如固定设备和农产品。还有，它并不包含任何有关缺省的修正乃至构成缺省的东西，或者有关担保协议的要求、财务报表或提交申请。

  A9W 就像实际的第九条一样，在这里是用自然语言来表达的。但是，除了使用自然语言来表达很多成文法条款之外，我也会使用第五章中讨论的规则语言，给出一种形式化的表述。形式化系统本质上并不是 A9W，而是对 A9W 的一种表述。通过提供它的更多的使用范例，其目的在于说明这种表述性语言的表达力，以及支持我的这个主张，即用这种语言来表述的程序可以保持原来成文法的结构。在我看来，这大概与主张自然语言的成文法的形式化版本适用于所有目的正好相反。在这种微观世界中，自然语言版的成文法起着担当法律的权威性的首要来源的作用；形式化的重述则是一种非权威性的次要来源。在构造论证的时候，法律人不应该将他的论证局限于这些合成式的复述上，而应该能够借助对于法律的创造性解释的程序来构造其他可选的表述。除了这些之外，那种程序会还考虑到该法律人的委托人的案件的独特情形。

  首先我要给出一些约定。为了便于对原版《统一商法典》的条款与 A9W 的条款做出比较，我将使用《统一商法典》的编号方案，尽管这种做法在某种程度上看似有些奇怪，因为某些数字（或字母）可能在 A9W 中被略过去了。还有，为了避免混淆，在本书的其他章节中，凡需要指涉 A9W 的都优先使用"A9W"来表示，比如"A9W §9-201"。在 A9W 中将会存在一些规则，它们并非来自于《统一商法典》的第九条，而是来自于《统一商法典》的其他条款，或其他法律来源。原版的法律来源将会变得清楚易懂。我对诉答模型所做的那些注解都是以加着重号的方式呈现，因为它们并不是 A9W 的"权威性"文本的组成部分。在这一章的结尾处，将会像字典那样列举出在形式化复述中所使用的谓词与函数符号。

A.1 A9W 第 1 条：总则

A.1.1 §1-103 法律一般原则的适用性补充条款

除非被该法案的特殊规定所替代，法律与公正之原则应当作为其规定之补充，其中包括禁止反言、欺诈、虚假陈述、胁迫、强制以及过失。

A.1.2 A9W §1-201 总的定义

除文本另有规定外，本法案余下条款中所包含之附加定义皆适用于本法案之一切特别条款：

（3）"合约"指的是当事方事实上如在其语言中所发现的那样或由其他情形所蕴涵的那样达成之协议。

（37）"担保物权"指的是对个人财政的一种权益，其为偿还或一种义务之履行提供担保。

A.1.3 A9W §1-105 该法案的适用空间范围；当事方选择可适用法律之权力

（1）除本条之后另有规定外，如果一项交易在本州与其他州之间构成合理性之联系，当事方可一致认为本州与其他州中任何一者之法律应该管辖他们的权利和义务。

（2）当 §9-103 明确了可适用之法律，则由该法律来管辖。

A.2 A9W 第 2 条：销售

A.2.1 A9W §2-505 卖方已被预订的装船货物
（1）在装运之前卖方已经根据合约确认货物时：
（a）他取得的可转让提单按照他自己的顺序保持其对于货物的担保物权。

A.3 A9W 第 9 条：担保交易

A.3.1 A9W §9-102 本条款的政策与主题
（1）除§9-104 中所规定之豁免交易外，本条款适用于：
（a）任意意欲创立一项对于个人财产之担保物权的交易。
（b）任意动产文据的买卖。

A.3.2 A9W §9-103 州际交易中的担保物权之完善
（1）文书与普通货物。
（b）除本子条款另有规定外，担保物权的完善乃受上一次交易发生时抵押物所处之管辖权所在地的法律管辖，该担保物权得到完善之断言需基于该法律做出。
（c）如果产生了一项针对处于一个管辖权范围内之货物的购买价金担保物权（purchase money security interest）的交易，而该交易的当事方在附着该担保物权时都认为该货物将保存在另外一个管辖权范围内，则由该另外一个管辖权所在地之法律管辖该担保物权的完善。

§9-103 是对其他规则进行排序的规则的一个有趣的范例，其中这种排序规则本身是可废止的。

A.3.3　A9W§9-104　本条款所豁免之交易

本条款不适用于：

（h）由判决所表述之权利

（j）对不动产之物权的产生或转让。

A.3.4　A9W§9-105　定义

（1）在本条款中，除协议另有规定外：

（b）"动产文据（chattel paper）"是指一种作为货币债务以及对特殊货物的担保物权之证明的文书

```
(rule s9-105-b(p)
    if (exists (r1 r2 e1)
        (and (writing p)
            (evidence p r1)
            (right-to-payment r1)
            (evidence p r2)
            (holds (security-interest r2) e1)))
    then (chattel-paper p))
```

（c）"抵押物"是指隶属于担保物权的财产。

（d）"债务方"是指负有偿还货款或履行其他受担保债务之义务的人。

（h）"货物"包括所有在被附着担保物权时可移动的东西，但并不包括货币或文书。

```
(rule s9-105-h (s c)
    if (exists (a)
            (and (collateral s c)
                 (attachment s a)
                 (holds (movable c) a)))
    then (goods s c)
    unless (or (money c) (instrument c)))
```

(i)"文书"是指证明对付款所拥有的一项权利且本身不是担保协议的一种书面材料。

```
(rule s9-105-i (p)
    if (exists (r)
            (and (writing p)
                 (evidence p r)
                 (right-to-payment r)
                 (not (security-agreement p))))
    then (instrument p))
```

(l)"担保协议"是指产生一项担保物权的协议。

```
(rule s9-105-l (a)
    if (exist (i)
            (and (agreement a)
                 (initiates a (security-interest i)))
    then (security-agreement a))
```

(m)"受担保方"是指出借人、卖方或其他存在担保物权的人。

A.3.5　A9W§9-107 定义:"购买价金担保物权"

一项担保物权如果是由抵押物的卖方所保留以保证其价格的,即是"购买价金担保物权"。

```
(rule s9-107 (si sp c d s)
    if (exists (sp d s)
         (and (secured-party si sp)
              (debtor si d)
              (collateral si c)
              (seller s sp)
              (buyer s d)
              (goods s c)))
    then (pmsi si c))
```

A.3.6　A9W§9-109 货物分类

货物包括:

(1)"消费品",如果它们主要被用于个人之目的的话;

```
(rule s9-109-1 (s c)
    if (exists (p)
         (and (goods s c)
              (debtor s p)
              (uses p c)))
    then (consumer-goods s c))
```

(4)"存货",如果它们被持有它们以待售之人所持有的话;

```
(rule s9-109-4 (s c)
```

```
if (exists (p)
        (and (collateral s c)
             (debtor s d)
             (sells d c)))
    then (inventory s c))
```

A.3.7 A9W§9-113 根据销售条款而产生的担保物权

仅根据销售条款（即第2条）产生的担保物权隶属于本条款之规定管辖，除非债务人并不占有货物，则

（a）无需任何担保协议以使得担保物权可强制执行；

（b）无需提交报表以完善担保物权。

A.3.8 A9W§9-201 担保物权的普遍有效性

除非本法案另有规定外，一项担保物权根据当事方之间的协议对于担保物的购买人和债权人是有效力的。

A.3.9 A9W§9-203 担保物权的附着与强制性

（1）依据§9-113之规定，一项担保物权对于债权人或第三方而言并非强制性的且不被附着，除非

（a）抵押物被受担保方所占有或者债权人已经签署一份担保协议，而该协议包含了对于该抵押物之描述。

（b）价格已经被给定；

（c）债权人对抵押物拥有权利。

（2）只要子条款（1）中所明确之全部事项都已经发生，担保物权即被附着，除非有明确协议延迟了附着的时间。

A.3.10 A9W§9-301 优先具有非完善的担保物权的人；"拥有抵押权的债权人"之权利

（1）除非子条款（2）中另有规定外，一项非完善的担保物权

是附属于下列当事人之权利：

（a）§9-312 所赋予其优先权之人

（b）在该担保物权被完善之前成为拥有抵押权之债权人的人

（c）在货物、文书或动产文据之情形下，并非正常的经营过程中的买主，如果他在担保物权被完善之前就付了款并接受了抵押物之交付，且并不知道该担保物权的话。

（2）如果受担保方在买方接受抵押物的占有权之前 10 日内提交了涉及购买价金担保物权的报表，他就优先拥有在担保物权被附着的时间至提交报表的时间之间所产生的诸权利。

A.3.11　A9W§9-302 当需要提交报表来完善担保物权时

（1）除以下担保物权外，所有担保物权都必须提交财务报表来进行完善：

（a）对§9-305 中规定之受担保方所占有的抵押物之担保物权；

（d）对消费品的购买价金担保物权；但机动车需要提交报表。

```
(rule s9-302 (s c)
        if (exists (f t)
                (and (holds (perfection-steps s c) t)
                     (collateral s c)
                     (not (and (filing s f)
                               (collateral f c)))))
        then false
        unless (or (applies (inst s9-305 (parms s c)))
                   (applies (inst s9-302d (parms s c)))))
(rule s9-302d (s c)
```

```
if (pmsi s c)
then (applies (inst s9 -302d (parms s c)))
unless (motor - vehicle c))
```

需要注意的是，s9-302d 这个规则的结论恰好就是它适用的情形。这就避免引入一个在 A9W 中没有出现过的谓词。

A.3.12　A9W§9-303　当担保物权得到完善时

（1）当一项担保物权已经被附着且当完善物权需要的所有可适用的步骤都被完成时，该担保物权即得到完善。

```
(rule s9-303 (s c e)
      if (exists (a p)
            (and (attachment s a)
                 (collateral a c)
                 (holds (perfection-steps s c) p)
                 (later p a e)))
      then (holds (perfected s c) e))
```

A.3.13　A9W§9-304　对文书的担保物权之完善

（1）一项针对货币或文书的担保物权只可以借助受担保方的占有来进行完善，子条款（4）之规定除外。

```
(rule s9-304 (s c e)
      if (exists (p)
            (and (holds (perfection-steps s c) e)
                 (collateral s c)
```

```
                    (money-or-instrument c)
                    (secured-party s p)
                    (not (holds (possesses p c) e))))
        then false
        unless (applies (inst s9-304-4 (parms sce))))
```

（4）针对文书的一项担保物权无需提交报表或拥有自其附着之日起 21 日的占有期即可得到完善。

```
(rule s9-304-4a (s c a)
        if (and (collateral s c)
                (instrument c)
                (attachment s a)
                (collateral a c))
        then (initiates a (perfection-steps s c)))
(rule s9-304-4b (s c t2)
        if (exists (t1 a d e)
                (and (collateral s c)
                     (instrument c)
                     (attachment s a)
                     (collateral a c)
                     (time a t1)
                     (days 21 d)
                     (add t1 d t2)
                     (date t2 e)))
        then (terminates e (perfection-steps s c)))
```

A.3.14　A9W§9-305 当受担保方的占有完善了担保物权而无需提交报表时

一项针对货物、文书、货币或动产文据的担保物权可通过受担保方占有抵押物来完善。

```
(rule s9-305 (s c e p)
    if (exists (p)
        (and (collateral s c)
            (or (goods s c)
                (instrument c)
                (money c)
                (chattel-paper c))
            (secured-party s p)
            (transfer e)
            (object e c)
            (recipient e p)))
    then (initiates e (perfection-steps s c)))
```

A.3.15　A9W§9-306 "所得物"；受担保方处置抵押物的权利

（1）"所得物"包括因销售抵押物或所得物所获得的一切。

```
(rule s9-306-1 (s p)
    if (exists (c d t)
        (and (collateral s c)
            (debtor s d)
            (seller t d)
```

```
            (goods t c)
            (consideration s p)))
   then (proceeds s p))
```

所得物的销售收入也是所得物，这一点是由下面的 s9-306-1 和 s9-306-2b 隐含地表达的。按照我的解释，使用上述规则，所得物都是抵押物，其之后的销售收入也是所得物。

（2）担保物权在抵押物的销售收入中得到延续，并且也在任意所得物中得到延续。

```
(rule s9-306-2a ()
      if (exists (t c s)
               (and (goods t c)
                    (collateral s c)
                    (terminates t(security-interest s))))
      then false)
(rule s9-306-2b (s c)
      if (proceeds s c)
      then (collateral s c))
```

（3）如果针对原抵押物的担保物权得到完善，针对所得物的担保物权即得到完善，但是在债权人收到所得物 10 日后，它就不再是完善的担保物权而变成非完善的担保物权，除非：

（a）已提交的财务报表包括了原抵押物并且所得物都是抵押物，而针对它们的担保物权可以通过提交报表进行完善；或者

（c）针对所得物的担保物权在 10 日内可进行完善。

```
(rule s9-306-3-1 (s p si e c)
       if (and (goods s c)
               (consideration s p)
               (collateral si c)
               (collateral si p)
               (holds (perfected si c) e))
       then (holds (perfected si p) e)
       unless (exists (t2)
                (applies (inst s9-306-3-2
                               (parms t2 si c p)))))
(rule s9-306-3-2 (s t2 si c p)
       if (exists (t1 d e)
            (and (date t1 e)
                 (time s e)
                 (days 10 d)
                 (add t1 d t2)))
       then (terminates e (perfected si p))
       unless (or (exists (f)
                    (and (filing si f)
                         (collateral f c)
                         (perfectable-by-fil-
ing si p)))
                  (exists (e)
                    (and (initiates e (perfec-
ted si p))
                         (before e t2)))))
```

A.3.16　A9W §9-307 对货物买方的保护

（1）在正常交易程序中的买方免受卖方所产生的担保物权之限制，即便该担保物权得到了完善且即便买方知道该物权之存在。

（2）在消费品的情形下，买方如果在购买时并不知道该项担保物权，则免受该物权之限制，除非在购买之前受担保方已经提交了一份涵盖这些货物的财务报表。

A.3.17　A9W §9-308 动产文据和文书的购买

动产文据或文书的购买者如果在通常交易程序中按照新的定价付了款并且获得了占有权，则优先具有针对下列动产文据或文书的担保物权：

（b）它只被主张作为隶属于一项担保物权的存货之所得，即便该购买者知道该特殊的文据或文书隶属于该项担保物权。

A.3.18　A9W §9-312 针对相同抵押物的冲突性担保物权的优先性

（4）针对抵押物而非存货的购买价金担保物权优先于针对相同抵押物的冲突性的担保物权，如果该项购买价金担保物权在债权人获得该抵押物的占有权之时或者在此后的 10 日内得到完善的话。

```
(rule s9-312-4 (s1 s2 c)
       if (exists (e1 e2 e3 d tr t1 t2 t3)
             (and (pmsi s1)
                  (collateral s1 c)
                  (not (inventory s1 c))
                  (collateral s2 c)
                  (different s1 s2)
                  (holds (perfected s1 c) e1)
```

```
                    (debtor s1 d)
                    (recipient tr d)
                    (object tr c)
                    (time e1 t1)
                    (date t2 e2)
                    (time tr e2)
                    (days 10 d)
                    (add t2 d t3)
                    (date t3 e3)
                    (before t1 e3)))
      then (priority s1 s2 c))
```

(5) 在所有不为本条其他规则所管辖的情形下，针对相同抵押物的冲突性担保物权之间的优先性应该按照下列规则来确定：

(a) 冲突性的担保物权按照提交报表或完善的时间先后进行排序，较早者优先。

```
(rule 9-312-5a-1 (s1 s2 c)
       if (exists (e1)
              (and (file-or-perfect s1 e1 c)
                    (not (exists (e2)
                                 (file-or-perfect s2 e2 c)))))
       then (priority s1 s2 c))
(rule 9-312-5a-2 (s1 s2 c)
```

```
            if (exists (e1 e2)
                    (and (file-or-perfect s1 e1 c)
                         (file-or-perfect s2 e2 c)
                         (before e1 e2)))
            then (priority s1 s2 c))
(rule 9-312-5a-3 (s e c)
            if (exists (p f)
                    (and (holds (perfected s c) p)
                         (filing s f)
                         (collateral f c)
                         (earlier p f e)))
            then (file-or-perfect s e c))
(rule 9-312-5a-4 (s e c)
            if (and (filing s e)
                    (collateral e c)))
            then (file-or-perfect s e c))
(rule 9-312-5a-5 (s e c)
            if (holds (perfected s c) e)
            then (file-or-perfected s e c))
```

针对 file-or-perfected 的三个规则都是使用特殊性对规则进行排序的范例。如果担保物权既被提交了报表又得到了完善，并且这些事项中的一个是在另外一个之前发生的，则 9-312-5a-3 具有优先权，因为它是最特殊的。如果该物权是通过提交报表得到完善的，那么这两个事项就是同等的：9-312-5a-4 和 9-312-5a-5 都可适用，它们具有相同的结构，所以使用哪个规则并不重要。最后，如果该物权没有提交报表就已经得到完善，则只有 9-312-5a-5 是可适用的。

（b）只要冲突性的担保物权都是非完善的，最先附着的物权则拥有优先性。

```
(rule s9-312-5b-1 (s1 s2 c)
        if (exists (a1 a2)
                (and (attachment s1 a1)
                     (collateral a1 c)
                     (attachment s2 a2)
                     (collateral a2 c)
                     (before a1 a2)))
        then (priority s1 s2 c))
(rule s9-312-5b-2 (s1 s2 c)
        if (exists (a)
                (and (attachment s1 a)
                     (collateral s1 c)))
        then (priority s1 s2 c))
```

人们无需证明担保物权没有得到完善，以便使用上述两个规则。不过，由于所有完善的担保物权都被附着，针对完善的担保物权的优先性规则由于其具有特殊性而具有了优先性。特殊性还被用于对这两个规则进行排序。作为后者，s9-312-5b-2 只有当这两个物权之一被附着时才能适用。

A.4 法律原则

这里有一些被广泛接受的原则,可用以对冲突性的规则进行排序。

A.4.1 上位法优先于下位法

受到较高权威所支持的法律优先于相冲突的且受到较低权威所支持的法律。例如,联邦法律优先于相冲突的州立法律,而且高等法院的裁决优先于低等法院的相冲突的裁决。

```
(rule lex-superior (r1 p1 r2 p2)
    if (exists (a1 d1 a2 d2)
        (and (conflicting (inst r1 p1)
                         (inst r2 p2))
             (authority r1 a1 d1)
             (authority r2 a2 d2)
             (higher a1 a2)))
    then (preferred (inst r1 p1) (inst r2 p2)))
```

A.4.2 新法优先于旧法

较新制定的规则优先于相冲突的较早制定的规则。

```
(rule lex-posterior (r1 p1 r2 p2)
    if (exists (a1 a2 d1 d2)
        (and (conflicting (inst r1 p1)
                         (inst r2 p2))
             (authority r1 a1 d1)
```

```
                    (authority r2 a2 d2)
                    (before d2 d1)))
        then (preferred (inst r1 p1) (inst r2 p2)))
```

A.4.3 上位法与新法之间的优先性

在发生冲突时,较早制定的但受到较高权威所支持的规则优先于较新制定的但受到较低权威所支持的规则。

```
(rule superior-over-posterior (p1 p2)
        if (conflicting (inst lex-superior p1)
                        (inst lex-posterior p2))
        then (preferred (inst lex-superior p1)
                        (inst lex-posterior p2)))
```

A.5 常识知识

当然,这些规则并没有穷尽一切常识,但它们对于讨论本书中的范例是很有用处的。

两个事项中较早的一个就是在另一个之前发生的那个。类似地,两个事项中较后的一个就是在另一个之后发生的那个。

```
(rule earlier-1 (e1 e2)
        if (before e1 e2)
        then (earlier e1 e2 e1))
```

```
(rule earlier-2 (e1 e2)
        if (before e2 e1)
        then (earlier e1 e2 e2))
(rule later-1 (e1 e2)
        if (before e2 e1)
        then (later e1 e2 e1))
(rule later-2 (e1 e2)
        if (before e1 e2)
        then (later e1 e2 e2))
```

将一个对象从一个人转让给另外一个人，这导致接受者获得了该对象的占有权。转让该对象的那个人在转让之后则不再拥有占有权。

```
(rule begin-possession (p o e)
        if (and (transfer e)
                (recipient e p)
                (object e o))
        then (initiates e (possesses p o))
(rule end-possession (p o e)
        if (and (transfer e)
                (agent e p)
                (object e o))
        then (terminates e (possesses p o)))
```

一个时间依赖性的命题在某个特定时间成立，如果一个之前发生的事项成功地开始提出该命题的话，除非另外一个事项在该事项开始发生之后且在相应的时间之前成功地终止了该命题。[这些规则都是以沙纳罕（Shanahan）版的科瓦尔斯基（Kowalski）与塞科特的事项演算（event calculus）为基础的 [61][114][85]。]

```
(rule holds (e p t)
        if (and (happens e)
                (initiates e p)
                (succeeds e)
                (before e t))
        then (holds p t)
        unless (clipped e p t))
(rule clipped (t1 p t2)
        if (exists (e)
                (and (happens E)
                     (terminates E P)
                     (succeeds E)
                     (before T1 E)
                     (before E T2)))
        then (clipped t1 p t2))
```

关于担保物权的优先性关系并不是对称的：如果一项担保物权 x 优先于另外一项担保物权 y，则 y 并不优先于 x。

```
(rule priority-not-symmetric (s1 s2 c)
        if (and (priority s1 s2 c)
                (priority s2 s1 c))
        then false)
```

A.6 谓词符号的字典

在上述 A9W（第九条世界）的规则之形式化系统中使用的谓词符号在这里都按字母顺序被列举出来。每个谓词的元数（arity）和类型都将借助如下这样的形式来表示：

(agent <event> <person>)。

在这个例子中，谓词 agent（主体）是事项与个人之间的一个二元关系。像 <event> 这种类型声明都是对于所期望的词项之类型的一种非形式的表示。非类型化的规则语言并不强求使用这些声明。

(add <number> <number> <number>)

(add x y z) 意味着 $x + y = z$。要注意，add 是一个谓词，而非一个函数。

(agent <event> <person>)

(agent e1 p1) 意味着事项 e1 的主体是个人 p1。主体是实施该事项的（法律上的）个人。

(agreement <object>)

(agreement o1) 意味着 o1 是一个协议。

(ap <rule-instance>)

(ap r1) 是一个可适用性假设。这些都是被条件推衍最大化了的命题集。

(applies <rule-instance>)

（applies r1）意味着规则实例 r1 是适用的。还可以参见 ap。

`(attachment <security-interest> <event>)`

（attachment s1 e1）意味着担保物权 s1 在事项 e1 发生的时间上变成被附着了。

`(before <event> <event>)`

（before e1 e2）意味着 e1 是在 e2 之前发生的。

`(buyer <sale> <person>)`

（buyer s1 p1）意味着 p1 是在买卖事项 s1 中的买方。

`(chattel-paper <object>)`

（chattel-paper o1）意味着 o1 是动产文据。

`(collateral <event> <property>)`

（collateral e1 p1）意味着事项 e1 的抵押物是财产 p1。该事项可以是产生一项担保物权的事项，比如它是一个担保协议，或者它可以是这样的一项物权的附着，或者是涵盖 p1 的财务报表的提交。

`(consideration <sale> <object>)`

（consideration s1 o1）意味着 o1 是买方在销售过程 s1 中从买方那里已获得的或将要获得的财产。

`(consumer-goods <security-interest> <property>)`

（consumer-goods s1 p1）意味着担保物权 s1 的抵押物 p1 是消费品。

诉答博弈
——程序性公正的人工智能模型

```
(date <number> <event>)
```
　　(date n1 e1) 意味着在所测算时间的开始处,该 n1 个标准时间单位就是事项 e1。

```
(days <number> <number>)
```
　　(days n1 n2) 意味着 n1 天是 n2 个标准时间单位。

```
(debtor <security-interest> <person>)
```
　　(debtor s1 p1) 意味着 p1 是担保物权 s1 的债权人。

```
(different <object> <object>)
```
　　(different o1 o2) 意味着 o1 和 o2 并非指示相同的对象。

```
(earlier <event> <event> <event>)
```
　　(earlier e1 e2 e3) 意味着 e3 是比 e1 或 e2 先发生的事项。如果比如 e1 与 e2 是同时发生的,则 (earlier e1 e2 e3) 就是假的。

```
(evidence <object> <object>)
```
　　(evidence o1 o2) 意味着 o1 之存在是证明 o2 之存在的证据。[2]

```
(file-or-perfect <security-interest> <event>)
```
　　(file-or-perfect s1 e1) 意味着 e1 是提交报表这个事项或完善担保物权 s1 这个事项,无论哪个事项在先发生。

```
(filing <security-interest> <event>)
```

----

　　[2] 这是公认的处理证据的特殊方法。关于这种命题的模型论语义学很不清晰。根据定义,在 (evidence o1 o2) 的任意模型中,都存在被 o1 和 o2 所指示的对象。

(filing s1 e1) 意味着 e1 是为担保物权 s1 提交财务报表这个事项。

`(goods <event> <object>)`

(goods e1 o1) 意味着 o1 是事项 e1 中的货物。例如，如果 e1 是销售，o1 则是在销售中被出售的货物。如果 e1 是一项担保物权，则 o1 就是受到该物权之担保的货物。

`(happens <event>)`

(happens e1) 意味着事项 e1 发生。

`(holds <fluent> <event>)`

时间依赖性的原子命题都被称为"流（fluents）"。它们在事项演算中被建模为词项。(holds f1 e1) 意味着 f1 只在事项 e1 发生之前才是真的。事项都是瞬间发生的；f1 在 e1 发生之后可能马上不再是真的。

`(initiates <event> <fluent>)`

(initiates e1 f1) 意味着 f1 只在事项 e1 发生之后才是真的。也就是说，f1 是 e1 的事后条件。

`(instrument <object>)`

(instrument o1) 意味着 o1 是一个文书，它在第九条这个背景中是证明拥有付款之权利的书面文件。

`(inventory <security-interest> <property>)`

(inventory s1 p1) 意味着作为担保物权 s1 的抵押物，p1 是存货。

```
(later <event> <event> <event>)
```

（later e1 e2 e3）意味着 e3 是在 e1 和 e2 之后发生的事项。如果 e1 和 e2 是同时发生的，则（later e1 e2 e1）和（later e1 e2 e2）就都是假的。

```
(money <object>)
```

（money o1）意味着 o1 是货币。

```
(motor-vehicle <object>)
```

（motor-vehicle o1）意味着 o1 是一辆机动车，比如一辆汽车或者卡车。

```
(holds (movable <object>) <event>)
```

movable 是一个流式谓词（fluent predicate）。(holds (movable o1) e1) 意味着 o1 在事项 e1 发生的时间上是一个可移动的对象。

```
(object <transfer> <object>)
```

（object t1 o1）意味着 o1 是一个借助事项 t1 被转让的对象。

```
(holds (perfection-steps <security-interest> <object>) <event>)
```

perfection-steps 是一个流（fluent）。(holds (perfections-steps s1 c1) e1) 意味着完善针对抵押物 c1 的担保物权 s1 的必要步骤已经在事项 e1 发生时被实施了。

```
(perfectable-by-filing <security-interest> <object>)
```

`(perfectable-by-filing s1 o1)` 意味着针对抵押物 o1 的担保物权 s1 可以借助提交财务报表来完善。

`(holds (perfected <security-interest> <object>) <event>)`

perfected 是一个流。`(holds (perfected s1 o1) e1)` 意味着针对抵押物 o1 的担保物权 s1 在事项 e1 发生时得到完善。

`(pmsi <security-interest>)`

`(pmsi s1)` 意味着 s1 是一项购买价金担保物权。

`(holds (possesses <person> <object>) <event>)`

possesses 是一个流，`(holds (possesses p1 o1) e1)` 意味着个人 p1 在事项 e1 发生时获得 o1 的占有权。

`(priority <security-interest> <security-interest> <object>)`

`(priority s1 s2 c1)` 意味着针对抵押物 c1 的担保物权 s1 优先于针对它的担保物权 s2。

`(recipient <event> <person>)`

`(recipient e1 p1)` 意味着个人 p1 接收了借助事项 e1 所转让的对象。

`(right-to-payment <object>)`

`(right-to-payment o1)` 意味着 o1 是一项支付权力。

`(sale <event>)`

`(sale e1)` 意味着 e1 是一个销售事项。还可参见 buyer,

seller, goods 以及 consideration。

(same <object> <object>)

（same o1 o2）意味着 o1 和 o2 指示相同的对象。独一名称之假设不再成立。

(secured-party <security-interest> <person>)

（secured-party s1 p1）意味着 p1 是其物权由 s1 来担保的个人。

(security-agreement <object>)

（security-agreement o1）意味着 o1 是一个担保协议。还可参见 debtor, secured-party 和 collateral。

(holds (security-interest s1) e1)

security-interest 是一个流。(holds (security-interest s1) e1) 意味着 s1 是在事项 e1 发生时的一项担保物权。

(sells <person> <object>)

（sells p1 o1）意味着 p1 出售了 o1 这个类型的对象。例如，(sells Joe car1) 意味着乔伊出售了汽车。（它还意味着他出售了机动车和汽车的每个上位类型的其他东西。）

(succeeds <event>)

（succeeds e1）意味着事项 e1 成功发生了。

(terminates <event> <fluent>)

（terminates e1 f1）意味着流 f1 在 e1 发生之后就不再是真的。

`(time <event> <time>)`

（time e1 t1）意味着事项 e1 在时间 t1 发生了。时间也是一种事项。

`(transfer <event>)`

（transfer e1）意味着 e1 是一个事项，在该事项中某个对象从一个人被转让给另外一个人。还可参见 recipient。

`(uses <person> <object>)`

（uses p1 o1）意味着个人 p1 使用对象 o1，主要是出于个人目的，而非比如是为了达成交易。

`(writing <object>)`

（writing o1）意味着 o1 是一个书面文件，譬如支票或书面协议。

附录 B　法律术语词汇表

诉讼（action）
名词。诉诸法院审理的诉讼（suit）。

积极抗辩（affirmative defense）
名词。在诉答程序中，构成辩护的东西；在假设控诉为真的情况下构成对该控诉之辩护的新东西。

陈词（allegation）
名词。对当事方之诉讼的断言、主张、宣告或陈述，在诉答程序中实施的，提出其想要证明的东西。

借贷款人（borrower）
名词。该人是钱或物应其要求而被出借给他的人。

民法（civil law）
名词。涉及民事或私人的权利和补偿的法律，与刑法相对应。

民事诉讼程序（civil procedure）
名词。涉及民事诉讼之方法、程序和常规的法律主体。

主张（claim）
名词。对于应得或相信是应得之物的要求。开放式的、有待质询的断言。

抵押物（collateral）
名词。为偿还债务作为担保而被抵押的财产。

商法（commercial law）
名词。适用于参与商业或贸易的人员的权利和关系的法律。

普通法（common law）
名词。在英国发展起来的主要由基于习惯和判例的司法裁决的法律主体，它在成文法或法典中没有作明文规定，它构成了英国法律体系和美国（路易斯安那州除外）所有州的法律体系的基础。

控诉（complaint）
名词。反对一个当事方的一种正式陈词。

构成要件事实（constituent facts）
名词。刑事、民事侵权或其他类型的诉讼的要素。这些问题必须得到证明以便支持一个诉讼之理由，因为它们构成了该诉讼或罪行。

相反主张（counterclaim）
名词。由被告方提出的主张，与原告方的主张相反或从原告方的主张推导出来的。

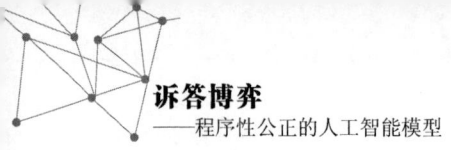

诉答博弈
——程序性公正的人工智能模型

损害赔偿（damages）
名词。为弥补损失或损伤，由法律强制实施的货币赔偿。

被告方（defendant）
名词。在诉讼或起诉中被寻求针对他的援助或寻求错误恢复措施的人。

辩护（defense）
名词。被告方的否决、答辩或抗辩。以支持或证成的方式出现的论证。

事实（fact）
名词。已做的事情；已实施的行为或公开发生的事情；事件或情况；实际产生的事情；在时空中实际发生的事件或者精神的或物理的事件。

提交（file）
动词。交至于监管之下或于法庭的记录之中。

财务报表（financing statement）
名词。作为担保物权的公开记录使用的书面声明。

货物（goods）
名词。所有在担保物权被附着之时可移动的东西，除货币与文书外。

附录 B　法律术语词汇表

文书（instruments）
名词。用以证明付款之权利且其本身并非担保协议或契约的书面文件。

争议点（issue）
名词。单一的、特定的且实质性的观点，由陈词和当事双方的诉答推导出来，它被一方断定而被另外一方否定。通过诉答被置于争议的事实；它可以是关于法律的争议点或者是关于事实的争议点。

出借人（lender）
名词。事物或钱款从他那里被借出的人。

抵押（mortgage）
名词。由文书产生的对于不动产的物权，该文书为履行义务或偿还债务提供了担保。

完善（perfection）
名词。担保物权的完善处理的是那些步骤，即它们在法律上被要求用于针对借贷方的其他债权人赋予受担保方对于标的财产的物权。

原告方（plaintiff）
名词。提起个人诉讼或法律诉讼以获得弥补其权利所受之损害的补偿的一方。诉讼程序中的起诉方。

诉答博弈
——程序性公正的人工智能模型

诉答(pleading)

名词。正式的且通常是书面的陈词和相反陈词中的一个,其中这两种陈词是由处于法律诉讼程序中的当事方分别做出的。

所得物(proceeds)

名词。通过财产的出售而获得的金钱或其他有价值的东西。

答复(reply)

名词。原告方对于被告方的相反主张的回应。

担保物权(security interest)

名词。对于财产的一种物权,它假定了该财产在有过失情形下可以被出售,以便履行该担保物权所赋予的义务。

担保交易(secured transaction)

名词。基于担保协议的交易。这样的协议产生了或提供了担保物权。

诉讼(suit)

名词。在法院实施的一种行动或程序。

即决判决(summary judgment)

名词。当关于实质事实不存在任何真正的争议点并该当事方有权获得作为法律事务之判决时,没有审判而做出的支持一方的判决。

庭审（trial）
名词。对于诉讼的当事双方之间的争议点进行的司法审查与判定。

最终争议点（ultimate issue）
名词。对于整个案件的处置既充分又关键的争议点。

参考文献

1. E. Adams. *The Logic of Conditionals*. Reiter, Dordrecht, 1975.
2. Carlos E. Alchourrón and Eugenio Bulygin. Limits of Logic and Legal Reasoning. In Antonio A. Martino, *Expert Systems in Law*, pages 9 – 27. North – Holland, Amsterdam, 1992.
3. Robert Alexy. *Theorie derjuristischen Argumentation*. Suhrkamp Verlag, Frankfurtam Main, 1978.
4. Robert Alexy. *A Theory of Legal Argumentation*. Clarendon Press, Oxford, 1989.
5. Layman E. Allen. Symbolic Logic: A Razor – Edged Tool for Drafting and Interpreting Legal Documents. *The Yale Law Journal* **66** (1957).
6. Layman E. Allen. Deontic Logic. *Modem Uses of Logic in Law* **13** (1960).
7. Layman E. Allen. *Wff'n Proof: The Game of Modem Logic*. Autotelic Instructional Materials Publishers, New Haven, 1966.
8. Layman E. Allen. The Plain Language Game: Legal Writing Made Clear by Structuring it Well. In *Proceedings of the International Workshop on Formal Methods Law*. German National Research Center for Computer Science (GMD), Sankt Augustin, 1982.
9. Layman E. Allen and Charles S. Saxon. More IA Needed in AI: Interpretation Assistance for Coping with the Problem of Multiple Structural Interpretations. In *Proceedings of the Third International Conference on Artificial Intelligence and Law*, pages 53 – 61. ACM, 1991.

参考文献

10. Ross Anderson and Nuel D. Belnap Jr. . *Entailment*: *The Logic of Relevance and Necessity*. Princeton University Press, 1974.
11. Kevin D. Ashley. Toward a Computational Theory of Arguing with Precedents: Accomodating Multiple Interpretations of Cases. In *The Second International Conference on Artificial Intelligence and Law*, pages 93 – 102. ACM, June 1989.
12. Kevin D. Ashley. *Modeling Legal Argument*: *Reasoning with Cases and Hypotheticals*. MIT Press, 1990.
13. Michael D. Bayles. *Procedural Justice*; *Allocating to Individuals*. Kluwer AcademicPublishers, 1990.
14. Trevor Bench – Capon and Marek Sergot. Toward a Rule – Based Representation of Open Texture in Law. In Charles Walther, *Computer Power and Legal Language*, pages 39 – 60. Quorum Books, 1988.
15. Trevor Bench – Capon. Deep Models, Normative Reasoning and Legal ExpertSystems. In *Proceedings of the Second International Conference on Artificial Intelligence and Law*. ACM Press, Vancouver, 1989.
16. Trevor Bench – Capon and Frans Coenen. Expoiting Isomorphism: Development of a KBS to Support British Coal Insurance Claims. In *Proceedings of the Third International Conference on Artificial Intelligence and Law*, pages 62 – 68. ACM Press, Oxford, 1991.
17. T. J. M. Bench – Capon, P. E. S. Dunne and P. H. Leng. Interacting with Knowledge Systems Through Dialogue Games. In *Proceedings of the 11th Annual Conference on Expert Systems and their Applications* (vol. 1), pages 123 – 130, Avignon, 1991.
18. T. J. M. Bench – Capon, P. E. S. Dunne and P. H. Leng. A Dialogue Game for Dialectical Interaction with Expert Systems. In J. C. Rault, *Proceedings of AVIGNON – 92* (*vol.* 1), Nanterre, 1992.
19. Donald H. Bennan and Carole D. Hafner. Indeterminancy: A Challenge to Logic – based Models of Legal Reasoning. *Yearbook of Law*, *Computers and Technology* **3**,

1 – 35（1987）.

20. Henry Campbell Black. *Black's Law Dictionary*. West Publishing Company, 1979.

21. Ronald J. Brachman and James G. Schmolze. An Overview of the KL – ONE Knowledge Representation System. *Cognitive Science* 9, 171 – 216（1985）.

22. L. Karl Branting. Representing and Reusing Explanations and Legal Precedents. In *Proceedings of the Second International Conference on Artificial Intelligence and Law*, pages 103 – 110. ACM, 1989.

23. Gerhard Brewka and Karl – Heinz Wittur. Nichtmonotone Logiken-Eine Untersuchung der Formalisierungen nichtmonotoner Schlußweisen und die Implementation eines nichtmonotonen Reasoning – Systems. Master's thesis（1984）, Universität Bonn.

24. Gerhard Brewka. Tweety – Still Flying: Some Remarks on Abnormal Birds, Applicable Rules and a Default Prover. In *Proceedings of the National Conference on Artificial Intelligence*, pages 8 – 12. AAAI, Philadelphia, 1986.

25. Gerhard Brewka. Cumulative Default Logic: In Defense of Nonmonotonic Inference Rules. *Artificial Intelligence* **50**（2）, 183 – 205（1991）.

26. Eugene Charniak and Drew McDermott. *Introduction to Artificial Intelligence*. World Student Series. Addison – Wesley, Reading, Massachusetts, 1985.

27. Johan de Kleer. An Assumption – Based TMS. *Artificial Intelligence* **28**（1986）.

28. J. Delgrande. An Approach to Default Reasoning Based on a First – Order Conditional Logic. In *Proceedings of the National Conference on Artificial Intelligence*, pages 340 – 345. AAAI, Seattle, 1987.

29. W. F. Dowling and J. H. Gallier. Linear – Time Algorithms for Testing the Satisfiability of Propositional Horn Formulae. *Journal of Logic Programming* **3**, 267 – 284（1984）.

30. R. M. Dworkin. Is Law a System of Rules? In R. M. Dworkin, *The Philosophy of Law*, pages 38-65. Oxford University Press, 1977.

31. Paul Edwards. *The Encyclopedia of Philosophy*. Macmillan Pub. Co, Inc. & The

Free Press, 1972.

32. K. Eshghi and R. A. Kowalski. Abduction as Deduction. Technical Report (1988), Dept. of Computing, Imperial College of Science and Technology, London.

33. Walter Felscher. Dialogues as a Foundation for Intuitionistic Logic. In D. Gabby and F. Günthner, *Handbook of Philosophical Logic*; Vol. III: *Alternatives in Classical Logic*, pages 341 – 372. D. Reidel, 1986.

34. Herbert Fiedler. Juristische Logik in mathematischer Sicht. *ARSP* **52** (1966).

35. Herbert Fiedler. Zur logischen Konzeption der Rechtsfindung aus dem Gesetz und ihrem historichen Bedingungen. In U. Klug, Th. Ramm, F. Rittner and B. Schmiedel, *Gesetzgebungstheorie, Juristische Logile, Zivil-und Proceβrecht*, pages 129 – 139. Springer – Verlag, 1978.

36. Herbert Fiedler. Die Rechtsfindung aus dem Gesetz im Lichte der neueren Logik und Methodenlehre. In G. Kohlmann, *Festschriftfür Ulrich Klug zum 70. Geburtstag*, pages 55 – 67. Deubner Verlag, Cologne, 1983.

37. Herbert Fiedler. Expert Systems as a Tool for Drafting Legal Decisions. In Antonio A. Martino and Fiorenza Socci Natali, *Logica, Informatica, Diritto*, pages 265 – 274. Consiglio Nazionale delle Richere, Florence, 1985.

38. Richard E. Fikes and Nils J. Nilsson. STRIPS: A New Approach to the Application of Theorem Proving to Problem Solving. *Artificial Intelligence* **2**, 189 – 208 (1971).

39. D. M. Gabbay and U. Reyle. N – PROLOG: An extension of PROLOG with Hypothetical Implications. *Journal of Logic Programming* **1**, 319 – 355 (1984).

40. Anne von der Lieth Gardner. *An Artificial Intelligence Approach to Legal Reasoning*. Artificial Intelligence and Legal Reasoning. MIT Press, 1987.

41. Hector Geffner and Judea Pearl. Conditional Entailment: Bridging Two Approaches to Default Reasoning. *Artificial Intelligence* **53** (2 – 3), 209 – 244 (1992).

42. Thomas F. Gordon. Object – Oriented Predicate Logic and its Role in Represen-

ting Legal Knowledge. In Charles Walter, *Computing Power and Legal Reasoning*, pages 163 – 203. West Publishing Company, 1985.

43. Thomas F. Gordon. Oblog – 2, A Hybrid Knowledge Representation System for Defeasible Reasoning. In *The First International Conference on ArtificialIntelligence and Law; Proceedings*, pages 231 – 239. ACM Press. ACM, May 1987.

44. Thomas F. Gordon. Some Problems with Prolog as a Knowledge Representation Language for Legal Expert Systems. In C. Arnold, *Yearbook of Law, Computers & Technology*, pages 52 – 67. Butterworths, London, 1987.

45. Thomas F. Gordon. The Importance of Nonmonotonicity for Legal Reasoning. In H. Fiedler, F. Haft and R. Traunmüller, *Expert Systems in Law; Impacts on Legal Theory and Computer Law*, pages 111 – 126. Attempto Verlag, Tübingen, 1988.

46. Thomas F. Gordon. Issue Spotting in a System for Searching Interpretation Spaces. In *Proceedings of the Second International Conference on Artificial Intelligence and Law*, pages 157 – 164. ACM, June 1989.

47. Thomas F. Gordon. An Abductive Theory of Legal Issues. *International Journal of Man – Machine Studies* 35, 95 – 118 (July 1991).

48. Thomas F. Gordon. A Theory Construction Approach to Legal Document Assembly. In Antonio A. Martino, *Expert Systems in Law*, pages 211 – 225. North – Holland, Amsterdam, 1992.

49. Thomas F. Gordon. Artificial Intelligence: A Hermeneutic Defense. In Christiane Floyd, Heinz Züllighoven, Reinhard Budde and Reinhard Keil-Slawik, *Software Development and Reality Construction*, pages 280 – 290. Springer – Verlag, 1992.

50. Robert Harper, Robin Milner and Mads Tofte. The Definition of Standard ML, Version 2. Tech. Rep. (1988), Laboratory for Foundations of Computer Science, Department of Computer Science, University of Edinburgh.

51. H. L. A. Hart. The Ascription of Responsibility and Rights. In Antony Flew, *Logic and Language: First and Second Series*, pages 151 – 174. Anchor Books, Garden

City, 1965.
52. H. L. A. Hart. *The Concept of Law*. Oxford University Press, 1961.
53. H. L. A. Hart. *Essays in Jurisprudence and Philosophy*. Oxford University Press, 1983.
54. Thomas Hobbes. *Leviathan*, 1651.
55. Oliver Wendel Holmes. *The Common Law*. Little, Brown, Boston, 1881.
56. Ulrich Junker. *Relationship Between Assumptions*. Ph. D. thesis, Kaiserslautern, 1992.
57. Immanuel Kant. *Critique of Pure Reason*. MacMillan, London, 1929, tr. Norman K. Smith.
58. Arthur Kaufmann and Winfried Hassemar. *Einführung in Rechtsphilosophie und Rechtstheorie der Gegenwart*. C. F. Muller, Heidelberg, 1981.
59. Ulrich Klug. *Juristische Logik*. Springer, 1982.
60. Kurt Konolige. A General Theory of Abduction. In *Working Notes of the AAAI Spring Symposium on Automated Abduction*, pages 62 – 66. American Association for Artificial Intelligence, 1990.
61. Robert Kowalski and Marek Sergot. A Logic – Based Calculus of Events. *New Generation Computing* 4, 67 – 95 (1986).
62. S. Kraus, D. Lehmann and M. Magidor. Nonmonotonic Reasoning, Preferential Models and Cumulative Logics. *Artificial Intelligence* **44**, 167 – 207 (1990).
63. D. Lehmann and M. Magidor. Rational Logics and their Models: a Study in Cumulative Logic. Technical Report (1988), Department of Computer Science, Hebrew University, Jerusalem, Israel.
64. Hector J. Levesque. A Knowledge-Level Account of Abduction. In *IJCAI – 89*, pages 1061 – 1067, Detroit, 1989.
65. Vladimir Lifschitz. On the Semantics of STRIPS. In M. Georgeff and A. Lansky, *Reasoning about Actions and Plans*. Morgan Kaufmann, Los Altos, California, 1987.
66. K. N. Llewellyn. *The Bramble Bush: On Our Law and Its Study*. Oceana Publica-

tions, Dobbs Ferry, New York, 1930. 1960 edition.

67. K. N. Llewellyn. *Jurisprudence: Realism in Theory and Practice*. The University of Chicago Press, London, 1962.

68. Kuno Lorenz. *Arithmetik und Logik als Spiele*. Ph. D. thesis, Kiel, 1961.

69. Ronald Loui and William Chen. An Argument Game. Technical Report WUCS-92 – 47 (1992), Department of Computer Science, Washington University.

70. R. Loui, J. Norman, K. Stiefvater, A Merrill, A Costello and J. Olson. Computing Specificity. Technical Report CS – TR93 – 03 (1993), Department of ComputerScience, Washington University.

71. J. D. Mackenzie. Question-Begging in Non-Cumulative Systems. *Journal of Philosophical Logic* 8, 159 – 177 (1979).

72. David Maier and David S. Warren. *Computing with Logic*. Benjamin/Cummings, 1988.

73. Catherine C. Marshall. Representing the Structure of a Legal Argument. In *The Second International Conference on Artificial Intelligence and Law*, pages 121 – 127. ACM, June 1989.

74. P. Martin – Löf. Constructive Mathematics and Computer Programming. In C. A R. Hoare and J. C. Shepardson, *Mathematical Logic and Programming Languages*. Prentice – Hall, 1985.

75. John McCarthy. Circumscription-A Form of Nonmonotonic Reasoning. *Artificial Intelligence* **13**, 27 – 39 (1980).

76. John McCarthy. Applications of Circumscription to Formalizing Common – Sense Knowledge. *Artificial Intelligence* 28, 89 – 116 (1986).

77. L. Thorne McCarty. Reflections on TAXMAN: An Experiment in Artificial Intelligence and Legal Reasoning. *Harvard Law Review* **90** (5) (1977).

78. L. Thorne McCarty and N. S. Sridharan. A Computational Theory of Legal Argument. Technical Report LRP – TR – 13 (1982), Laboratory for Computer Science Research, Rutgers University.

79. L. Thorne McCarty. Intelligent Legal Information Systems: Problems and Prospects. *Rutgers Computer & Technnology Journal* **9**, 265-294 (1983).
80. L. Thorne McCarty. Clausal Intutionistic Logic, I. Fixed – Point Semantics. *The Journal of Logic Programming* **5**, 1 – 31 (1988).
81. L. Thorne McCarty. Clausal Intutitionistic Logic, II. Tableau Proof Procedures. *The Journal of Logic Programming* **5**, 93 – 132 (1988).
82. L. Thorne McCarty. A Language for Legal Discourse, I. Basic Features. In *The Second International Conference on Artificial Intelligence and Law*, pages 180 – 189. ACM, June 1989.
83. L. Thorne McCarty. AI and Law: How to Get There from Here. *Ratio Juris* 3 (2), 189 – 200 (July 1990).
84. L. Thome McCarty and William W. Cohen. The Case for Explicit Exceptions, 1992.
85. Lode Missiaen and Maurice Bruynooghe. Localized Abductive Planning. In *Proceedings of the European Workshop on Planning (EWSP)*. GMD, Sankt Augustin, March 1991.
86. Robert C. Moore. Semantical Considerations on Nonmonotonic Logic. *Artificial Intelligence* **25**, 75 – 94 (1985).
87. Lawrence C. Paulson. *ML for the Working Programmer*. Cambridge University Press, 1991.
88. Judea Pearl. Probabilistic Semantics for Nonmonotonic Reasoning: A Survey. In R. Cummins and J. Pollock, *Philosophical AI: Computational Approaches to Reasoning*, pages 157 – 187. MIT Press, 1991.
89. Chaim Perelman. *Juristische Logik als Argumentationslehre*. Karl Alber Verlag, Freiburgl München, 1979.
90. Lothar Philipps. Rechtliche Regelung und formale Logik. *ARSP* **50** (1964).
91. John Pollock. Defeasible Reasoning. *Cognitive Science* **11**, 481 – 518 (1988).
92. David Poole. On the Comparison of Theories: Preferring the Most Specific Explanation. In *Proceedings of the International Joint Conference on Articial Intelli-*

gence, pages 144–147, Los Angeles, 1985.

93. David Poole. A Logical Framework for Default Reasoning. *Artificial Intelligence* 36 (1) (1988).

94. David Poole. Hypo-deductive Reasoning for Abduction, Default Reasoning and Design. In *Working Notes of the AMI Spring Symposium on Automated Abduction*, pages 106–110. American Association for Artificial Intelligence, 1990.

95. Richard A. Posner. *Economic Analysis of Law.* Little, Brown and Company, Boston. Second edition, 1977.

96. Henry Prakken. A Tool In Modelling Disagreement in Law: Preferring the Most Specific Argument. In *Proceedings of the Third International Conference on Artificial Intelligence and Law*, pages 165–174, Oxford, 1991.

97. Henry Prakken. *Logical Tools for Modelling Legal Argument.* Ph. D. thesis, Free University of Amsterdam, 1993.

98. Thomas M. Quinn. *Uniform Commercial Code Commentary and Law Digest.* Warren, Gorham & Lamont, Boston, 1978.

99. John Rawls. *A Theory of Justice.* Harvard University Press, 1971.

100. Raymond Reiter. A Logic for Default Reasoning. *Artificial Intelligence* 13, 81–132 (1980).

101. Raymond Reiter and Johnan de Kleer. Foundations of Assumption–Based Truth Maintenance Systems, Preliminary Report. In *Sixth National Conference on Artificial Intelligence*, pages 183–188. AAAI, 1987.

102. Nicholas Rescher. *Dialectics.* State University of New York, Albany, 1977.

103. Edwina L. Rissland. Dimension–Based Analysis of Hypotheticals from Supreme Court Oral Argument. In *The Second International Conference on Artificial Intelligence and Law*, pages 111–120. ACM, June 1989.

104. Jürgen Rödig. *Die Denkform der Alternative in der Jurisprudenz.* Springer–Verlag, 1969.

105. Jürgen Rödig. *Schriften zur juristischen Logik.* Springer Verlag, Berlin, 1980.

106. Tom Routen and Trevor Bench – Capon. Hierarchical Formalizations. *International Journal of Man – Machine Studies* 35, 69 – 93 (1991).
107. Giovanni Sartor. The Structure of Norm Conditions and Nonmonotonic Reasoning in Law. In *Proceedings of the Third International Conference on Artificial Intelligence and Law*, pages 155 – 164. ACM Press, Oxford, 1991.
108. R. Schreiber. *Logik des Rechts*. Springer – Verlag, Berlin, 1962.
109. Wolfgang Schuler and John B. Smith. Author's Argumentation Assistant (AAA): A Hypertext – Based Authoring Tool for Argumentative Texts. In A. Rizk, N. Streitz and J. Andre, *Hypertext: Concepts, Systems and Applications*. Cambridge University Press, 1990.
110. Karsten Schweichhart. Das Argument Construction Set. Arbeitspapier 348 (November 1988), GMD.
111. Robert Sedgewick. *Algorithms*. Series in Computer Science. Addison-Wesley, 1983.
112. Bart Selman and Hector J. Levesque. Abductive and Default Reasoning: A Computational Core. In *Proceedings of the Eight National Conference on Artificial Intelligence*, pages 343 – 348. AAAI Press, 1990.
113. Bart Selman. Computing Explanations. In *Working Notes of the AAAI Spring Symposium on Automated Abduction*, pages 82 – 84. AAAI, 1990.
114. Murray P. Shanahan. Prediction is deduction but explanation is abduction. In *Proceedings of the International Joint Conference on Artificial Intelligence*, 1989.
115. Yoav Shoham. A Semantical Approach to Nonmonotonic Logics. In Matthew L. Ginsberg, *Readings in Nonmonotonic Reasoning*, pages 227 – 250. Morgan Kaufmann, 1987.
116. Guillermo R. Simari and Ronald P. Loui. A Mathematical Treatment of Defeasible Reasoning and its Implementation. *Artificial Intelligence* 53 (2 – 3), 125-157 (1992).
117. David B. Skalak and Edwina L. Rissland. Arguments and Cases: An Inevitable Intertwining. *Aritificial Intelligence and Law* 1 (1), 3 – 45 (1992).

118. Richard E. Speidel, Robert S. Summers and James J. White. *Teaching Materials on Commercial and Consumer Law*. American Casebook Series. West Publishing Company, 1981.
119. Richard E. Susskind. *Expert Systems in Law*. Oxford, 1987.
120. Ilmar Tammelo. *Outlines of Modern Legal Logic*. Steiner, Wiesbaden, 1969.
121. Ilmar Tammelo. Rechtslogik. In A. Kaufmann and W. Hassemer, *Einführung in Rechtsphilosophie und Rechtstheorie der Gegenwart*, 8, pages 120 – 131. C. F. Müller, Heidelberg, 1981.
122. Stephen E. Toulmin. *The Place of Reason in Ethics*. Cambridge University Press, 1950.
123. Stephen E. Toulmin. *The Uses of Argument*. Cambridge University Press, 1958.
124. Dirk van Dalen. Intuitionistic Logic. In D. Gabbay and F. Günthner, *Handbook of Philosophical Logic*; Vol. III: *Alternatives in Classical Logic*, pages 225 – 339. D. Reidel, 1986.
125. George H. von Wright. Deontic Logic. *Mind* 60 (1) (1963).
126. Heinz Wagner. *Die moderne Logik in der Jurisprudenz*. Gehlen, Bad Homburg, 1970.
127. Ota Weinberger. *Rechtslogik. Versuch einer Anwendung moderner Logik auf das juristische Denken*. Springer-Verlag, 1970.
128. Ota Weinberger. *Rechtslogik*. Duncker & Humblot, Berlin. second edition, 1989.
129. James J. White and Robert S. Summers. *Handbook of the Law Under the Uniform Commercial Code*. American Casebook Series. West, 1980.
130. Terry Winograd. A Procedural Model of Language Understanding. In R. C. Schank and K. M. Colby, *Computer Models of Thought and Language*. Freeman, San Francisco, 1973.
131. Ludwig Wittgenstein. *Philosophical Investigations*. Macmillan, New York. Third edition, 1958.

索 引

A9W 第九条世界，206*
Ashley 阿什利，Kevin 凯文，2
abduction 溯因，159
 use in elliptical arguments 溯因在省略型论证中的使用，51
 intractability of 溯因的困境，105
 use in issue spotting 溯因在争议点识别中的使用，108
 propositional Horn clause 命题性的霍恩字句，157
 signature 签名，160
 use in explanation 溯因在解释中的使用，89
abnormality 异常情形
 minimization of 对异常情形的最小化，97
abstraction 抽象
 use in managing complexity 抽象在处理复杂性时的使用，39

absurdity 荒谬，81
acceptance 接受
 of claims 接受诉求，69
admissibility 可接受性
 of priority order on assumptions 假定的优先性次序的可接受性，100
 of preferential model structures 有限模型结构的可接受性，98
adoption rules 采用规则，86
agreement 一致性
 in Habermas' theory of truth 哈贝马斯的真理论中的一致性，64
Alchourrón, Carlos E. 卡洛斯·E. 阿尔罗诺，8
Alexy, Robert 罗伯特·阿列克西，1
 evaluation of his theory 对他的理论的评价，71
 theory of legal argumentation 法律论证

---

* 索引中的页码是译文中的边码，即原著中的页码。——译者注

359

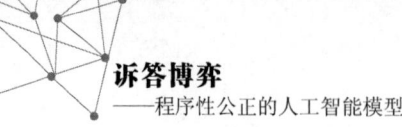

理论, 53

Allen, Layman E. 雷曼·E. 艾伦, 32
  contrapositive inference 假言易位推理, 100
  logic games 逻辑博弈, 107

amicus curiae briefs 法律之友的案件（或案情摘要）, 67

analytical jurisprudence 分析法学, 22

Anderson, Ross 罗斯·安德森, 100

answer 回答
  in Dialogue Logic 对话逻辑中的回答, 77
  form of pleading 诉讼的形式, 111

antecedent 前件
  of a default 一个缺省的前件, 117
  of rules 规则的前件, 117

appeal 上诉, 109

arbitration 仲裁, 205

Argument Construction Set 论证结构集, 108

arguments 论证
  substantial vs. analytic 实质论证 vs. 分析论证, 61

Aristotle 亚里士多德, 32

Article Nine World 第九条世界, 206

Artificial Intelligence 人工智能, 76
  contributions to 关于人工智能的稿件, 203
  open texture of term 术语的开放性构造, 201

assertion 断定
  in Dialogue Logic 对话逻辑中的断定, 77

  in pleading 诉讼中的断定, 111
  in the Pleadings Game 诉答博弈中的断定, 127

Assumption Based Truth Maintenance 基于真值维护的假设, 104
  compared with the MRMS 与最小理由维护系统相比, 185
  signature 签名, 183

assumptions 假设
  in the ATMS 基于假设的真值维护系统中的假设, 185
  in Conditional Entailment 条件推衍中的假设, 97
  encoding in the Pleadings Game 诉答博弈中的假设编码, 121

Austin, John L. 约翰·L. 奥斯汀, 57

authority 权威性, 8
  in criticism of Habermas 关于哈贝马斯的批评中的权威性, 67
  in Hart's positivism 哈特实证主义中的权威性, 22
  in isomorphic modeling 同构建模中的权威性, 12
  of judges to make law 法官造法的权威性, 47
  representation of 权威性的表征, 122
  priority of 权威性的优先性, 19
  in Susskind's theory 萨斯金德理论中

索 引

的权威性, 38
Autoepistemic Logic 自认知逻辑, 96
automated theorem proving 自动定理证明, 45
axiomatization 公理化, 34
 of the law 法律的公理化, 35

background 背景
 in Conditional Entailment 条件推衍中的背景, 98
 in the Pleadings Game 诉答博弈中的背景, 126
backing 支援
 use of reification to model 使用具体化建模支援, 122
 Toulmin's notion of 图尔敏的支持概念, 61
Baier 贝尔, 63
Bayles, Michael 迈克·贝勒斯, 72
Begriffshimmel 概念天国, 24
Begriffsjurisprudenz 概念法学, 21
belief 信念
 justified and warranted 已证成的和有保证的信念, 85
 rational 合理信念, 83
Bench-Capon, Trevor 特维尔·本奇-卡朋
 knowledge acquisition 知识获取, 5
 discourse games 话语博弈, 107
 isomorphic modeling 同构建模, 12

Berman, Donald H. 唐纳德·H.伯曼, 5
Beth 贝丝, 76
Brewka, Gerhard 杰哈德·布鲁卡
 Cumulative Default Logic 累积缺省逻辑, 100
 encoding of defaults 对缺省的编码, 97
Brouwer 布劳威尔
 influence on Dialogue Logic 在对话逻辑上的影响, 76
 influence on the Erlangen School 对埃尔兰根学派的影响, 68
Bulygin, Eugenio 欧金尼奥·布雷金, 8
burden of proof 证明责任, 4
 in Allen's games 艾伦博弈中的证明责任, 107
 in Dialogue Logic 对话逻辑中的证明责任, 81
 use of exceptions to divide 使用例外划分证明责任, 40
 relation to tasks of the mediator 与调停者的任务的关系, 175
 relation to the MRMS 与最小理由维护系统的关系, 159
 negation vs. denial, 否定 vs. 否认, 132
 in the Pleadings Game 诉答博弈中的证明责任, 135
 relation to tractability 与易操作性的关系, 158

burden of representation 表征责任, 4

calculus 演算, 45
Camap 卡尔纳普, 32
case-based reasoning 案例推理, 107
    limitations of the Pleadings Game 对诉答博弈的限制, 203
    as an approach to semantics 作为一种语义学方法, 94
    universalizability principle 可普遍化原则, 59
certainty 确定性, 46
    core of (Hart)（哈特）的确定性概念核心, 28
    Habermas' position regarding 哈贝马斯关于确定性的立场, 66
characteristica universalis (Leibniz)（莱布尼兹）通用语言, 45
Chen, William 威廉·陈, 107
Circumscription 限定逻辑, 限定, 94
    use of abnormality predicates in 限定逻辑中的异常谓词的使用, 97
    in Shoham's framework 肖哈姆的框架中的限定逻辑, 96
civil procedure 民事诉讼程序, 110
claims 主张, 111
    in the Pleadings Game 诉答博弈中的主张 126

in Toulmin's theory 图尔敏理论中的主张, 60
Clausal Intuitionistic Logic 子句型直觉主义逻辑, 173
clear cases, Hart's concept of 简单案件, 哈特的简单案件概念, 23
    Portalis' contribution 波塔利斯的贡献, 47
closure, deductive 终止, 演绎的, 95
Code Napolean 拿破仑法典, 47
commitment 承诺, 74
    in Dialogue Logic 对话逻辑中的承诺, 82
    in Mackenzie's system 麦肯锡系统中的承诺, 107
    form of pleading 诉讼形式, 111
completeness 完备性
    of Clausal Intuitionistic Logic 子句型直觉主义逻辑的完备性, 176
    in Conditional Entailment 条件推衍中的完备性, 103
    horizontal 横向完备性, 41
    of a set of norms 一个规范集的完备性, 41
    proof 完备性证明, 43
    vertical 纵向完备性, 42
complexity, computational 计算的复杂性, 4
    of the known relation 已知关系的复杂性, 130
    of Simari and Loui's logic 西马里与路易逻辑的计算复杂性, 93

Computational Dialectics 计算性的论辩学, xi

conceptualism 概念主义, 24

conceptual retrieval 概念修复, 5

concessions 让步、妥协, 131

Conditional Entailment 条件推衍, 94
    formal definition of 对条件推衍的形式定义, 100
    theorem prover for 条件推衍的定理证明器, 189

conflicts 冲突
    purpose of ethics, for resolving 伦理学的目的，为了解决冲突, 68
    Hart's position on, between norms 哈特在规范之间冲突上的地位, 27
    kinds of, between rules 规则之间的冲突的种类, 16
    of law 法律冲突, 18
    handling of, in the Pleadings Game 在诉答博弈中对冲突的处理, 122
    in Pollock's system 普洛克系统的冲突, 87
    purpose of law, with respect to 与法律目的相关的冲突, 38
    Rödig's position, between statutes 罗迪格在成文法冲突上的地位, 38
    Schwemmer's position regarding 施韦默尔在冲突上的地位, 68

conflict set 冲突集, 102
    minimal, implementation of 最小冲突集的实现, 192

consensus theory of truth 真之共识论, 64
    universal audience 普遍听众, 70

consequence relation 后承关系, 130

constructivism 结构主义, 68

context 情境
    in Conditional Entailment 条件推衍中的情境, 117
    in CIL prover, CIL 证明器中的情境, 178
    in the Rules module 在规则模块中的情境, 182
    in Simari and Loui's system 西马里与路易系统中的情境, 88

contradiction 矛盾, 37

contrapositive inferences 假言易位推理, 100
    prohibition of 禁止假言易位推理, 89

correctness 正确性, 21
    in analytical jurisprudence 分析法学中的正确性, 23
    of axiomatic systems 公理化系统的正确性, 36
    of moral judgments, in Hare's theory 黑尔理论中的道德判决的正确性, 59
    in Hart's theory 哈特理论中的正确性概念, 28
    in Perelman's theory 佩雷尔曼理论中的正确性概念, 70

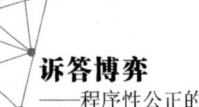

purpose of 正确性的目的, 41

   in Rawl's theory of justice 罗尔斯的正义论中的正确性, 73

   in legal realism 法律实在论中的正确性, 22

   technical 技术性的正确性, 29

counterargument 相反论证

   in Simari and Loui's system 西马里与路易系统中的相反论证, 91

   in Conditional Entailment 条件推衍中的相反论证, 103

   in the Pleadings Game 诉答博弈中的相反论证, 128

critical genesis 批判性地生成, 69

cumulativity 累积性, 100

datum 数据、资料, 60

   in Pleadings Game implementation 诉答博弈实现系统中的资料, 183

decidability 可判定性

   relation to burden of proof 与证明责任相关的可判定性, 4

   of knowledge relations 知识关系的可判定性, 129

   of the known relation 已知关系的可判定性, 130

   of nonmonotonic inference relations 非单调的推理关系的可判定性, 87

   of Pollock's warrant relation 普洛克的保证关系的可判定性, 85

   of proof checking 证明检查的可判定性, 135

declaration 宣告, 111

   of rules, in the Pleadings Game 在诉答博弈中的规则宣告, 131

deduction 演绎推理

   in conceptualism 概念论中的演绎推理, 24

   vs abduction and induction 与溯因和归纳相对的演绎推理, 159

   sufficiency of, for reaching decisions 演绎推理对于要获得的裁决之充分性, 48

   in Perelman's view 佩雷尔曼视角下的演绎推理, 47

Default Logic 缺省逻辑, 94

defaults 缺省

   in Conditional Entailment 条件推衍中的缺省, 97

   in Pleadings Game system 诉答博弈系统中的缺省, 181

   use in the Pleadings Game 诉答博弈系统中的缺省之使用, 117

   in Simari and Loui's system 西马里与路易的系统中的缺省, 88

defeasibility 可废止性, 27

defeating argument 击败型论证

in Conditional Entailment 条件推衍中的击败型论证, 103

in Pollock's system 普洛克系统中的击败型论证, 84

in Simari and Loui's system 西马里与路易系统中的击败型论证, 92

defeat rules 击败规则, 86

defense 辩护

affirmative, in pleading 诉答中的积极辩护, 111

types of, in the Pleadings Game 诉答博弈中的辩护类型, 134

Delgrande, J. J. 戴尔格兰迪, 98

demurrer 抗辩者, 111

denials 否认, 132

deontic logic 道义逻辑, 32

dialectical graphs 论辩图, 155

dialectics 论辩学, xi

Dialogue Logic 对话逻辑, 76

discourse games 话语博弈, 73

Alexy's theory of argumentation 阿列克西的论辩理论, 53

discovery 法庭调查, 109

expense of 法庭调查的费用, 40

discretion 自由裁量权, 1

Doyle, John 约翰·道尔, 83

Dunham, Allison 阿里森·邓纳姆, 12

Dworkin, R. M. R. M. 德沃金, 46

elliptical arguments 省略型论证, 45

emotionalism 情感主义, 56

EMYCIN 专家系统, 108

Engisch 恩吉施, 48

entailment 推衍, 60

p–entailment p–推衍, 98

preferential 偏好推衍, 96

episternic state 认知状态

in Levesque's definition of abduction 莱韦斯克的溯因定义中的认知状态, 160

in Pollock's system 普洛克系统中的认知状态, 84

equality, under the law 法律规定下的平等性, 46

Erlangen School 埃尔朗根学派, 67

event calculus 事项演算, 220

evidence 证据

in Conditional Entailment 条件推衍中的证据, 97

in Poole's specificity criterion 普尔的特殊性标准性中的证据, 90

in the Pleadings Game 诉答博弈中的证据, 129

ex absurdo quodlibet 归谬法, 81

exceptions 例外

kinds of 例外的种类, 18

in Pleadings Game 诉答博弈中的例外, 114

purpose of 例外的目的, 39

explanation 解释, 50
　　using abduction 使用溯因的解释, 157

Felscher, Walter 瓦尔特·费尔舍, 76
Fiedler, Herbert 赫伯特·菲德勒 5,
　　on deduction 菲德勒论演绎推理, 48
formalization, 形式化、形式化系统 44
Frege 弗雷格, 32
Fuzzy Logic 模糊逻辑, 3

Gardner, Anne 安妮·加德纳, 2
　　on issue spotting 加德纳论争议点识别, 204
　　on mechanical jurisprudence 加德纳论机械法理学, 24
Geffner, Hector 赫克托·盖夫勒, 94
Gilmore, Grant 格兰特·吉尔莫, 12

Habermas, Jiirgen 尤尔根·哈贝马斯, 63
Hafner, Carole 卡罗尔·哈夫纳, 5
Haft, Fritjof 弗里肖夫·哈夫特, 25
hard cases 疑难案件, 1
Hare 黑尔, 58
Hart, H. L. A.　H. L. A. 哈特, 22
Hilbert 希尔伯特, 32
Hobbes 霍布斯, 46
Horn clauses 霍恩子句, 157
hypertext 超文本, 107

HYPO 海波系统, 2
hypotheses 假设
　　in abduction 溯因推理中的假设, 159
　　in Dialogue Logic 对话逻辑中的假设, 82
　　in Poole's Theorist system 普尔的理论家系统中的假设, 161

ideal speech situation 理想言语情境, 65
　　compared with universal audience 与普遍听众相对比的理想对话情境, 81
illocutionary speech acts 言外言语行为, 57
induction 归纳, 159
　　enumerative 枚举归纳, 84
　　relation to prescriptivity principle 相对于规定性原则的归纳, 65
intuitionism 直觉主义, 56
　　in constructive mathematics 构造主义数学中的直觉主义, 68
　　contribution of Dialogue Logic to 对话逻辑对直觉主义的贡献, 76
intuitionistic logic 直觉主义逻辑, 77
irrelevance 不相干性, 98
issues 争议点, 162
　　in Gardner's system 加德纳系统中的争议点, 2
　　in pleading 诉答程序中的争议点, 110
　　responsibility for raising 提出争议点的义务, 55

ultimate 基本争议点, 126
iterative deepening 迭代深入, 178

von Jhering 冯·耶林, 24
Jørgensen's dilemma 约根森困境, 26
judgments 判断、判决、判决
 synthetic vs. analytic 综合判断 vs 分析判断, 61
Junker, Ulrich 乌尔里希·容克, 121
jurimetrics 计量法学, 2
justice 正义、公正
 economics of 正义经济学, 41
 Rawls' theory of 罗尔斯的正义论, 72
 Realism's view of 实在论的正义观, 25

Kant, Immanuel 伊曼努尔·康德, 61
Kaufmann, Arthur 亚瑟·考夫曼, 21
 de Kleer, Johan 约翰·德克里尔, 183
KL – ONE KL – ONE 系统, 24
Klug, Ulrich 乌尔里希·克鲁格, 31
known 已知
 consequence relation 已知的后承关系, 142
 definition of 已知的定义, 129 对
 implementation of 对已知关系的实现, 198
Kowalski, Robert 罗伯特·科瓦尔斯基, 220
Kraus, 克劳斯, 94
Kripke 克里普克, 76

language games 语言游戏, 23
Larenz 拉伦茨, 24
law – formulation 法律表述, 25
law – statement 法律陈述, 25
Lehmann, D. D. 莱曼, 94
Leibniz 莱布尼兹, 45
Levesque, Hector 赫克托·莱韦斯克
 on abduction 莱韦斯克论溯因推理, 159
 complexity of abduction 溯因的复杂性, 158
Lex Posterior 新法优先原则, 8
Lex Specialis 特别法优先原则, 18
Lex Superior 上位法优先原则, 8
Llewellyn, Karl 卡尔·卢埃林, 22
 reporter of the UCC《统一商法典》的报告者, 12
locutionary speech acts 言内言语行为, 57
Lorenz, Kuno 库诺·洛伦兹, 81
Lorenzen, Paul 保罗·洛伦岑, 68
 his Dialogue Logic 他的对话逻辑, 76
Loui, Ronald 罗纳德·路易, 88
 argument game 论证博弈, 107

MacCormick 麦考密克, 9
Mackenzie 麦肯锡, 107
Magidor, M. M. 麦吉道尔, 94

Maier, David 大卫·梅尔, 179
Makinson, D.　D. 麦金森, 9
Marx, Michael 迈克尔·马克思, 24
Mazurek 玛祖瑞克, 22
McCarty, L. Thome L. 托梅·麦卡蒂, 5
　　Clausal Intuitionistic Logic 子句型直觉主义逻辑, 176
　　on explicit exceptions 论显性例外, 115
　　Language for Legal Discourse 法律话语的语言, 77
mechanical jurisprudence 机械法理学, 24
mediation systems 调解系统, 205
Minimal Reason Maintenance System 最小理由维护系统, 182
models 模型, 1
　　analytical 分析性模型, 1
　　empirical 经验性模型, 1
　　normative 规范性模型, 1
model theory 模型论
　　of classical logic 经典逻辑的模型论, 95
　　of Conditional Entailment 条件推衍的模型论, 96
　　on the importance of 论模型论的重要性, 105
　　in Shoham's framework 肖哈姆框架下的模型论, 96
monotonicity 单调性, 130
Montesquieu 孟德斯鸠, 46

Moore 摩尔, 56
Moore, Robert C. 罗伯特·C. 摩尔, 96
moral discourse 道德话语
　　Habermas' theory of 哈贝马斯的话语理论, 63
　　Hare's theory of 黑尔的话语理论, 58
　　Schwemmer's principle 施韦默尔的话语原则, 68
　　Stevenson's theory of 史蒂文森的话语理论, 56
　　Toulmin's theory of 图尔敏的话语理论, 59
motion to dismiss 驳回诉讼动议、撤诉请求, 111
MRMS 最小理由维护系统, 182

naturalism 自然主义, 56
natural law 自然法, 46
necessity, logical 逻辑必然性, 60
　　formal definition of 对逻辑必然性的形式定义, 95
neural networks 神经网络, 3
nogoods 无用物, 102
nonmonotonic logic 非单调逻辑, 8
　　importance of, for legal reasoning 非单调逻辑对于法律推理的重要性, 38
　　motivation for, in AI 人工智能中使用非单调逻辑的动机, 95

Shoham's framework for 非单调逻辑的肖哈姆框架, 96

OBLOG 多用户博客程序, 108
obstinancy, discouraging 令人气馁的顽固障碍, 136
Occam's razor 奥卡姆剃刀, 2
Olbrechts – Tyteca, L. 奥布莱希特·L. 提泰卡, 69
open texture, of concepts 开放性结构的概念, 26
OSCAR 奥斯卡尔系统, 83

Paulson, Lawrence C. 劳伦斯·C. 波尔森, 171
Pearl, Judea 朱迪亚·珀尔, 94
　　basic principles of defaults 缺省的基本原则, 100
penumbra of doubt 怀疑阴影, 28
Perelman, Chaim 哈依姆·佩雷尔曼, 69
　　on the separation of powers doctrine 论权力分立原则, 46
perlocutionary speech acts 言后言语行为, 57
Petri, Carl Adam 卡尔·亚当·佩特里, xi
Philipps, Lothar 洛塔尔·菲利普斯, 32
　　on intuitionism 论直觉主义, 32
Pierce, 皮尔士, 159
Plain Language Game 平易语言博弈, 107

pleading 诉答, 110
Pollock, John 约翰·普洛克, 83
Poole, David 大卫·普尔, 90
　　his Theorist system 他的理论家系统, 161
Portalis 波塔利斯, 47
positivism, legal 法律实证主义, 22
Posner, Richard A. 理查德·A. 波斯纳, 46
Pound 庞德, 24
practical reasoning 实践推理, 21
　　jurisprudence, as a model of 作为法理学之模型的实践推理, 60
　　contrasted with mathematics 与数学相比较的实践推理, 68
Prakken, Henry 亨利·帕肯, 2
　　on contraposition, 101 论易位推理
prescriptivity principle 规定性原则, 59
procedural justice 程序公正、程序正义, 72
proof theory 证明论
　　of conditional entailment 条件推衍的证明论, 102
prototypical cases 典型案例, 28
　　in McCarty's theory 麦卡蒂理论中的典型案例, 5
Puchta 普赫塔, 24

questions, logic of 问题逻辑, 32
Quinn, Thomas M. 托马斯·M. 奎恩, 13

ratio decidendi 裁决理由, 55
rationalists 理性主义者、唯理论者, 28
Rawls, John 约翰·罗尔斯, 72
realism, American legal 美国法律实在论, 22
rebuttal 反驳
　in Alexy's theory 阿列克西理论的反驳, 113
　in Conditional Entailment 条件推衍中的反驳, 103
　in the Pleadings Game 诉答博弈中的反驳, 134
　in Simari and Loui's system 西马里与路易系统中的反驳, 92
record 记录, 127
refutability 可反驳性, 81
reification, of rules 规则的实体化、具体化, 121
reinstatement rules 恢复规则、复原规则, 86
Reiter, Raymond 雷蒙德·瑞特, 94
　of claims 瑞特的主张, 69
relational model of legal reasoning 法律推理的关系模型, 3
relevance 相干性
　definition of, in the Pleadings Game 诉答博弈中对相干性的定义, 141
　in Hare's theory 黑尔理论中对相干性的定义, 58
　logic of 关于相干性的逻辑, 100
Nicholas Rescher 尼古拉斯·雷舍尔, 107
resource limitations 资源限度、局限性, 21
　in Allen's Plain Language Game 平易语言博弈中的来源限度, 107
　in Conditional Entailment 条件推衍中的来源限度, 106
　in Dialogue Logic 对话逻辑中的来源限度, 82
　in the Pleadings Game 诉答博弈中的来源限度, 110
　in Pollock's system 普洛克系统中的来源限度, 87
　in Simari and Loui's system 西马里与路易系统中的来源限度, 94
rhetoric 修辞学, 69
Rödig, Jiirgen 尤根·罗迪格, 31
Ross 罗斯, 56
Rousseau 卢梭, 47
rule 规则
　-exception principle 规则例外原则, 37
　of recognition 承认规则, 22
　skepticism 怀疑论, 28
Russell 罗素, 32

Sartor, Giovanni 乔瓦尼·沙托尔, 9

on forms of exceptions 论例外的形式, 18
satisfaction 满足
    in Alexy's theory 阿列克西理论中的满足概念, 58
    relation to discovery 法庭调查的满足关系, 40
    of Habermas' truth criterion 哈贝马斯的真值标准的满足, 64
    in Hart's theory 哈特理论中的满足概念, 28
    in Toulmin's early theory 图尔敏早期理论中的满足概念, 59
von Savigny, Friedrich Carl 弗里德里希·卡尔·冯·萨维尼, 25
    on logic 萨维尼论逻辑, 48
    on unity and completeness 萨维尼论统一性与完备性, 36
Schreiber 施赖伯, 32
Schweichhart, Karsten 卡斯滕·施威希哈特, 108
Schwemmer 施韦默尔, 68
Selman, Bart 巴特·塞尔曼, 158
    on ATMS performance 论 ATMS 系统的性能, 185
    on incomplete forms of abduction 论不完全形式的溯因推理, 159
separation of powers doctrine 权力分立原则, 46
Sergot, Marek 马雷克·塞科特, 220
Shanahan, Murray P. 默里·P. 沙纳罕, 220
Shoham, Yoav 约阿夫·肖哈姆, 96
SHRDLU 人机对话系统, 206
Simari, Guillermo R. 吉列尔莫·R. 西马里, 88
skepticism, rule 规则的怀疑主义, 28
specificity 特殊性
    computational complexity of 特殊性的计算复杂性, 93
    in Conditional Entailment 条件推衍中的特殊性, 100
    in conditional logics 条件推衍中的特殊性, 95
    encoding explicit exceptions using 使用特殊性对显性例外进行编码, 115
    Poole's criterion 普尔的特殊性标准, 90
    in Rescher's system 雷舍尔系统中的特殊性, 107
Lex Specialis 特别法优先原则, 18
speech acts 言语行为, 57
Speidel, Richard E. 理查德·E. 斯派达尔, 11
stable arguments 稳固型论证, 103
stare decisis 遵循先例, 19
statements 陈述

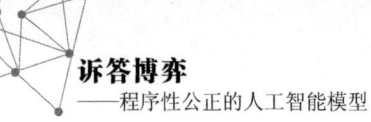

law, formulations vs. 法律表述与陈述, 25
   in the Pleadings Game 诉答博弈中的陈述, 126
Stevenson 史蒂文森, 56
strategy 策略, 80
substantial reasoning, risks of 实质推理的风险, 44
subsumption 归类, 42
summary judgment 即决判决, 142
Summers, Robert S. 罗伯特·S.萨默斯, 11
Susskind, Richard E. 理查德·E.萨斯金德, 25

Tammelo, Ilmar 伊玛尔·塔麦罗, 32
Tarski 塔斯基, 130
teleological arguments 目的论论证
   in Hart's theory 哈特理论中的目的论证, 30
   in Toulmin's early theory 图尔敏早期理论中的目的论论证, 59
Theorist 理论家, 161
Theory Construction 理论构造、理论建构, 5
topoi 主题, 70
Toulmin, Stephan E. 史蒂分·E.图尔敏, 59
trial 审判, 109

game 审判博弈, 152
truth 真、真理、真实性
   Austin's theory of 奥斯汀的真理论, 58
   in classical logic 经典逻辑中的真概念, 95
   Habennas' consensus theory of 哈贝马斯的真之共识论, 64
   intuitionistic notion of 直觉主义的真概念, 68
   and validity of legal rules 法律规则的真实性与有效性, 23
   of normative statements 规范性陈述的真实性, 26
   in Tarskian semantics 塔斯基语义学中的真概念, 77

ultimately undefeated arguments 最终不可击败的论证, 85
   compared with stable arguments 与稳固型论证相比, 103
unity, of the law 法律的同一性, 36
universal audience 普遍听众, 70
universalizability 普遍化, 58
utilitarianism 功利主义
   of naturalism 自然主义的功利主义, 56
   in Toulmin's early theory 图尔敏早期理论中的功利主义, 59

validity 有效性
  discourse theoretic interpretations of 对有效性的话语理论的解释, 81
  of legal rules 法律规则的有效性, 23
  of normative judgments 规范性判断的有效性, 57
  procedural theories of 有效性的程序理论, 77
  in Schwemmer's theory 施韦默尔理论中的有效性, 69
  in Tarskian semantics 塔斯基语义学中的有效性, 77
value judgments 价值判断, 56
variable standards 变元标准, 31

Wagner, Heinz 海因茨·瓦格纳, 32
Waismann 魏斯曼, 26
warrant 保证, 61
  in Habermas' theory 哈贝马斯理论中的保证, 64
  in the Pleadings Game 诉答博弈中的保证, 122
  in Pollock's system 普洛克系统中的保证, 85
Warren, David S. 大卫·沃伦, 179
Weinberger, Ota 奥塔·魏因伯格, 32
Wff 'n Proof 合式公式的证明, 107
White, James J. 詹姆士·J. 怀特, 11
Whitehead 怀特海, 32
Windscheid 温德沙伊德, 24
Winograd, Terry 特里·维诺格拉德, 206
Wittgenstein, Ludwig 路德维希·维特根斯坦, 23
  on language rules 维特根斯坦论语言规则, 57
von Wright, George H. 乔治·H. 冯赖特, 32

Yale Shooting Problem 耶鲁枪击问题, 104

声　明	1. 版权所有，侵权必究。
	2. 如有缺页、倒装问题，由出版社负责退换。

图书在版编目（ＣＩＰ）数据

诉答博弈：程序性公正的人工智能模型／（德）托马斯·F.戈登著；周志荣译.—北京：中国政法大学出版社，2018.7
　ISBN 978-7-5620-8049-7

　Ⅰ.①诉…　Ⅱ.①托…　②周…　Ⅲ.①民事诉讼－诉讼程序－研究
Ⅳ.①D915.218.04

中国版本图书馆CIP数据核字(2018)第081278号

出　版　者	中国政法大学出版社
地　　　址	北京市海淀区西土城路25号
邮寄地址	北京100088 信箱8034分箱　邮编100088
网　　　址	http://www.cuplpress.com（网络实名：中国政法大学出版社）
电　　　话	010-58908289(编辑部) 58908334(邮购部)
承　　印	北京中科印刷有限公司
开　　本	880mm×1230mm　1/32
印　　张	12.75
字　　数	310千字
版　　次	2018年7月第1版
印　　次	2018年7月第1次印刷
定　　价	49.00元